高等学校法学系列教材·基础与应用

法律基础教程

侯春平　侯　斌◎主　编
苑莹焱　荆　京◎副主编

清华大学出版社
北京

内 容 简 介

本书共有七章,以习近平新时代法治思想为统领,以学习者应用能力培养为主线,根据《宪法》以及其他现行有效的法律法规,结合实际案例,系统介绍了以下内容:社会主义法、宪法、刑法、民法、行政法、劳动法、诉讼法等法律基础知识。

本书融入了大学生政治思想与法律基础教育最新的实践教学理念,力求严谨,注重与时俱进,具有知识系统、理论难度适中、案例丰富、贴近实际等特点,既可作为普通高等院校本科各专业法律基础教学的首选教材,也可兼顾高职高专、成人教育教学,还可以用于各类企事业从业人员的岗位培训,并为全民学习法律基础知识提供有益的指导。

本书封面贴有清华大学出版社防伪标签,无标签者不得销售。
版权所有,侵权必究。举报:010-62782989,beiqinquan@tup.tsinghua.edu.cn。

图书在版编目(CIP)数据

法律基础教程/侯春平,侯斌主编. —北京:清华大学出版社,2022.8
高等学校法学系列教材. 基础与应用
ISBN 978-7-302-61256-8

Ⅰ.①法… Ⅱ.①侯…②侯… Ⅲ.①法律—中国—高等学校—教材 Ⅳ.①D92

中国版本图书馆 CIP 数据核字(2022)第 119015 号

责任编辑:刘　晶
封面设计:汉风唐韵
责任校对:王荣静
责任印制:丛怀宇

出版发行:清华大学出版社
　　网　　址:http://www.tup.com.cn, http://www.wqbook.com
　　地　　址:北京清华大学学研大厦 A 座　　邮　编:100084
　　社 总 机:010-83470000　　邮　购:010-62786544
　　投稿与读者服务:010-62776969,c-service@tup.tsinghua.edu.cn
　　质量反馈:010-62772015,zhiliang@tup.tsinghua.edu.cn
印 装 者:天津安泰印刷有限公司
经　　销:全国新华书店
开　　本:185mm×260mm　　印　张:14.25　　字　数:277 千字
版　　次:2022 年 8 月第 1 版　　印　次:2022 年 8 月第 1 次印刷
定　　价:59.80 元

产品编号:097208-01

编审委员会

主　　任：牟惟仲
副 主 任：林　征　　冀俊杰　　张昌连　　翁心刚　　唐征友
　　　　　王海文　　张建国　　车亚军　　李遐桢　　李大军
编　　委：李爱华　　李遐桢　　周　晖　　侯春平　　刘志军
　　　　　李耀华　　张肖华　　白　硕　　罗佩华　　朱忠明
　　　　　王虹玉　　郎晨光　　侯　斌　　崔嵩超　　储玉坤
　　　　　刘久照　　郭　可　　杨四龙　　李官澄　　孙　勇
　　　　　葛胜义　　郭建磊　　荆　京　　张冠男　　侯晓娜
总　　编：李大军
副 总 编：李爱华　　侯春平　　周　晖　　张冠男　　罗佩华
专 家 组：王海文　　李耀华　　尚建珊　　杨四龙　　郎晨光

序　言

随着改革开放进程的持续推进和社会主义市场经济的快速、平稳发展,我国经济建设持续向好,已经成为全球第二大经济体。经济发展越快,市场竞争越激烈,越是需要法律法规做保障。法律法规是市场主体的行为道德准则,在开拓国际市场、开展国际商务活动、打击违法犯罪、推动民族品牌创建等方面发挥着越来越大的作用。

目前,我国正处于经济稳步发展的重要时期,随着经济转型、产业结构调整、传统企业改造,涌现了大批旅游、物流、电子商务、生物医药、动漫、演艺、文化创意、绿色生态、循环经济等新型产业;为支持"中小微"型企业和大众自主创业,加速与国际经济接轨,适应中国经济国际化发展趋势,近年来国家不断加大税制改革,调整财政与会计政策,并及时颁布、实施了一系列法律法规,有力地促进了我国经济的高速、持续发展。

市场经济是法治经济,经济活动必须遵纪守法,法律法规执行与监管是市场经济的永恒主题。当前,面对经济的快速发展、激烈的国际市场竞争,更新观念、及时学习最新法律法规、调整业务知识结构、掌握各项新的管理制度、加强法律法规应用技能培训等已成为亟待推进的工作内容。

社会需要有知识、会操作、能顶岗的实务型专业人才,本套教材的出版不仅有力地配合了高等教育法律教学的创新和教材更新,而且也满足了社会需求,起到了为国家经济建设、政治建设、文化建设、社会建设、生态文明建设服务的作用;对依法治国、依法办事、依法经营,对加强法治观念、树立企业形象、提升企业核心竞争力、依法维护自身权益具有积极的现实意义。

本套教材作为普通高等教育本科院校法律法规课程的特色教材,以习近平新时代法治思想为统领,以读者应用能力训练为主线,严格按照教育部关于"加强职业教育、突出实践技能与能力培养"的教育教学改革要求,结合各项法律法规的教学特点,以及企事业单位对各种法律专业人才的实际需求,组织多年从事法律法规相关课程教学的专家学者与具有丰富实践经验的实务工作者共同撰写。

本套教材包括《法律基础教程》《民法总论》《经济法》《商法》《海商法》《税法》《国际商法》《劳动与社会保障法》《金融法律法规》《保险法律法规》《会计法律法规》《电子商务法律法规》《婚姻家庭法》等。参与编写的单位有:吉林工程技术师范学院、北京物资学院、华北科技学院、北京联合大学、哈尔滨师范大学、北方工业大学、山西大学、牡丹江大学、北京教育学院、燕山大学、北京城市学院、东北财经大学、北京财贸职业学院、厦门集美大学、大连商务学院、郑州大学、大连海事大学、浙江工业大学、大连工业大学等全国三十多所院校。

本套教材紧密结合中国经济改革与发展实践,融入了法律法规实践教学理念,坚持改革创新,注重与时俱进,有效解决了本科法学教材知识老化、案例过时、重理论轻实践等问题。本套教材具有选材新颖、知识系统、案例真实、贴近实际、通俗易懂等特点,既可以作为普通高等教育本科院校、高职高专院校相关专业课程的首选教材,也可以作为各类企事业机构从业人员的在职培训教材,对广大社会公众而言也是非常有益的普法资料。

在教材编著过程中,我们参阅、借鉴了大量国内外的最新书刊资料和国家新出台的政策法规及管理制度,并得到有关行业领导与专家学者的悉心指导,在此一并致谢。为配合本套教材的使用,特提供配套电子课件,读者可以从清华大学出版社网站(www.tup.com.cn)免费下载。希望全国各地区普通高等教育、高职高专院校积极选用本套教材,并请读者多提改进意见,以使教材不断完善。

编委会主任　牟惟仲

2022 年 2 月

前　言

法律作为社会关系的调节器，通过其自身固有的规范功能，认可和调节种种社会关系，法律制度的科学完善及有效运行既有利于社会安定，也有利于经济的快速、稳定发展。

青年大学生正处于世界观、人生观、价值观形成和发展的重要时期，提高大学生思想道德素质与法律素质，是时代的要求，也是大学生健康成长、科学成才的需要。学好法律基础知识，有助于大学生提高思想道德素质、树立健全的法律意识，增强应对现实中各种挑战的能力。

本书作为普通高等院校法律基础教育课程的特色教材，力求做到以下几点：一是与时俱进，吸收全新立法、司法解释的内容；二是注重研究性和实用性的结合，适度增加教材的理论深度，并引导学生用基础理论解决一些复杂的法律问题。本书的出版对帮助学生尽快掌握我国现行法律规定，丰富法律知识储备具有重要作用。

本书融入了大学生思想政治与法律基础教育最新的实践教学理念，力求严谨，注重与时俱进，具有知识系统、理论难度适中、案例丰富、贴近实际等特点，既可作为普通高等院校本科各专业法律基础教学的首选教材，也可兼顾高职高专、成人教育教学，还可用于各类企事业从业人员的在职在岗培训，并为全民学习法律基础知识提供有益的指导。

本书由李大军筹划并具体组织，侯春平和侯斌为主编，侯春平统改稿，苑莹焱、荆京为副主编；全书由李爱华教授审定。作者编写分工：牟惟仲（序言），侯春平（第一章），苑莹焱（第二章），侯斌（第三章），公为良、冯志刚、杨慧丽（第四章），荆京（第五章），陈敏光（第六章），程磊（第七章）；李晓新（制作课件）。

在本书编著过程中，我们参阅了国家新颁布实施的相关法律法规、政策、文件，收集了大量具有实用价值的典型案例，并得到编委会专家的具体指导，在此一并致谢。为方便教学，本书配有课件，读者可以从清华大学出版社网站（www.tup.com.cn）免费下载使用。因作者水平有限，书中难免存在疏漏和不足，恳请读者批评指正。

编者

2022 年 6 月

目　录

第一章　社会主义法 ··· 1
　第一节　法的概念和本质 ······································· 1
　第二节　法律的作用 ··· 4
　第三节　社会主义法的本质和作用 ······························· 7
　第四节　社会主义法的制定 ····································· 9
　第五节　社会主义法的实施 ···································· 12

第二章　宪法 ·· 15
　第一节　宪法概述 ·· 15
　第二节　公民的基本权利和义务 ································ 16
　第三节　国家机构 ·· 22

第三章　刑法 ·· 33
　第一节　刑法概述 ·· 34
　第二节　犯罪 ·· 37
　第三节　刑罚 ·· 48

第四章　民法 ·· 56
　第一节　民法概述 ·· 57
　第二节　民事法律关系 ·· 60
　第三节　民事法律关系的主体 ·································· 62
　第四节　民事行为和代理 ······································ 68
　第五节　物权 ·· 75
　第六节　债权 ·· 80
　第七节　人身权 ·· 83
　第八节　婚姻 ·· 88

第九节　继承 …………………………………………………… 96
　　第十节　侵权责任 ……………………………………………… 109
　　第十一节　诉讼时效 …………………………………………… 117
第五章　行政法 …………………………………………………………… 124
　　第一节　行政法概述 …………………………………………… 125
　　第二节　行政主体 ……………………………………………… 134
　　第三节　行政行为 ……………………………………………… 141
第六章　劳动法 …………………………………………………………… 154
　　第一节　劳动法概述 …………………………………………… 155
　　第二节　劳动合同和集体合同 ………………………………… 159
　　第三节　劳动基准 ……………………………………………… 171
　　第四节　劳动争议处理 ………………………………………… 175
第七章　诉讼法 …………………………………………………………… 183
　　第一节　诉讼法概述 …………………………………………… 184
　　第二节　民事诉讼法 …………………………………………… 188
　　第三节　刑事诉讼法 …………………………………………… 197
　　第四节　行政诉讼法 …………………………………………… 206
课后复习题参考答案 ……………………………………………………… 211
参考文献 …………………………………………………………………… 217

第一章 社会主义法

【学习目标】
1. 了解法的含义、本质。
2. 了解法的作用。
3. 了解社会主义法的本质和作用。
4. 了解社会主义法的制定、实施。

第一节 法的概念和本质

一、法的含义

"法"的含义较为广泛。从语源上看,汉字的"法"古体为"灋"。根据东汉文字学家许慎所著的《说文解字》中的释义,它大体有三层含义:第一,"法"与"刑"是通用的。古代的"刑"字,含刑戮、罚罪之意,也还有"规范"的意义。第二,法者,平之如水,含有"公平"之意。第三,法含有"明断曲直"之意。同时,我国古代的法还具有神明裁判的特点。

我国古代的"法",主要在典章制度意义和哲理意义两方面使用。"法"在典章制度意义上与"律""法律""法制"等相通。《管子·七臣七主篇》曰:"法律政令者,吏民规矩绳墨也。"《唐律疏议·名例篇》曰:"律之与法,文虽有殊,其义一也。"中国古代秦汉以后的法律文件,采用过许多名称,如律、令、典、敕、格、式、科、比、例等,它们都是典章制度意义上的"法"。

在哲理意义上,汉语的"法",与"理""常"通用,指"道理""天理"或常行的范型和标准。《尔雅·释诂》曰:"法,常也。"具体而言,抽象的"天命""天志""礼""理""天理""法度""道"乃至"人情"等,都属于"法"的范畴。

清末民初,由于受日本法的影响,典章制度意义上的"法",逐渐由"法律"一词代替。

在当代中国,法律一般是指由国家制定或认可,由国家强制力保证实施的,以权利义务为内容的行为规范。本书主要在典章制度意义上讨论法,并用"法律"一词表示。

二、法的本质

法的本质,是指法这一事物自身组成要素之间相对稳定的内在联系。人类对法的本质的认识过程相当漫长。在历史上,思想家和法学家们曾对法律的本质问题进行过长时间的思考,并从不同的角度进行了探讨,提出过各种各样的法的本质学说。其中,马克思主义法学全面地揭示了法律的本质。

马克思主义法学中的法律本质学说认为:法律的关系既不能从它们本身来理解,也不能从人类精神的一般发展来理解,事实上,它们都源于物质的生活关系。

马克思主义认为,由于根本利益的不同,在阶级对立的社会里不能形成统一的全社会意志,只有统治阶级的意志才能上升为国家意志。法律是统治阶级或取得胜利并掌握国家政权的阶级的意志的表现。统治阶级利用掌握国家政权这一政治优势,有能力将本阶级的意志上升为国家意志,并体现为国家的法律。法律体现的统治阶级意志具有整体性。法律体现的统治阶级意志不是统治阶级内部成员意志的简单相加,也不是少数人的任性,而是统治阶级的整体意志、共同意志或根本意志。

马克思主义法学强调,法律体现统治阶级意志,要经历一个复杂的过程。它取决于统治阶级同被统治阶级的阶级斗争状况,也取决于统治阶级内部各阶层、集团或个人的矛盾和斗争。在一定情况下,法律的内容规定不仅反映统治阶级的意志,而且同时反映被统治阶级以及统治阶级的同盟阶级的某些要求和愿望。

(1)法律的内容规定不同程度地反映了全社会各阶级、阶层的共同利益,如各种技术法规。

(2)在阶级斗争较为激烈的条件下,统治阶级为了缓和与被统治阶级的某些矛盾,把被统治阶级的反抗控制在一定的范围和限度内,而在立法中对被统治阶级作出一定的让步,规定一些符合被统治阶级利益、反映其某些愿望和要求的内容。例如,在资产阶级法律中往往也有一些保护劳动者利益的条款,诸如限制劳动时间、劳动保护、最低工资、失业救济、罢工自由等。这些条款是劳动者同统治阶级进行长期斗争所取得的成果。在这个意义上,我们可以说法律具有共同性,是社会管理的手段。但从本质上看,这一部分规范或条款仍然是通过统治阶级所掌握的政权机关来制定或认可的,它仅具有局部的意义,并不能改变一国法律的整体性质。

马克思主义法学同时指出:不仅统治阶级意志的内容,而且包括法律本身,都是由统治阶级所处的社会物质生活条件所决定的。这里所谓的"社会物质生活条件",是指人类社会中包括地理环境、人口、物质资料的生产方式等诸多方面,其中主要指统治阶级赖以建立其政治统治的经济基础。

从根本上说,法律的内容取决于一定的经济关系(经济基础),法律的产生、变更和消灭也取决于一定的经济关系(经济基础)的产生、变更和消灭。这也意味着,法律不应当违背客观历史条件,违背客观规律。

三、法的特征

法的特征,是指法律区别于其他社会规范的征象和标志。任何事物的特征都是通过与其他事物的比较而表现出来的。通过认识法律的特征,把握法律的特殊性,有助于我们理解法律的性质、作用,认识法律的自身规律。马克思主义法学认为,法律具有规范性、国家意志性、权利义务统一性、国家强制性。

1. 法律是调整人们行为或社会关系的规范，具有规范性

法律是一种规范，是对人们行为模式的规定。法律不是通过调整人们的内心观念、思想来调整社会关系的。这是法律区别于其他社会规范的重要特征。

法律的规范性，具体表现在法律规定了人们的一般行为模式，这种模式包括三种：(1)人们可以怎样行为(可为模式，授权)；(2)人们不得怎样行为(勿为模式，禁止)；(3)人们应当或必须怎样行为(应为模式，命令)。

2. 法律出自于国家，是由国家制定和认可的，具有国家意志性

法律是一种特殊的社会规范，是由国家制定和认可的，体现了国家意志。没有国家，就不可能有法律。国家的存在是法律存在的前提条件，国家的立法活动直接产生了法律。

国家立法的方式主要有以下两种：

(1)制定。制定是立法机关或立法机关授权的机关创制法律的行为。通过这种方式产生的法律，称为制定法，即具有一定文字表现形式的规范性文件，如我国的各种法律法规就属于此类。

(2)认可。认可是指国家立法机关或立法机关授权的机关赋予社会上已经有的某种行为规范以及法律效力。通过这种方式产生的法律，一般称为习惯法，如经过国家认可的地方习惯、交易惯例、宗族规约、村规民约、行业规范等。

3. 法律规定了人们的权利义务，具有权利义务统一性

法律的要素以法律规范为主，法律规范中的行为模式以授权、禁止和命令的形式规定了人们的权利和义务。法律既规定了权利，也规定了义务；法律既规定了公民、法人的权利、义务，也规定了国家、国家机构、国家机关工作人员的权利、义务(职权、职责)。法律对人们行为的调整主要是通过权利义务的设定和运行来实现的，也即法律的内容主要表现为权利和义务。

从一般意义上说，权利表征利益，义务表征负担，法律通过规定权利义务对社会资源进行分配，对各种利益关系进行调整，因而具有利益导向性。通过法律的规定，影响人们的动机和行为，从而调整社会关系。

4. 法律由国家强制力保证实施，具有国家强制性

法律是以国家强制力为后盾，由国家强制力保证实施的，因而具有国家强制性。由于法律调整利益冲突双方的关系，因此自然会引起一方的抵制或反对；同时，法律有可能招致人们的破坏，违法犯罪现象也就不可避免。法律要对侵犯他人权利方作出否定性评价，必须以强制力为后盾。

对违法犯罪行为的制裁，只依靠个人的力量或社会舆论，是不可能有保障的，因而必须通过国家强制力才能得以实现。国家的强制力是法律实施的最后的保障手段。

法律具有国家强制性还意味着法律具有程序性。国家运用强制力保证法律的实施，必依法进行，也要法律规范的约束。近现代法律不断对法律的程序标准加以正当化，使法律实施的方式更科学,更具有合理性和公正性。

第二节 法律的作用

法律对社会进行权威的、有效的资源分配、财富分配,通过权利义务的设定,规范人们行为、调整社会关系,实现社会动态平衡和有序发展。在解决社会资源有限和人的欲望无限的矛盾方面,法律具有越来越重要的作用。法律在保障个人自由、构建社会秩序、实现社会正义方面也起着重要作用。法律通过对个人行为自由与行为限制的界定,实现个体自然性与社会性的最大化统一。

一、法律的作用的含义

法律的作用是指法律对人们的行为、社会生活和社会关系产生的积极或消极的影响。法律的作用与法律的特征和本质密切联系,是法律的特征和本质的外在体现。法律的作用与国家权力也有密切联系。马克思主义认为,法律是一种国家意志的体现,是国家权力规范化的标志。实现法律作用的过程总是与运用国家权力联系在一起的,因此,法律作用是国家权力运行和国家意志实现的具体表现,法律的作用是掌握政权者的意志影响社会生活的体现。

法律的作用可以分为正面作用、负面作用或者积极作用、消极作用。这是法律实际作用的两种倾向或后果。正面作用或积极作用表明法律满足了主体的某种需要或实现了主体的预期目标;负面作用或消极作用表明法律未满足主体的某种需求或未实现主体的预期目标,并对主体造成了损害。如统治者欲用严刑巩固统治,结果却带来社会普遍不满而有损其统治的稳定;立法者欲用法律促进生产交易,结果却导致某一领域交易秩序混乱。对法律的作用进行评价的标准非常复杂,它受许多因素的影响。

(1)主体价值观的干扰,如统治者基于巩固统治的目的,颁布剥夺公民权利的法律,在统治者看来是有利于统治,为正面作用;在被统治者看来则是丧失了权利,为负面作用。

(2)同一法律有不同的社会作用,其中普遍作用满足了主体需要,而另一些作用也有可能产生其他主体不期待的后果。如破产法解决了因破产而产生的债权债务问题,同时也有可能带来失业问题。

(3)预期目标的不相容性,不同主体的目标有时会相互抵触。通常采用的评价标准有统治秩序标准、生产力标准和社会整体文明标准(既包括生产力标准,也包括权利保障标准、社会结构合理化标准等)。

二、法律的规范作用和社会作用

法律的作用可以分为规范作用与社会作用。一方面,法律是调整人们行为或社会关系的规范,所以法律具有普遍意义上的规范作用;另一方面,法律是一定的人们的意志的体现,反映了他们的利益要求,所以法律具有广泛的社会作用。法律的规范作用是基于法律的规范性特性进行考察的,法律的社会作用是基于法律的本质、目的和实效进行分析的。法律的这两种作用之间,是手段和目的的关系,即法律的规范作用是手段,法律的社会作用是目的。

1. 法律的规范作用

法律的规范作用是法律自身表现出来的,对人们的行为或社会关系产生的影响。因此,在法理学上,也有人把法律的规范作用称为"法律的功能"。法律的规范作用根据其作用的具体对象、主体范围和方式的不同,可以分为指引作用、评价作用、预测作用、强制作用和教育作用等。

(1)指引作用。法律的指引作用表现为,法律作为一种行为规范,为人们提供某种行为模式,指引人们可以这样行为、必须这样行为或不得这样行为,从而对行为者本人的行为产生影响。

(2)评价作用。法律的评价作用表现在,法律对他人的行为是否合法或违法及其程度,具有判断、衡量的作用。

(3)预测作用。法律的预测作用表现在,人们可以根据法律规范的规定,事先估计到当事人双方将如何行为及行为的法律后果,从而对自己的行为作出合理的安排。

(4)强制作用。法律的强制作用表现在,法律为保障的权利得以充分实现,运用国家强制力制裁、惩罚违法行为。这种作用的对象是违法犯罪者的行为。

(5)教育作用。法律的教育作用表现在,通过法律的实施,法律规范对人们今后的行为发生直接或间接的诱导影响。这种作用的对象是社会一般成员的行为。

2. 法律的社会作用

法律的社会作用是法律为实现一定的社会目的,尤其是维护一定阶级的社会关系和社会秩序,而发挥的作用。如果说,法律的规范作用是从法律自身来分析法律的作用,那么法律的社会作用则是从法律的目的和本质的角度来考察法律的作用。法律发挥社会作用的基本方式有确认、调节、制约、引导、制裁等。

从马克思主义法学的观点来看,在阶级对立的社会中,法律的社会作用大体上表现在以下两个方面。

(1)法律在维护阶级统治方面的作用。

法律的维护阶级统治的作用是指法律在经济统治、政治统治、思想统治等方面的作用。马克思主义法学指出,法律在维护阶级统治方面的作用主要表现在:调整统治阶级与被统治阶级之间的关系;调整统治阶级与其同盟者之间的关系;调整统治阶级内部的关系。

(2)法律在执行社会公共事务方面的作用。

社会公共事务是相对于纯粹的政治活动而言的一类社会活动。其特征是:这些事务的直接目的并不表现为维护政治统治,而在客观上对全社会的一切成员均有利,具有"公益性"。法律在执行社会公共事务上的作用具体表现为：维护人类社会的基本生活条件；维护生产和交换条件，即通过立法和实施法律来维护生产管理、保障基本劳动条件、调节各种交易行为等；促进公共设施建设，组织社会化大生产；确认和执行技术规范；促进教育、科学和文化事业发展。

法律在维护阶级统治方面的作用和法律在执行社会公共事务方面的作用在不同的时代、国家会发生变化。如在阶级关系对立或对抗社会，法律主要侧重于统治作用；在阶级关系缓和或明显非对抗社会，法律主要侧重于社会管理作用。

三、正确认识法律的作用

在认识法律的作用时，应当辩证地进行分析，需要树立"两点论"：对法律的作用既不能夸大，也不能轻视；既要认识到法律的诸多功能，又要认识到法律不是万能的。

1. 法律的重要性

在法治社会中，法律的作用是不断彰显的，法律以其独特的方式对人们的生活产生着重要的影响。

(1)自从有了国家，法律在人类社会中扮演的角色越来越重要，逐渐代替了宗教、道德、习俗等社会规范在调整人们的行为和社会关系中的作用，成为最主要的社会调整规范。

(2)法律是社会发展中最重要的稳定和平衡工具，它以其稳定性和可预测性为变动的社会生活确立相对稳定的规范基础。如果没有法律，社会生活的发展变化将会无章可循。

(3)法律具有其他社会规范所不具有的优点，例如它所具有的国家强制性、权威性、公开性、程序性等特点，都是其他社会规范所不具备的。如果没有法律，重建社会基本结构和秩序，不仅需要付出更大的成本，而且还可能产生难以预料的社会后果。

重视法律的作用不仅是理论问题，更是实践问题。现代国家更应该确立法律在社会生活中的地位，充分发挥法律的作用，突出法治的重要性。

2. 法律的有限性

我们也应该清醒地认识到，法律并非无所不能，它也具有难以避免的有限性。法律的有限性主要表现在以下几方面。

(1)法律仅调整人的外部行为，而不能调整人的思想。

(2)法律是众多社会规范、社会调整手段中的一种。法律是调整社会关系的重要手段，但不是唯一的手段。

(3)人的因素对法律的作用有很大的影响。法律是规范，它总是体现着人的意志。立法者、执法者的能力和素质，社会公众的认知水平也会影响法律作用的实现。

(4)法律作用的实际发挥，还有赖于其他社会因素的配合。如经济发展水平、政治、文化等社会因素对法律作用的发挥也有重要影响。

此外，法律也有因其自身特点而产生的有限性。如，法律具有滞后性，总是会落后于社会生活实际;法律具有概括性,它不能对一切问题都规定得缜密周延,也不能处处实现实质正义;法律具有稳定性、普遍性,而社会生活却是具体的、多变的;法律救济程序启动的被动性会导致对权利保障的限制,等等。

第三节 社会主义法的本质和作用

一、社会主义法的本质

(一) 社会主义法的阶级本质

1. 社会主义法是上升为法律的工人阶级领导的广大人民的共同意志

一个国家的法的阶级属性,同这个国家的性质是一致的。中华人民共和国是工人阶级领导的以工农联盟为基础的人民民主专政的社会主义国家,与此相适应,中国的法律也必然是包括工人阶级、农民阶级、知识分子及其他拥护社会主义和祖国统一的爱国者在内的广大人民群众共同意志的体现。

2. 工人阶级领导的广大人民的共同意志不是自发形成的

反映在社会主义法中的工人阶级领导的广大人民的共同意志不是自发形成的,而是在中国工人阶级的先锋队——中国共产党的领导下,发展社会主义民主,通过各种民主渠道,集中人民群众中的正确意见形成的;是在正确总结经验教训,深刻认识社会发展的规律性,正确认识社会生活的客观需要和广大人民的共同利益的基础上形成的。

3. 形成工人阶级领导的广大人民的共同意志并把它上升为法律的重要意义

首先,保证了工人阶级为领导的广大人民当家作主的地位;其次,是改进国家管理体制,提高工作效率,防止官僚主义的有效措施。

4. 阶级性与人民性的统一是社会主义法的重要特点

首先,社会主义法的阶级性与人民性具有共同的政治基础;其次,社会主义法的阶级性与人民性具有共同的经济基础;最后,社会主义法的阶级性与人民性的统一是由工人阶级和马克思主义政党的性质决定的。

(二) 社会主义法的社会本质

1. 社会主义法是实行社会主义、建设社会主义的法

法的社会本质和法的阶级本质是一致的。社会主义法是实行社会主义、建设社会主义的法,也就是体现为社会主义国家当家作主的工人阶级领导的广大人民共同意志的法。

2. 社会主义法是社会主义社会关系的调节器

社会主义法既是一定社会关系的体现,也是一定社会关系的调节器。社会主义法是社会主义国家调整需要国家干预的重要社会关系的调节器。社会主义法是以规范社关系参加者在法律上的权利和义务，以及对违反这种规定的行为予以制裁的方式来调整各种社会关系的。

3. 社会主义法执行者广泛的社会公共职能

社会主义法执行着广泛的社会公共职能，这是其社会本质的一个重要方面。任何阶级统治都是既执行着阶级统治职能，又执行着社会公共职能。随着劳动人民国家政权的日益巩固，随着科学技术的发展，法在发挥其阶级统治职能的同时，日益广泛地执行着管理社会公共事务的职能。社会主义法的社会公共职能比以往剥削阶级类型的法在这方面的职能有了很大的发展。

(三) 社会主义法的国家强制性和广大人民群众的自愿遵守性

1. 国家强制力的保证是社会主义法的必要标志

国家强制性是法律的基本特征之一，社会主义法也不例外。但是，社会主义法的国家强制性与剥削阶级法的国家强制性具有性质上的不同。

2. 社会主义法是广大人民群众能够自觉遵守的规范法

法律既有国家的强制性的一面，也有人们自觉遵守的一面，但是不同社会的法的这两种性质的本质、比重有所不同。社会主义法体现了工人阶级领导的广大人民群众的共同意志，代表了人民群众的根本利益，因而更容易被广泛遵守。

二、社会主义法的作用

社会主义法作为一个整体，它的主要作用是为社会主义现代化建设事业服务，体现在以下三个方面。

1. 维护和促进社会主义经济建设

经济建设是社会主义现代化建设事业的中心。社会主义法在这一方面的作用首先体现为维护社会主义基本经济制度，即社会主义公有制、有计划的商品经济、按劳分配，等等。从我国《宪法》总纲中关于经济制度的制定到我国《刑法》分则中关于危害公共安全罪、破坏社会主义经济秩序罪和侵犯财产罪等方面的规定，都是体现了法律维护社会主义基本经济制度的作用。

维护社会主义基本经济制度的目的是促进社会生产力的发展。例如关于经济结构合理化、发展科学技术、保护自然资源、劳动保护和劳动安全等方面的大量法律都表明了法的这种作用。

此外，社会主义法在维护和促进经济体制改革方面也同样具有重要作用。我国经济体制改革是在坚持社会主义制度的前提下改革生产关系和上层建筑中不适应生产力发展的方面，它是在党和政府的领导下有计划、有步骤、有秩序地进行的，我国相关的法律规定积极地保护和促进了经济体制改革。在改革对象和改革的不同发展阶段，法的作用的形式和程度是有差别的。

一般而言，在某一改革还处于积累经验阶段时，法的作用不及它在改革普遍推广阶段中的作用显著。在后一阶段,为了使这一改革制度化、规范化,法的作用就会突出起来。

2. 维护和促进社会主义精神文明建设

社会主义法和精神文明建设的关系非常密切。社会主义法是精神文明建设的产物,两者并行发展,相互促进,精神文明建设的发展为法制建设创造了有利条件,法制建设有力地保障了精神文明建设。社会主义法制的实践,如立法、司法、执法、守法等,也是衡量我国精神文明建设成果的重要标志。

法制观念是精神文明建设中思想道德部分的重要内容。法制宣传教育不仅是加强法制观念的措施,也是社会主义精神文明建设的任务。

法律维护和促进社会主义精神文明建设的作用的表现形式多种多样。例如《宪法》中关于文化建设和思想建设的一些具体条文,体现了法在促进精神文明建设中的直接作用。再如《刑法》中关于惩治犯罪的规定,其直接目的在于保护公民人身安全以及社会秩序,这种安全和秩序正是进行精神文明建设的最基础的条件。

3. 维护和促进社会主义民主建设

社会主义法对社会主义民主建设的维护和促进作用,首先体现为法确认和维护我们的国家制度,即人民民主专政。它保护人民民主或社会主义民主,并对敌对分子实行专政,要促进人民内部矛盾和敌我矛盾的解决。

社会主义法和民主的关系,在我国政治生活中,通常称为民主和法制的关系。这两者也是相互结合、相互作用的。离开民主讲法制,法制就没有依据,就可能成为对专制的辩护;同样,没有法制,民主就没有保障,就无法得到切实的落实。

为了保障人民民主,必须加强社会主义法制,使民主制度化、法律化,使这种制度和法律具有稳定性、连续性和极大的权威,做到有法可依,有法必依,执法必严,违法必究。

社会主义法在维护和促进民主建设方面的作用还体现在其他很多方面,如巩固国防,保障国防现代化;维护和发展社会主义民族关系、保障民族区域自治的实施;促进国家机构的改革,提高国家机构工作效率;维护社会秩序,解决民事纠纷,预防和制裁违法、犯罪行为;等等。

第四节 社会主义法的制定

一、社会主义法的制定概述

法律制定即立法,是指一定的国家机关依照法定职权和程序,制定、修改和废止法律和其他规范性法律文件及认可法律的活动,是将一定阶级的意志上升为国家意志的活动,是对社会资源、社会利益进行第一次分配的活动。

立法是国家机关的专有活动和基本职能,是随着国家的产生和发展而出现和发展起来的,并且日益完善和制度化。在社会主义制度下,国家的一切权力属于人民,立法是广大人民群众通过国家机关,按照自己的要求和愿望进行的活动,具有广泛的民主性。

立法原则是指导立法主体进行立法活动的基本准则,是立法过程中应当遵循的指导思想。

1. 法治原则

立法的法治原则要求一切立法活动都必须以宪法为依据,符合宪法的精神;立法活动都要有法律根据,立法主体、立法权限、立法内容、立法程序都应符合法律的规定,立法机关必须严格按照法律规范的要求行使职权,履行职责。

2. 民主原则

立法应当体现广大人民的意志和要求,确认和保障人民的利益;应当通过法律规定,保障人民通过各种途径参与立法活动,表达自己的意见;立法过程和立法程序应具有开放性、透明度,立法过程中要坚持群众路线。

3. 科学原则

立法应当实事求是、从实际出发,尊重社会的客观实际状况,根据客观需要反映客观规律的要求;要以理性的态度对待立法工作,注意总结立法现象背后的普遍联系,揭示立法的内在规律;立法还要重视技术、方法,以提高立法的质量。

2000年3月15日,第九届全国人民代表大会第三次会议通过了《立法法》,自2000年7月1日施行。

《立法法》的内容包括总则、法律、行政法规、地方性法规、自治条例和单行条例、规章、适用与备案、附则等,对立法原则、立法权限、立法程序、法律解释等进行了较为全面的规定,为立法的科学化、规范化提供了制度保障。

2015年3月15日,第十二届全国人民代表大会第三次会议通过了关于修改《立法法》的决定,为授权立法设限制,制定规章不得限制公民权利,明确税收必须法定,规定设区的市可以对"城乡建设与管理、环境保护、历史文化保护等方面的事项"制定地方性法规,建立了立法评估机制。

二、社会主义立法体制

立法体制可以通过法律渊源的形式得以体现。

法律渊源是指一定的国家机关依照法定职权和程序制定或认可的具有不同法律效力和地位的法律的不同表现形式,即根据法律的效力来源不同而划分的法律的不同形式。当代中国的法律渊源主要为以宪法为核心的各种制定法,包括宪法、法律、行政法规、地方性法规、自治条例和单行条例、经济特区的规范性文件、特别行政区的法律法规、国际条约和国际惯例等。

在我国,根据《宪法》的规定,全国人民代表大会及其常委会行使国家立法权,制定法律;国务院根据宪法和法律制定行政法规;国家监察委员会根据宪法和法律,制定监察法规;省、自治区、直辖市的人民代表大会及其常委会在不同宪法、法律、行政法规相抵触的前提下,可以制定地方性法规;设区的市的人民代表大会及其常务委员会根据本市的具体情况和实际需要,在不同宪法、法律、行政法规和本省、自治区的地方性法规相抵触的前提下,可以对城乡建设与管理、环境保护、历史文化保护等方面的事项制定地方性法规,法律对设区的市制定地方性法规的事项另有规定的,从其规定;设区的市的地方性法规须报省、自治区的人民代表大会常务委员会批准后施行;民族自治地方的人民代表大会有权依照当地民族地区的政治、经济和文化的特点,制定自治条例和单行条例;经济特区所在地的省、市的人民代表大会及其常务委员会根据全国人民代表大会的授权决定,制定法规,在经济特区范围内实施;国务院各部、委员会、中国人民银行、审计署和具有行政管理职能的直属机构,可以根据法律和国务院的行政法规、决定、命令,在本部门的权限范围内,制定规章;省、自治区、直辖市和设区的市、自治州的人民政府,可以根据法律、行政法规和本省、自治区、直辖市的地方性法规,制定规章。

此外,按照"一国两制"的原则,特别行政区实行的制度(包括立法制度),由全国人民代表大会以法律规定。

小贴士

我国《立法法》第8条规定,下列事项只能制定法律:国家主权的事项;各级人民代表大会、人民政府、人民法院、人民检察院的产生、组织和职权;民族区域自治制度、特别行政区制度、基层群众自治制度;犯罪和刑罚;对公民政治权利的剥夺、限制人身自由的强制措施和处罚;税种的设立、税率的确定和税收征收管理等税收基本制度;对非国有财产的征收、征用;民事基本制度;基本经济制度以及财政、税收、海关、金融和外贸的基本制度;诉讼和仲裁制度;必须由全国人民代表大会及其常务委员会制定法律的其他事项等。

三、社会主义法律体系

法律体系,也称为部门法体系,是指一国的全部现行法律规范,按照一定的标准和原则,划分为不同的法律部门而形成的内部和谐一致、有机联系的整体。法律体系是一国现行法构成的体系,反映一国法律的现实状况,它不包括历史上废止的、已经不再有效的法律,一般也不包括尚待制定、还没有生效的法律。

当代中国的法律体系通常包括宪法相关法、民法商法、行政法、经济法、社会法、刑法、诉讼与非诉讼程序法等法律部门。目前,涵盖社会关系各个方面的法律部门已经齐全,各法律部门中基本的、主要的法律已经制定,相应的行政法规和地方性法规比较完备,法律体系内部总体做到了科学和谐统一。

一个立足中国国情和实际、适应改革开放和社会主义现代化建设需要、集中体现党和人民意志的,以宪法为统帅,以宪法相关法、民法商法等多个法律部门的法律为主干,由法律、行政法规、地方性法规等多个层次的法律规范构成的中国特色社会主义法律体系已经形成,国家经济建设、政治建设、文化建设、社会建设以及生态文明建设的各个方面实现有法可依。这是我国社会主义民主法制建设史上的重要里程碑,具有重大的现实意义和深远的历史意义。

> **小贴士**
>
> 中国特色社会主义法律体系形成的基本经验主要有五条:
>
> 一是坚持党的领导。这是人民当家做主和依法治国的根本保证,也是加强民主法制建设、做好立法工作的根本保证。
>
> 二是坚持以中国特色社会主义理论体系为指导。这是加强民主法制建设、做好立法工作的根本前提。
>
> 三是坚持从中国国情和实际出发。这是加强民主法制建设、做好立法工作的客观要求。
>
> 四是坚持以人为本、立法为民。这是加强民主法制建设、做好立法工作的根本目的。
>
> 五是坚持社会主义法制统一。这是加强民主法制建设、做好立法工作的内在要求。

第五节　社会主义法的实施

法律发挥作用的前提是法律的创制,但有了法律,并不必然意味着法律具有了意义,法律唯有通过守法、执法、司法、法律监督等方式,在社会生活中实施,才能真正起到规范人们行为、调整社会关系、保障公民权利、实现社会正义等作用。

一、守法

守法即法律的遵守,是指一切国家机关和武装力量、各政党和各社会团体、各企业事业组织、全体公民都必领遵守法律,严格依法办事。守法既要求国家机关、社会组织和公民根据法律的规定承担义务、自觉履行义务,也包含国家机关、社会组织和公民依法享有权利、行使权利。守法不是消极的、被动的,而是行使权利和履行义务两个方面的结合。

守法是法律实施的一种重要形式,也是法治的基本内容和要求。立法者制定了法律,除了依靠国家机关执行法律、适用法律以外,主要依靠全体社会公民积极遵守。

守法是现代法治的基本原则之一。守法是基于维护秩序的需要,是保障利益的需要,也是法律的规律性和科学性的必然要求。

二、执法

执法即法律的执行,是指国家机关,法律授权、委托的组织及其公职人员在行使权力的过程中,依照法定职权和程序,贯彻实施法律的活动。

法律的生命力在于它在社会生活中的具体实施。法律执行是法律实施的重要组成部分。法律的执行是广泛的、普遍的实施法律的活动,是法律实现其作用的主要途径。因此,法律的执行在我国法制建设中占有十分重要的地位,对实现现代法治国家、建设法治社会具有重要意义。

执法在分配社会资源、维护社会秩序、保障公民权利、推动社会进步方面起着重要的作用。

三、司法

司法即法律的适用,通常是指国家司法机关根据法定职权和法定程序,具体应用法律处理案件的专门活动。司法是实施法律的一种方式,对实现立法目的、发挥法律的功能、维持社会秩序具有重要的意义。在许多情况下,只要公民和社会组织依照法律行使权利并履行义务,法律的作用就能够在社会实际生活中得以实现。但是,当公民、社会组织和国家机关在相互关系中发生了自己无法解决的争议,致使法律规定的权利义务无法实现时,或者当公民、社会组织和国家机关在其活动中遇到违法、违约或侵权行为时,就需要司法机关适用法律,即运用法律裁决纠纷,解决争端,制裁违法、犯罪行为,恢复权利原有状态。

一般认为,司法具有被动性、中立性、终极性、交涉性、公正优先性的特点。

为了保证正确、合法、及时地适用法律,根据我国的实际情况和司法实践,《宪法》《人民法院组织法》《人民检察院组织法》《刑事诉讼法》《民事诉讼法》以及其他法律中确定了一系列法律适用原则,主要有公民在法律适用上一律平等原则、司法机关依法独立行使职权原则、以事实为根据以法律为准绳原则、司法公正原则等。

四、法律监督

法律监督是指由所有国家机关、社会组织和公民依法对国家的经济、政治、文化、社会等方面的各种法律活动进行的监察和督促。

法律监督是维护法制的统一和尊严的重要制度,是制约权力、防止权力滥用和保护公民合法权益的重要手段。有效的法律监督是完善权力制约机制,保证司法机关、执法机关严格依法办事的关键。同时,有效的法律监督对于监察、督促国家机关、社会组织和公民遵守宪法和法律,依法办事,也具有十分重要的意义。

根据监督主体的不同,可以将我国的法律监督体系分为两大类:国家监督和社会监督。国家监督是指国家机关的监督,包括国家权力机关、行政机关和司法机关的监督。我国宪法和有关法律明确规定了国家监督的权限和范围。这类监督都是依照一定的法律程序,以国家的名义进行的,具有国家强制性和法律效力,是我国法律监督体系的核心。社会监督即非国家机关的监督,是指各政党、各社会组织、公民以多种形式、多种手段和多种途径广泛地、积极主动地参与法律实施的一种监督。

社会监督主体广泛、方式灵活、没有严格的程序规定,在宪法和法律上的依据也多带有原则性。社会监督在我国法律监督体系中占有重要的地位,是人民群众当家做主、参与国家事务管理的重要手段。

【课后复习题】

1. 法的特征是什么?
2. 简述法律的规范作用。
3. 简述社会主义法的实施。

第二章 宪 法

【学习目标】
1. 掌握宪法的基本理论。
2. 掌握我国的国家制度和政治制度。
3. 掌握公民的基本权利和义务。
4. 掌握国家机构的概念及其组织和活动原则。

第一节 宪法概述

一、宪法是国家的根本法

近代意义上的宪法作为一个独立的法律部门,是一国法律体系的重要组成部分。法作为一种社会规范,是由一系列具体的法律规范构成的。其特点表现为:它是掌握了国家政权的阶级通过一定的立法程序制定或认可的,并且由国家强制力保障执行的各种行为规范的总和。这些行为规范都是法的具体表现形式。

宪法也是法的表现形式之一,具有与其他法律相同的特征,也具有法的本质属性,即统治阶级意志的体现。宪法是具有约束力和强制力的法律规范。明确这一点,是理解宪法概念的前提,也是保障宪法实施的依据。

二、宪法内容的根本性

宪法作为国家的根本法,它的内容在于规定国家的根本制度,是国家的总章程。宪法在内容上的特点,反映着宪法的一般规律。我国《宪法》从具体国情出发,规定了以下主要内容:国家的基本政治制度、基本经济文化制度、公民的基本权利和义务等。宪法作为国家的根本法,它是立法机关进行日常立法活动的法律基础。因此,在宪法中通常对国家的立法原则作出规定,使立法机关在进行日常立法活动时有所依据,并通过立法行为使宪法具体化。因而,宪法又被称为"母法""最高法",普通法律则被称为"子法"。

三、宪法法律效力的最高性

法律效力是指法律所具有的约束力和强制力。国家赋予法律以约束力和强制力是法律得以发挥作用的必要条件。宪法具有最高的法律效力，主要体现在以下几方面。

(1)宪法是制定普通法律的依据和基础。普通法律要以宪法为依据，把宪法的有关规定具体化，以保证宪法从基本精神、基本原则到具体条文的贯彻实施。

(2)普通法律不得与宪法相抵触。由于宪法是制定普通法律的依据，因此，普通法律的内容必须符合宪法的规定。如果普通法律与宪法相违背，它就失去或部分失去了效力，相应的国家机关必须对其加以修改或废除。

(3)宪法是一切组织和个人根本的活动准则。宪法的法律效力既是最高的，也是直接的。宪法作为最高的行为准则，是一切组织和个人活动的依据和基础，对人们具有直接的法律效力。我国《宪法》在序言中明确指出，"全国各族人民、一切国家机关和武装力量、各政党和社会团体、各企业事业组织，都必须以宪法为根本的活动准则"。这是宪法具有最高效力、直接法律效力的法律依据。

第二节 公民的基本权利和义务

一、公民的基本权利和义务概述

(一)公民和国籍

在宪法关系中，公民是最基本的权利和义务主体。公民是指具有一国国籍的人。我国《宪法》明确规定："凡具有中华人民共和国国籍的人都是中华人民共和国公民。"在我国，取得公民资格的条件只有一个，即具有中华人民共和国国籍。

所谓国籍，是指一个人作为某一国家的公民的法定资格。一个人取得某个国家的国籍，他就有该国宪法和法律规定的权利和义务。各个国家一般依据其所制定的国籍法确定公民的国籍。在各国的国籍法中，通常有两种取得国籍的方式：一种是出生国籍，即因出生而取得国籍；另一种是继有国籍，即因加入而取得国籍。确认出生国籍的原则，各国规定也不一样，主要有血统主义原则、出生地主义原则和血统主义与出生地主义相结合的原则。

当今世界多数国家，考虑各自国家和公民的利益，大多采用血统主义和出生地主义相结合的原则，我国也不例外。我国《国籍法》规定："父母双方或一方为中国公民，本人出生在中国，具有中国国籍。""父母双方或一方为中国公民，本人出生在外国，具有中国国籍；但父母双方或一方为中国公民并定居在外国，本人出生时即具有外国国籍的，不具有中国国籍。""父母无国籍或国籍不明，定居在中国，本人出生在中国，具有中国国籍。"

确认继有国籍，国际上一般采用两种方式：一种是因申请而取得；另一种是因法定事实的出现而取得，如因婚姻、收养、领土转移等取得新国籍。对继有国籍，我国《国籍法》规定，外国人或无国籍人，申请加入中国国籍，必须具备法定的前提和条件，还要履行一定的手续。

(二) 公民与人民

在我国,"公民"和"人民"是两个不同的概念。它们的区别主要体现在以下几方面。

(1) 范畴不同。公民是与外国人(包括无国籍人)相对应的法律概念;人民是与敌人相对应的政治概念。人民在不同历史时期有着不同的内容。现阶段,人民是指全体社会主义劳动者、社会主义事业的建设者、拥护社会主义的爱国者和拥护祖国统一的爱国者。

(2) 范围不同。我国公民的范围较人民的范围更加广泛。公民中除人民外,还包括人民的敌人。

(3) 权利义务不同。公民中的人民,享有宪法和法律规定的一切权利并履行全部义务;公民中的敌人,则不能享有全部权利,也不能履行公民的某些光荣义务。

(4) 一般而言,公民所表达的是个体的概念,人民所表达的是群体的概念。

(三) 基本权利和义务的概念

公民的基本权利是指由宪法规定的,公民为实现自己必不可少的利益、主张或自由,从而为或不为某种行为的资格或可能性。公民的基本义务是指由宪法规定的,为实现公共利益,公民必须为或不为某种行为的必要性。公民的基本义务是公民对国家的、具有首要意义的义务,它构成普通法律所规定的义务的基础。公民的基本义务与基本权利一起,共同反映并决定着公民在国家中的政治与法律地位,构成普通法律规定的公民权利和义务的基础和原则。

公民的基本权利和义务与公民的其他权利和义务相比,具有以下特点。

1. 公民的基本权利和义务是由宪法所确认的,其内容和范围都来自宪法的规定

它们是每个公民的正常生活中不可缺少的部分,具有稳定性。宪法所固有的国家根本法的地位,决定了公民的基本权利和义务既不能随意终止,也不能另行产生。对于公民的基本权利,任何组织和个人都不得随意限制与剥夺;对于公民的基本义务,任何人不得以任何借口不予履行。

2. 公民的基本权利和义务反映了一个国家的公民在国家生活和社会生活中的基本地位,体现了公民与国家之间的基本关系

由于民主制度的建立,作为现代国家成员的个人不仅是国家管辖的客体,更是国家权力的源泉和国家统治的主体。宪法所确认的基本权利和义务实质上就是公民在国家中主体地位的体现,是公民参与国家管理的基本手段和途径。因此,一国宪法所规定的公民基本权利和义务的深度和广度,直接体现了该国民主化的深度和广度。

3. 公民的基本权利和义务具有根本性,是普通法律所规定的权利和义务的基础

各种普通法律对权利和义务的规定都是以宪法所规定的基本权利和义务为源泉的,是宪法所规定的基本权利和义务的具体化。同时,宪法所规定的基本权利和义务的最终实现又依赖普通法律规定的权利和义务的实现,这是由宪法与普通法律的关系所决定的。

4. 公民基本权利制约国家权力

这种制约具体表现为以下几个方面。

(1)公民权利是国家权力的来源。宪法规定一切权力属于人民,并规定人民行使权力的方式和途径,因此,国家权力具有人民性和民主性的特点。国家机关行使的权力本质上是人民的权利,国家机关是人民权利的受托者。

(2)国家机关行使权力的目的是维护国家的整体利益,保护公民的权利。从国际经验来看,宪法通常规定,国家机关通过主动行使权力和为公民行使权利创造条件两种方式来保护公民权利。

(3)国家机关及其工作人员的公务行为如果侵犯了公民的财产权和人身权,根据法律要承担相应的赔偿责任。此时,国家机关作为一方当事人存在于法律关系中。

(4)宪法对国家权力的范围以及国家机关行使权力的方式、方法和程序作了规定,国家机关只能在宪法规定的范围内行使权力,超越宪法规定的范围行使权力是违宪的,是对公民权利的侵犯。

公民权利和义务,是由国家通过宪法和法律的形式加以规定和认可的。同时,每个公民是否真正享有宪法和法律规定的权利和自由,以及是否完全平等地承担各项义务,能够最直接、最明显地反映出他们在国家生活中的地位。因而,公民权利和义务具有鲜明的阶级性,它的阶级本质取决于国家的阶级本质,归根结底取决于国家所赖以建立的经济基础。

二、我国公民的基本权利

1. 平等权

平等权是指公民平等地享有权利,不受任何差别对待,要求国家同等保护的权利。这一概念明确地告诉我们,平等权的主体是公民,且公民地位平等;公民有权要求国家平等地保护,不因公民性别、年龄、职业、出身等原因给予差别对待;国家有义务无差别地保护每一个公民的平等地位;公民平等地行使权利,平等地履行义务。

我国《宪法》第33条明确规定,中华人民共和国公民在法律面前一律平等。根据《宪法》的规定,公民平等权的内容包括以下内容。

(1)法律面前人人平等。这是指法律实施上的平等,即司法平等和守法平等。它的实质是,按照法律规定,人们在社会上处于同等的地位,在政治、经济、文化等方面享有同等的权利。

(2)男女平等。我国《宪法》第48条规定:"中华人民共和国妇女在政治的、经济的、文化的、社会的和家庭的生活等各方面享有同男子平等的权利。国家保护妇女的权利和利益,实行男女同工同酬,培养和选拔妇女干部。"这一规定从法律上保障了男女平等权的实现。

(3)民族平等。民族平等的表现形式之一就是公民的民族平等权,即各民族的公民一律平等。我国《宪法》第4条明确规定:"中华人民共和国各民族一律平等。国家保障各少数民族的合法的权利和利益,维护和发展各民族的平等团结互助和谐关系。禁止对任何民族的歧视和压迫,禁止破坏民族团结和制造民族分裂的行为。"

2. 政治权利和自由

政治权利和自由是指宪法和法律规定的公民参与国家政治生活和国家管理,表达对国家事务、社会事务的意见和建议的权利。根据《宪法》的规定,公民的政治权利和自由主要包括以下几方面。

(1)选举权和被选举权。《宪法》第34条规定:"中华人民共和国年满十八周岁的公民,不分民族、种族、性别、职业、家庭出身、宗教信仰、教育程度、财产状况、居住期限,都有选举权和被选举权;但是依照法律被剥夺政治权利的人除外。"选举权和被选举权是我国公民参加国家管理的最基本的手段和最重要的政治权利,它直接体现了公民在国家中的主人翁地位。

(2)政治自由。《宪法》第35条规定:"中华人民共和国公民有言论、出版、集会、结社、游行、示威的自由。"这六项政治自由是公民表达意愿、参与社会活动和政治活动的经常性的政治权利,在国家政治生活中占有重要的地位。

(3)宗教信仰自由。《宪法》第36条规定,公民有宗教信仰的自由。所谓宗教信仰自由,是指公民有信仰宗教或不信仰宗教的自由;有信仰这种宗教或那种宗教的自由;在同一种宗教里面,有信仰这个教派或那个教派的自由;有过去不信教而现在信教的自由,也有过去信教而现在不信教的自由。

(4)人身自由。公民的人身自由,是公民最基本的自由,是公民参加各种社会活动和享受其他权利的前提条件。根据《宪法》的规定,我国公民的人身自由包括人身自由不受侵犯、人格尊严不受侵犯,以及同人身自由相联系的住宅不受侵犯、通信自由和通信秘密受法律的保护。

(5)批评、建议、申诉、控告、检举和取得赔偿权。批评、建议、申诉、控告、检举和取得赔偿权,这类权利对公民而言,是宪法所赋予公民的对国家机关及其工作人员的监督权和维护自身合法权利的有力手段。

(6)社会经济权利。社会经济权利是指公民享有的经济、物质利益方面的权利。这些权利具体包括以下几种。

①公民的劳动权利。《宪法》第42条第1款规定:"中华人民共和国公民有劳动的权利和义务。"劳动既是公民的权利,又是公民的义务。有劳动能力的公民有获得劳动就业的权利,并有权按其对社会贡献的大小以及劳动的数量和质量取得相应的报酬。公民就业前有参加必要的劳动就业培训的权利和义务。

②劳动者的休息权。《宪法》第43条规定:"中华人民共和国劳动者有休息的权利。国家发展劳动者休息和休养的设施,规定职工的工作时间和休假制度。"休息权是指劳动

者休息和休养的权利,它是劳动者获得生存权的必要条件。

③退休人员的生活保障权。《宪法》第 44 条规定:"国家依照法律规定实行企业事业组织的职工和国家机关工作人员的退休制度。退休人员的生活受到国家和社会的保障。"这是现行《宪法》新增的规定,它体现了国家对劳动者的殷切关怀,是劳动者休息权的延伸,也是社会主义制度优越性的体现。

④获得物质帮助权。公民享有的获得物质帮助的权利,是指公民在特定情况下,不能以自己的劳动获得物质生活资料,或已获得的劳动报酬不能完全满足自己的生活需要时,享有由国家和社会给予金钱或实物帮助的权利。《宪法》第 45 条规定:"中华人民共和国公民在年老、疾病或者丧失劳动能力的情况下,有从国家和社会获得物质帮助的权利。国家发展为公民享受这些权利所需要的社会保险、社会救济和医疗卫生事业。国家和社会保障残废军人的生活,抚恤烈士家属,优待军人家属。国家和社会帮助安排盲、聋、哑和其他有残疾的公民的劳动、生活和教育。"

(7)文化教育权利。公民的文化教育权利,包括公民的受教育权和进行科学研究、文学艺术创作和其他文化活动的自由。

①受教育的权利。《宪法》第 46 条第 1 款规定:"中华人民共和国公民有受教育的权利和义务。"受教育不仅是公民的一项基本权利,也是公民的一项基本义务。

②进行科学研究、文艺创作和其他文化活动的自由。《宪法》第 47 条规定:"中华人民共和国公民有进行科学研究、文学艺术创作和其他文化活动的自由。国家对于从事教育、科学、技术、文学、艺术和其他文化事业的公民的有益于人民的创造性工作,给以鼓励和帮助。"

(8)特定主体的权利保护。根据《宪法》的规定,特定主体主要包括妇女、儿童、老年人和华侨、归侨、侨眷。

①妇女享有同男子平等的权利。《宪法》第 48 条规定:"中华人民共和国妇女在政治的、经济的、文化的、社会的和家庭的生活等各方面享有同男子平等的权利。国家保护妇女的权利和利益,实行男女同工同酬,培养和选拔妇女干部。"这从根本上、从法律上确定了妇女的平等地位。

②妇女、老人、儿童受国家保护。《宪法》第 49 条规定:"婚姻、家庭、母亲和儿童受国家的保护。""禁止破坏婚姻自由,禁止虐待老人、妇女和儿童。"《宪法》的上述规定,不仅是指导婚姻家庭生活的宪法原则,也是社会生活的道德规范。违背这些规定,轻者受到舆论指责,重者受到法律制裁。

③保护华侨、归侨和侨眷的权利和利益。《宪法》第 50 条规定:"中华人民共和国保护华侨的正当的权利和利益,保护归侨和侨眷的合法的权利和利益。"华侨,是指居住在外国的中国公民。归侨,是指回国定居的华侨。侨眷是指华侨、归侨在国内的眷属。归侨、侨眷同华侨一样,是我国公民,享有宪法和法律规定的公民权利,任何组织和个人不得歧视。

三、我国公民的基本义务

《宪法》在规定公民享有各项基本权利和自由的同时,也规定了公民必须履行的基本义务。

1. 维护国家统一和各民族团结的义务

国家统一,是指主权独立,即国家独立自主地处理其对内对外事务,外国政府和政治势力无权加以干涉;领土完整,即中华人民共和国领域内的领陆、领土及底土、领空是一个不可分割的整体,均为中华人民共和国所有,中国政府对其享有排他性的管辖权;权力统一,即在中华人民共和国领域内,只有一个合法的政府,其享有对国家的统治权。由此可见,维护国家统一包括维护国家的主权独立、领土完整和权力统一。

民族团结是指各民族在平等的基础上和睦相处、合作互助。

国家的统一,民族的团结,这是社会主义现代化建设事业取得胜利的基本保证,也是实现公民基本权利的重要保证。

2. 遵守宪法和法律,保守国家秘密,爱护公共财产,遵守劳动纪律,遵守公共秩序,尊重社会公德的义务

《宪法》第53条规定:"中华人民共和国公民必须遵守宪法和法律,保守国家秘密,爱护公共财产,遵守劳动纪律,遵守公共秩序,尊重社会公德。"

3. 维护祖国安全、荣誉和利益的义务

《宪法》第54条规定:"中华人民共和国公民有维护祖国的安全、荣誉和利益的义务,不得有危害祖国的安全、荣誉和利益的行为。"这是现行《宪法》新增加的内容,是对《宪法》总纲所体现的社会主义精神文明建设的内容中,对公民进行爱国主义教育的具体化和补充。

4. 保卫祖国,依法服兵役和参加民兵组织的义务

《宪法》第55条规定:"保卫祖国、抵抗侵略是中华人民共和国每一个公民的神圣职责。依照法律服兵役和参加民兵组织是中华人民共和国公民的光荣义务。"

5. 依法纳税的义务

《宪法》第56条规定:"中华人民共和国公民有依照法律纳税的义务。"公民依照法律履行纳税义务,不仅可以支援现代化建设,也可以使社会整体的物质文化生活水平不断得到改善和提高。

6. 其他义务

《宪法》第52条至第56条用专门条款列举了上述公民的基本义务。此外,《宪法》在规定公民基本权利时,还结合基本权利规定了公民其他的基本义务,如父母有抚养教育未成年子女的义务,成年子女有赡养扶助父母的义务等。

第三节 国家机构

一、国家机构概述

（一）国家机构的概念及其特点

国家机构是一定社会的统治阶级为实现其统治职能而建立起来的进行国家管理和执行统治职能的国家机关的总和。它包括立法机关、行政机关、审判机关、检察机关和军事机关等。

国家机构是统治阶级实现阶级统治的组织形式，具有以下几个特点。

(1)鲜明的阶级性。国家机构是统治阶级的政治组织，而不是社会全体成员的组织，其权力运作及职责反映了统治阶级的意志和利益。

(2)历史性。国家是一种社会历史现象，有产生、发展和消亡的过程；为实现国家职能而设置的国家机构在不同的时期，其组织和职能都有较大的区别，并随着国家的变化而变化。

(3)国家机构是一种国家组织，享有特殊的强制力。

(4)国家机构具有严密的组织体系。

(5)协调性。国家机构根据宪法划分职权，各个国家机关在职责范围内互不干扰，并按照行使职权的性质和范围不同而分工行使国家权力；同时，各个国家机关又互相协作、互相配合，共同为实现宪法规定的目标而运作。

当今世界各国的国家机构主要有两种类型：社会主义国家机构和资本主义国家机构。两者在表现形式上有某些相似之处，但因其赖以产生的经济基础不同，所以在阶级本质上存在根本区别，其职能和服务对象也根本不同。前者是实现无产阶级专政的工具，后者是实现资产阶级专政的工具。

二、我国国家机构的组织和活动原则

（一）民主集中制原则

民主集中制原则是指在民主基础上的集中，在集中指导下的民主的国家机构组织和活动的原则，它体现了民主与集中的辩证统一。民主集中制原则在国家机构的组织和活动中主要体现在以下几个方面。

(1)在国家机构与人民的关系方面，这一原则体现了国家权力来自人民，由人民组织国家机构。

(2)在国家机构中，国家权力机关居于核心地位。

(3)在中央和地方机构的关系方面,实行"中央和地方的国家机构职权的划分,地方在中央的统一领导下,充分发挥地方的主动性、积极性的原则"。

(二) 密切联系群众,为人民服务原则

《宪法》第 27 条第 2 款规定:"一切国家机关和国家工作人员必须依靠人民的支持,经常保持同人民的密切联系,倾听人民的意见和建议,接受人民的监督,努力为人民服务。"这一原则的具体体现在以下几方面。

(1)国家机关及其工作人员必须在思想上树立密切联系群众、一切为人民服务的思想,认识到自己手中的权力来自人民的赋予。

(2)国家机关及其工作人员要坚持"从群众中来,到群众中去"的工作方法。

(3)广泛吸收人民群众参加管理国家并接受人民监督。

(三) 责任制原则

责任制原则是指国家机关及其工作人员依法对其行使职权、履行职务的后果承担责任的原则。《宪法》规定,一切国家机关必须实行工作责任制。由于各种国家机关行使的权力性质不同,我国宪法规定了两种责任制,即集体负责制和个人负责制。

(四) 法治原则

有法可依、有法必依、执法必严、违法必究是社会主义法治原则的基本要求。这一原则具体体现在以下几方面。

(1)依法组织和建立国家机关及其职能部门,做到一切行使国家权力的机关都有宪法和法律依据,防止任意因人因事设立机构。

(2)国家立法机关要在市场经济的条件下进一步加强立法工作,完善立法制度,不断完善社会主义法律体系,使国家机关的组织和活动都能有明确的法律依据。

(3)所有国家机关的职权都应有法律依据,国家机关只能行使宪法和法律赋予的属于本机关的职权,不得有任何超越宪法和法律的特权。

(4)各级各类国家机关必须依照法定程序行使宪法和法律赋予的职权,严格依法办事。

(5)国家权力机关要加强法律监督,保证同级其他国家机关在宪法和法律的范围内活动。

(五) 精简和效率原则

《宪法》第 27 条第 1 款规定:"一切国家机关实行精简的原则,实行工作责任制,实行工作人员的培训和考核制度,不断提高工作质量和工作效率,反对官僚主义。"精简机构,实行机构改革必须做到以下几点。

(1)按照经济体制改革和政企分开的原则,合并裁减专业管理部门和综合部门内部的专门机构,使政府对企业由直接管理为主转变为间接管理。

(2)必须切实实行精简原则,依法设置机构,定岗定员,改变国家个别机关结构臃肿、层次重叠、人浮于事、职责不清、互相推诿、办事效率低、官僚主义严重的情况。

(3)实行工作责任制,明确每个国家机关及其工作人员的职责和权限,做到有章可循,各司其职,责任分明。

(4)改革干部人事制度,完善和推广国家公务员制度。

三、最高国家权力机关

(一)全国人民代表大会

1. 全国人民代表大会的性质、地位

《宪法》规定:"中华人民共和国全国人民代表大会是最高国家权力机关。""全国人民代表大会和全国人民代表大会常务委员会行使国家立法权。"这表明全国人民代表大会的性质及其在整个国家机构中的地位,即全国人民代表大会是最高国家权力机关,其他任何国家机关都不能超越全国人大及其常委会。

2. 全国人民代表大会的组成和任期

《宪法》第59条规定:"全国人民代表大会由省、自治区、直辖市、特别行政区和军队选出的代表组成。"全国人民代表大会的代表制基本上是地域代表制与职业代表制(军队)相结合,而以地域代表制为主的代表制。全国人大代表名额和代表的产生办法由《选举法》规定,名额不超过3000名。代表名额的分配以一定的人口比例为基础,同时又适当地照顾民族之间、城乡之间及某些地区人口比例的差别。

《宪法》第60条规定:"全国人民代表大会每届任期五年。全国人民代表大会任期届满的两个月以前,全国人民代表大会常务委员会必须完成下届全国人民代表大会代表的选举。如果遇到不能进行选举的非常情况,由全国人民代表大会常务委员会以全体组成人员的2/3以上的多数通过,可以推迟选举,延长本届全国人民代表大会的任期。在非常情况结束后一年内,必须完成下届全国人民代表大会代表的选举。"

3. 全国人民代表大会的职权

依据《宪法》的有关规定,全国人民代表大会的职权大致可归纳为以下几个方面:

(1)立法权。全国人民代表大会的立法权包括两个方面。

①修改宪法。《宪法》第64条规定:"宪法的修改,由全国人民代表大会常务委员会或者1/5以上的全国人民代表大会代表提议,并由全国人民代表大会以全体代表的2/3以上的多数通过。"

②制定和修改法律。《宪法》规定,全国人民代表大会有权制定和修改刑事、民事、国家机构的和其他的基本法律。

(2)人事任免权。全国人民代表大会作为最高国家权力机关,享有广泛的人事任免权。根据《宪法》的规定,全国人民代表大会有权选举全国人民代表大会常务委员会的组成人员;选举中华人民共和国主席、副主席;根据国家主席提名,决定国务院总理的人选;根据国务院总理提名,决定国务院其他组成人员的人选;选举中央军事委员会主席;根据中央军事委员会主席的提名,决定中央军事委员会其他组成人员的人选;选举国家监察委员会主任;选举最高人民法院院长和最高人民检察院检察长。对以上人员,全国人大有权依法定程序予以罢免。

根据法律规定,罢免案必须由全国人民代表大会主席团、3个以上的代表团或1/10以上的代表提出,由主席团提请大会审议,并经全体代表的过半数同意,才能通过。

(3)国家重大问题的决定权。全国人民代表大会享有下列事项的决定权:审查和批准国家的预算及其执行情况的报告;批准省、自治区和直辖市的建制;决定特别行政区的设立及其制度。全国人民代表大会还有权决定战争与和平的问题。

(4)监督权。全国人民代表大会对国家生活行使最高监督权。

(5)应当由全国人民代表大会行使的其他职权。

(二) 全国人民代表大会常务委员会

1. 全国人民代表大会常务委员会的性质和地位

全国人民代表大会常务委员会是全国人民代表大会的常设机关,是经常性的最高国家权力机关。全国人民代表大会闭会期间,国务院、中央军事委员会、国家监察委员会、最高人民法院和最高人民检察院都向全国人大常委会负责,接受其监督。全国人大常委会也是国家的立法机关,其所通过的决议和制定的法律,其他国家机关和所有公民必须遵守。全国人民代表大会常务委员会与全国人民代表大会是隶属关系,全国人民代表大会常务委员会必须服从全国人民代表大会。

2. 全国人民代表大会常务委员会的组成和任期

《宪法》第65条规定:"全国人民代表大会常务委员会由下列人员组成:委员长,副委员长若干人,秘书长,委员若干人。全国人民代表大会常务委员会组成人员中,应当有适当名额的少数民族代表。全国人民代表大会选举并有权罢免全国人民代表大会常务委员会的组成人员。全国人民代表大会常务委员会的组成人员不得担任国家行政机关、监察机关、审判机关和检察机关的职务。"

全国人民代表大会常务委员会每届任期同全国人民代表大会每届任期相同,它行使职权到下届全国人民代表大会选出新的常务委员会为止。委员长、副委员长连续任职不得超过两届。

3. 全国人民代表大会的职权

《宪法》第67条规定:全国人民代表大会常务委员会行使下列职权:

(1)解释宪法,监督宪法的实施;

(2)制定和修改除应当由全国人民代表大会制定的法律以外的其他法律;

(3)在全国人民代表大会闭会期间,对全国人民代表大会制定的法律进行部分补充

和修改,但是不得同该法律的基本原则相抵触;

(4)解释法律;

(5)在全国人民代表大会闭会期间,审查和批准国民经济和社会发展计划、国家预算在执行过程中所必须作的部分调整方案;

(6)监督国务院、中央军事委员会、国家监察委员会、最高人民法院和最高人民检察院的工作;

(7)撤销国务院制定的同宪法、法律相抵触的行政法规、决定和命令;

(8)撤销省、自治区、直辖市国家权力机关制定的同宪法、法律和行政法规相抵触的地方性法规和决议;

(9)在全国人民代表大会闭会期间,根据国务院总理的提名,决定部长、委员会主任、审计长、秘书长的人选;

(10)在全国人民代表大会闭会期间,根据中央军事委员会主席的提名,决定中央军事委员会其他组成人员的人选;

(11)根据国家监察委员会主任的提请,任免国家监察委员会副主任、委员;

(12)根据最高人民法院院长的提请,任免最高人民法院副院长、审判员、审判委员会委员和军事法院院长;

(13)根据最高人民检察院检察长的提请,任免最高人民检察院副检察长、检察员、检察委员会委员和军事检察院检察长,并且批准省、自治区、直辖市的人民检察院检察长的任免;

(14)决定驻外全权代表的任免;

(15)决定同外国缔结的条约和重要协定的批准和废除;

(16)规定军人和外交人员的衔级制度和其他专门衔级制度;

(17)规定和决定授予国家的勋章和荣誉称号;

(18)决定特赦;

(19)在全国人民代表大会闭会期间,如果遇到国家遭受武装侵犯或者必须履行国际间共同防止侵略的条约的情况,决定战争状态的宣布;

(20)决定全国总动员或者局部动员;

(21)决定全国或者个别省、自治区、直辖市进入紧急状态;

(22)全国人民代表大会授予的其他职权。

(三) 全国人民代表大会各专门委员会

全国人民代表大会设立民族委员会、宪法和法律委员会、财政经济委员会、教育科学文化卫生委员会、外事委员会、华侨委员会和其他需要设立的专门委员会。在全国人民代表大会闭会期间,各专门委员会受全国人民代表大会常务委员会的领导。各专门委员会在全国人民代表大会和全国人民代表大会常务委员会领导下,研究、审议和拟订有关议案。

全国人民代表大会各专门委员会的任期与全国人民代表大会相同,均为5年。特定问题调查委员会无一定任期,对特定问题的调查任务一经完成,该委员会即可撤销。

(四) 全国人民代表大会代表

全国人民代表大会代表和全国人民代表大会常务委员会组成人员,有权依照法律规定的程序分别提出属于全国人民代表大会和全国人民代表大会常务委员会职权范围内的议案。

全国人民代表大会代表在全国人民代表大会开会期间,全国人民代表大会常务委员会组成人员在常务委员会开会期间,有权依照法律规定的程序提出对国务院或者国务院各部、各委员会的质询案。受质询的机关必须负责答复。

全国人民代表大会代表,非经全国人民代表大会会议主席团许可,在全国人民代表大会闭会期间非经全国人民代表大会常务委员会许可,不受逮捕或者刑事审判。

全国人民代表大会代表在全国人民代表大会各种会议上的发言和表决,不受法律追究。

全国人民代表大会代表必须模范地遵守宪法和法律,保守国家秘密,并且在自己参加的生产、工作和社会活动中,协助宪法和法律的实施。全国人民代表大会代表应当同原选举单位和人民保持密切的联系,听取和反映人民的意见和要求,努力为人民服务。

全国人民代表大会代表受原选举单位的监督。原选举单位有权依照法律规定的程序罢免本单位选出的代表。

四、中华人民共和国主席

(一) 中华人民共和国主席的性质和地位、产生和任期

中华人民共和国主席是中华人民共和国国家机构的重要组成部分,属于我国最高国家权力机关的范畴。中华人民共和国主席是一个独立的国家机关,对内对外代表国家。

中华人民共和国主席、副主席由全国人民代表大会选举。有选举权和被选举权的年满45周岁的中华人民共和国公民可以被选为中华人民共和国主席、副主席。中华人民共和国主席、副主席每届任期同全国人民代表大会每届任期相同。

(二) 中华人民共和国主席的职权

根据《宪法》的规定,国家主席的具体职权包括:根据全国人民代表大会的决定和全国人民代表大会常务委员会的决定,公布法律,任免国务院总理、副总理、国务委员、各部部长、各委员会主任、审计长、秘书长,授予国家的勋章和荣誉称号,发布特赦令,宣布进入紧急状态,宣布战争状态,发布动员令。

五、国务院

(一) 国务院的性质和地位、组成和任期

《宪法》第85条规定:"中华人民共和国国务院,即中央人民政府,是最高国家权力机关的执行机关,是最高国家行政机关。"这一规定表明了国务院的性质与地位。

国务院由下列人员组成:总理,副总理若干人,国务委员若干人,各部部长,各委员会主任,审计长,秘书长。国务院实行总理负责制。各部、各委员会实行部长、主任负责制。

国务院每届任期同全国人民代表大会每届任期相同。总理、副总理、国务委员连续任职不得超过两届。

(二) 国务院的职权

国务院行使下列职权:

(1)根据宪法和法律,规定行政措施,制定行政法规,发布决定和命令;

(2)向全国人民代表大会或者全国人民代表大会常务委员会提出议案;

(3)规定各部和各委员会的任务和职责,统一领导各部和各委员会的工作,并且领导不属于各部和各委员会的全国性的行政工作;

(4)统一领导全国地方各级国家行政机关的工作,规定中央和省、自治区、直辖市的国家行政机关的职权的具体划分;

(5)编制和执行国民经济和社会发展计划和国家预算;

(6)领导和管理经济工作和城乡建设、生态文明建设;

(7)领导和管理教育、科学、文化、卫生、体育和计划生育工作;

(8)领导和管理民政、公安、司法行政等工作;

(9)管理对外事务,同外国缔结条约和协定;

(10)领导和管理国防建设事业;

(11)领导和管理民族事务,保障少数民族的平等权利和民族自治地方的自治权利;

(12)保护华侨的正当的权利和利益,保护归侨和侨眷的合法的权利和利益;

(13)改变或者撤销各部、各委员会发布的不适当的命令、指示和规章;

(14)改变或者撤销地方各级国家行政机关的不适当的决定和命令;

(15)批准省、自治区、直辖市的区域划分,批准自治州、县、自治县、市的建置和区域划分;

(16)依照法律规定决定省、自治区、直辖市的范围内部分地区进入紧急状态;

(17)审定行政机构的编制,依照法律规定任免、培训、考核和奖惩行政人员;

(18)全国人民代表大会和全国人民代表大会常务委员会授予的其他职权。

六、中央军事委员会

(一) 中央军事委员会的性质和地位

《宪法》第 93 条规定:"中华人民共和国中央军事委员会领导全国武装力量。"这一规定表明中央军事委员会是国家最高军事决策机关,其职权是领导全国武装力量。在国家机构体系中,中央军事委员会由全国人民代表大会和全国人民代表大会常务委员会产生并向它负责。

党的中央军事委员会主席、副主席和委员,经中共中央和各民主党派的协商,经全国人大和全国人大常委会的通过,同时成为国家的中央军事委员会的组成人员。这既加强了党对军队的绝对领导,也体现了武装力量属于人民的原则。

(二) 中央军事委员会的组成和任期

中央军事委员会由下列人员组成:主席,副主席若干人,委员若干人。中央军事委员会实行主席负责制。中央军事委员会每届任期同全国人民代表大会每届任期相同。

七、地方各级人民代表大会和地方各级人民政府

(一) 地方各级人民代表大会

《宪法》第 96 条规定:"地方各级人民代表大会是地方国家权力机关。县级以上的地方各级人民代表大会设立常务委员会。"地方国家权力机关是指在一定的行政区域内由本地方人民选举代表组成的人民行使国家权力的地方各级人民代表大会。地方各级人民代表大会指的是省、自治区、直辖市、自治州、县、自治县、市、市辖区、乡、民族乡、镇的人民代表大会。

地方各级人民代表大会在本行政区域内,保证宪法、法律、行政法规的遵守和执行;依照法律规定的权限,通过和发布决议,审查和决定地方的经济建设、文化建设和公共事业建设的计划。县级以上的地方各级人民代表大会审查和批准本行政区域内的国民经济和社会发展计划、预算以及它们的执行情况的报告;有权改变或者撤销本级人民代表大会常务委员会不适当的决定。民族乡的人民代表大会可以依照法律规定的权限采取适合民族特点的具体措施。

(二) 县级以上地方各级人民代表大会常务委员会

县级以上地方各级人民代表大会常务委员会是本级人民代表大会闭会期间经常行使地方国家权力的机关,是本级地方国家权力机关的组成部分。它从属于本级人民代表大会,对本级人民代表大会负责并报告工作。

县级以上的地方各级人民代表大会常务委员会由主任、副主任若干人和委员若干

人组成,对本级人民代表大会负责并报告工作。县级以上的地方各级人民代表大会常务委员会的组成人员不得担任国家行政机关、监察机关、审判机关和检察机关的职务。

县级以上的地方各级人民代表大会常务委员会讨论、决定本行政区域内各方面工作的重大事项;监督本级人民政府、监察委员会、人民法院和人民检察院的工作;撤销本级人民政府的不适当的决定和命令;撤销下一级人民代表大会的不适当的决议;依照法律规定的权限决定国家机关工作人员的任免;在本级人民代表大会闭会期间,罢免和补选上一级人民代表大会的个别代表。

(三) 地方各级人民政府

《宪法》规定,地方各级人民政府是地方各级国家权力机关的执行机关,是地方各级国家行政机关。

作为地方各级国家权力机关的执行机关,地方各级人民政府由本级国家权力机关产生,对本级人民代表大会负责并报告工作。地方各级人民政府对本级人民代表大会负责并报告工作。县级以上的地方各级人民政府在本级人民代表大会闭会期间,对本级人民代表大会常务委员会负责并报告工作。地方各级人民政府对上一级国家行政机关负责并报告工作。

全国地方各级人民政府都是国务院统一领导下的国家行政机关,都服从国务院。我国地方各级人民政府双重负责的体制是由我国的人民代表大会制度和国家行政权力的特点决定的。

八、监察委员会

根据《宪法》第123条和《监察法》第3条的规定,中华人民共和国各级监察委员会是国家的监察机关,是行使国家监察职能的专责机关,依法对所有行使公权力的公职人员进行监察,调查职务违法和职务犯罪案件,开展廉政建设和反腐败工作,维护宪法和法律的尊严。

监察委员会依照法律规定独立行使监察权,不受行政机关、社会团体和个人的干涉。监察机关办理职务违法和职务犯罪案件,应当与审判机关、检察机关、执法部门互相配合,互相制约。监察机关在工作中需要协助的,有关机关和单位应当根据监察机关的要求依法予以协助。

监察委员会由下列人员组成:主任、副主任若干人、委员若干人。其中,主任由全国人民代表大会选举,副主任、委员由国家监察委员会主任提请全国人民代表大会常务委员会任免。监察委员会主任每届任期同本级人民代表大会每届任期相同。国家监察委员会主任连续任职不得超过两届。

中华人民共和国国家监察委员会是最高监察机关。国家监察委员会对全国人民代表大会和全国人民代表大会常务委员会负责。地方各级监察委员会对产生它的国家权力机关和上一级监察委员会负责。国家监察委员会领导地方各级监察委员会的工作,上级监察委员会领导下级监察委员会的工作。

监察委员会依照法律规定独立行使监察权,不受行政机关、社会团体和个人的干涉。

监察机关办理职务违法和职务犯罪案件,应当与审判机关、检察机关、执法部门互相配合,互相制约。

九、人民法院和人民检察院

(一) 人民法院

《宪法》规定,中华人民共和国人民法院是国家的审判机关。国家的审判机关也就是行使国家审判权的机关。中华人民共和国设立最高人民法院、地方各级人民法院和军事法院等专门人民法院。

最高人民法院院长由全国人民代表大会选举,副院长、审判委员会委员、庭长、副庭长和审判员由院长提请最高人民代表大会常务委员会任免。最高人民法院院长每届任期同全国人民代表大会每届任期相同,连续任职不得超过两届。

最高人民法院是最高审判机关。最高人民法院监督地方各级人民法院和专门人民法院的审判工作,上级人民法院监督下级人民法院的审判工作。最高人民法院对全国人民代表大会和全国人民代表大会常务委员会负责。地方各级人民法院对产生它的国家权力机关负责。

人民法院审理案件,除法律规定的特别情况外,一律公开进行。被告人有权获得辩护。人民法院依照法律规定独立行使审判权,不受行政机关、社会团体和个人的干涉。

(二) 人民检察院

人民检察院是国家的法律监督机关,是国家机构的组成部分。法律监督权是国家维护宪法和法律实施的权力,通称检察权。检察机关通过行使检察权对各级国家机关、国家机关工作人员和公民是否遵守宪法和法律进行监督。

中华人民共和国设立最高人民检察院、地方各级人民检察院和军事检察院等专门人民检察院。最高人民检察院检察长每届任期同全国人民代表大会每届任期相同,连续任职不得超过两届。

最高人民检察院是最高检察机关。最高人民检察院领导地方各级人民检察院和专门人民检察院的工作,上级人民检察院领导下级人民检察院的工作。最高人民检察院对全国人民代表大会和全国人民代表大会常务委员会负责。地方各级人民检察院对产生它的国家权力机关和上级人民检察院负责。人民检察院依照法律规定独立行使检察权,不受行政机关、社会团体和个人的干涉。

人民法院、人民检察院和公安机关在办理刑事案件中实行分工负责、互相配合、互相制约的原则。三机关必须正确处理相互配合和相互制约的关系,在工作中首先要各司其职;同时,积极配合其他国家机关工作,自觉接受监督与制约。

【课后复习题】

如何理解宪法具有最高的法律效力?

第三章 刑 法

【学习目标】
1. 了解刑法的概念、性质。
2. 了解刑法的基本原则。
3. 了解犯罪构成。
4. 了解刑法规定。

【引导案例】
刘林为某市市人大代表,其妹刘红与其是同厂的另一车间职工。刘红和赵军二人谈恋爱,刘林不同意,遂将刘红强行带至家中,关在房里不准其出门。刘红深感刘林的蛮横无理,又认为无法实现自己的爱情追求,十分绝望。刘红本就是一个较偏执的女孩,一时想不开,便在房间里悬梁自尽。

刘林发现刘红自尽身亡,惊怒交加,顾不上安排丧事,便手持一把大型水果刀,到处寻找赵军,欲杀赵军给其妹偿命。居委会干部李大妈为防止再闹出人命来,赶忙打电话向派出所报案,公安机关报告检察院,检察机关立即派人赶到现场处理此案。

问题:
(1)本案应由哪一机关受理?说明理由。
(2)本案经受理后应否对刘林采取强制措施?说明理由。

【分析】
(1)本案应由公安机关直接受理。本案是以暴力干涉他人婚姻自由引起被害人死亡的犯罪,不属于人民法院直接受理的自诉案件的范围,也不属于人民检察院立案侦查的国家机关工作人员或其他公务人员的渎职犯罪或利用职权实施的侵犯公民人身权利和民主权利的犯罪,属一般刑事案件,故应由公安机关直接受理。

(2)本案经受理后应对刘林采取刑事拘留强制措施,但须报请市人民代表大会常委会批准。刘林暴力干涉婚姻,致其妹妹死亡,其犯罪时即被发现,而且刘林欲持刀行凶,具有危险性,公安局应予先行拘留。但因其是市人大代表,依法律规定,若对其拘留,在市人大闭会期间要报市人大常委会批准。

第一节 刑法概述

一、刑法的概念与性质

一般来说,刑法是指规定犯罪及其法律后果的法律规范。具体地说,我国刑法是指为了维护国家与人民利益,根据人民群众的意志,以国家名义颁布的,规定什么行为是犯罪以及对犯罪追究何种刑事责任的法律规范。

刑法的渊源有以下几种。

一是刑法典。现行有效的刑法典是 1997 年 3 月通过的《中华人民共和国刑法》(以下简称《刑法》),共 452 条(后来增加了若干条文),分为总则、分则、附则。

二是单行刑法。单行刑法是国家以决定、规定、补充规定、条例等名称颁布的,规定某一类犯罪及其刑事责任或者刑法的某一事项的法律,如 1998 年全国人大常委会颁布的《关于惩治骗购外汇、逃汇和非法买卖外汇犯罪的决定》。

三是附属刑法。附属刑法是指附带规定于民法、经济法、行政法等非刑事法律中的罪刑规范。

此外,民族自治地方的省级人民代表大会可以根据当地民族的政治、经济、文化的特点和刑法的基本原则,制定变通或者补充规定。

刑法是一门独立的法律,其制裁措施最为严厉。正因为如此,刑法成为其他法律的保障;也因为如此,只有在适用其他法律不能有效地保护法益时,才适用刑法。

在实体法与程序法的分类中,刑法属于实体法;在母法与子法的分类中,刑法属于子法;在强行法与任意法的分类中,刑法属于强行法;在公法与私法的分类中,一般认为刑法属于公法;在立法法、司法法、行政法的分类中,刑法属于司法法。

二、刑法的任务与基本原则

(一)刑法的任务

刑法的任务,是用刑罚同一切犯罪行为做斗争,以保卫国家安全,保卫人民民主专政的政权和社会主义制度,保护国有财产和劳动群众集体所有的财产,保护公民私人所有的财产,保护公民的人身权利、民主权利和其他权利,维护社会秩序、经济秩序,保障社会主义建设事业的顺利进行。

刑法的任务与刑法的机能是不同的概念。刑法的机能是指刑法现实的与可能发挥的作用。刑法具有两个基本机能:一是法益保护机能,指刑法具有保护法益不受犯罪侵害与威胁的机能;二是自由保障机能,指刑法具有保障公民个人自由不受国家刑罚权不当侵害的机能。当然,刑法也具有行为规制机能,即刑法具有对犯罪行为的规范评价得以明确的机能,但这个机能是从属于前两个机能的。

(二)刑法的基本原则

刑法的基本原则,是指刑法本身所具有的,贯穿刑法始终,必须得到普遍遵循的具有全局性、根本性的原则。我国刑法规定了以下三项基本原则。

1. 罪刑法定原则

罪刑法定原则是刑法的最基本原则。"法无明文规定不为罪""法无明文规定不处罚"是罪刑法定原则的经典表述。我国《刑法》第3条将罪刑法定原则表述为:"法律明文规定为犯罪行为的,依照法律定罪处刑;法律没有规定为犯罪行为的,不得定罪处刑。"实行罪刑法定原则,是尊重与保障人权的基本要求。

罪刑法定原则在刑法中得到了充分体现:定罪处刑的根据,只能是作出了明文规定的法律;不得采用类推方法定罪处刑;不得依照事后法定罪处刑;刑法对各种犯罪的构成要件及其刑事责任作出明确规定。

2. 平等适用刑法原则

《刑法》第4条规定:"对任何人犯罪,在适用法律上一律平等。不允许任何人有超越法律的特权。"平等适用刑法的具体要求如下:首先,刑法平等地保护法益。任何法益,只要是受刑法保护的,不管法益主体是谁,都应当平等地得到刑法的保护。其次,刑法平等地处理犯罪。对于实施犯罪的任何人,都必须严格依照刑法定罪量刑。行为人地位的高低、权力的大小、财产的多少都不能影响犯罪的成立与否与量刑的轻重。最后,平等地执行刑罚。被判处刑罚的人,应当严格依照刑法规定平等地执行刑罚。

3. 罪刑相适应原则

《刑法》第5条规定:"刑罚的轻重,应当与犯罪分子所犯罪行和承担的刑事责任相适应。"此即罪刑相适应原则。

罪刑相适应原则在刑罚的制定、适用与执行三个环节上都得到了体现:在制定刑罚方面,注重罪行的性质,兼顾犯罪情节与犯罪人的人身危险性,建立科学的刑罚体系,合理规定各种具体犯罪的法定刑;在量刑方面,审判机关依照刑法的规定,根据犯罪的性质、情节及犯罪人的人身危险性,实行区别对待的方针,具体选择适当的宣告刑或决定免予刑罚处罚;在刑罚执行方面,执行机关依照刑法的规定,注重犯罪人人身危险性(再犯可能性)程度的消长变化,兼顾犯罪性质与情节,合理适用减刑、假释等制度。

三、刑法的空间效力与时间效力

(1)刑法的空间效力,是指一国刑法在什么地域、对什么人适用的问题。

对于国内犯,以属地管辖为基本原则,即凡在中华人民共和国领域内犯罪的,除法律有特别规定的以外,都适用中国刑法。中华人民共和国领域,包括中国的领陆、领水与领空。此外,在中国船舶或者航空器内犯罪的,也适用中国刑法。

对于国外犯,则根据不同情况采取不同管辖原则。

第一,属人管辖原则。中国公民在中华人民共和国领域外犯刑法规定之罪的,适用中国刑法,但是按照刑法规定的最高刑为 3 年以下有期徒刑的,可以不予追究;国家工作人员和军人在中国领域外犯刑法规定之罪的,适用中国刑法。

第二,保护管辖原则。外国人在中华人民共和国领域外对中华人民共和国国家或者公民犯罪,按刑法规定的法定最低刑为 3 年以上有期徒刑的,可以适用中国刑法,但是按照犯罪地的法律不受处罚的除外。

第三,普遍管辖原则。对于中华人民共和国缔结或参加的国际条约所规定的罪行,中国在所承担条约义务的范围内行使刑事管辖权的,适用中国刑法。

此外,凡在中华人民共和国领域外犯罪,依照刑法应当负刑事责任的,虽然经过国外审判,仍然可以依照中国刑法追究刑事责任,但是在外国已经受过刑罚处罚的,可以免除或者减轻处罚。

【案例 3-1】

阮某,系无国籍人,组织武装控制了缅甸边境一些地方种植罂粟,建立毒品加工厂,并将毒品销往北美国家。后阮某进入我国境内旅游观光,被我公安机关抓获。

问:我国法院是否有权对阮某行使刑事管辖权?

答:本案中,阮某虽为无国籍人,且其进入我国境内也不是为了从事毒品犯罪,但是根据普遍管辖原则,我国有权对阮某行使刑事管辖权。

(2)刑法的时间效力,是指刑法的生效时间、失效时间与溯及力。刑法的生效时间,一般在刑法中有明文规定;刑法的失效时间,或者由立法机关明文宣布原有法律效力终止或废止,或者新法的施行使原有的法律自然失效。刑法的溯区力,是指刑法生效后,对它生效前未经审判或判决未确定的行为是否具有追溯适用效力。如果具有适用效力,则是有溯及力,反之,则没有溯及力。

我国刑法在溯及力问题上采取了从旧兼从轻的原则,即原则上适用行为时的法律;根据新法行为不构成犯罪或者根据新法处刑较轻的,则适用新法。新法施行以前,依照当时的法律已经作出的生效判决,继续有效。

【案例 3-2】

甲在 2015 年 7 月组织考试作弊。《刑法》在 2015 年 11 月 1 日增设了组织考试作弊罪。新法规定的罪名不能适用于甲于 2015 年 7 月的行为,也即不能溯及既往,无溯及力。对于甲只能适用行为发生时的刑法规定。根据行为发生时的刑法规定,甲的行为应为无罪。

第二节 犯罪

一、犯罪的一般概念

《刑法》在总则中规定了犯罪的一般概念:"一切危害国家主权、领土完整和安全,分裂国家,颠覆人民民主专政的政权和推翻社会主义制度,破坏社会秩序和经济秩序,侵犯国有财产或者劳动群众集体所有的财产,侵犯公民私人所有的财产,侵犯公民的人身权利、民主权利和其他权利,以及其他危害社会的行为,依照法律应当受刑罚处罚的,都是犯罪,但是情节显著轻微危害不大的,不认为是犯罪。"据此,犯罪具有以下两个基本特征。

1. 犯罪是具有严重社会危害性的行为

社会危害性是指对法益的侵犯性:如危害国家安全、危害公共安全、破坏经济秩序、侵犯公民权利等行为,都是具有社会危害性的行为。但并非具有社会危害性的任何行为都是犯罪,只有社会危害性严重到值得科处刑罚的程度时,才可能成为犯罪。行为的情节显著轻微危害不大的,不认为是犯罪。

2. 犯罪是依照法律应当受刑罚处罚的行为

任何行为只有违反刑法时,才可能成为犯罪。没有违法刑法的行为,即不符合刑法规定的犯罪成立要件的行为,即使具有严重的社会危害性,也不构成犯罪;行为虽然违反法律,但法律并没有规定给予刑罚处罚的,也不是犯罪行为。因此,只有依照法律应当受刑罚处罚的行为,即刑法明文规定应当受刑罚处罚的行为,才是犯罪。

二、犯罪构成

犯罪构成即犯罪成立的一般条件,是指刑法规定的,说明行为的社会危害性及其程度,而为成立犯罪所必须具备的主客观要件的统一体。其中的要件,是指必要条件。根据刑法理论的通说,任何犯罪的成立,都必须具备犯罪客体要件、犯罪客观要件、犯罪主体要件与犯罪主观要件。

(一) 犯罪客体要件

犯罪客体要件,是指行为只有侵害或者威胁了刑法所保护的法益时,才可能成立犯罪。法益,是指根据刑法的基本原则,由法所保护的、客观上可能受到侵害或者威胁的利益。刑法以保护法益为目的,犯罪的本质是侵犯法益。被侵害或者受威胁的法益,就是犯罪客体。行为侵害或者威胁的法益性质不同,其所构成的犯罪性质也就不同,所受到的刑罚处罚也将不同。

按照犯罪行为侵犯的法益范围的不同,可以将犯罪客体进行不同的分类:一般客体,是指一切犯罪所侵犯的法益的整体;同类客体,是指某一类犯罪所共同侵犯的某一类法益,如放火罪、爆炸罪、破坏交通工具罪等侵犯的都是公共安全;直接客体,是指具体犯罪所直接侵犯的特定法益,如故意杀人罪侵犯的是他人的生命,故意伤害罪侵犯的是他人的身体健康。

犯罪客体与犯罪对象不是等同概念。犯罪对象,是指危害行为所作用的法益的主体(人)或者物质表现(物)。如甲盗窃了乙的计算机,计算机本身是犯罪对象,对计算机的占有权,则是盗窃罪的犯罪客体。再如妨害公务罪的犯罪对象是国家机关工作人员等,犯罪客体则是公务本身。

(二) 犯罪客观要件

犯罪客观要件,是指刑法所规定的,说明行为对刑法所保护的法益的侵害性或者威胁性,而为成立犯罪所必须具备的客观特征。犯罪的客观要件主要包括危害行为,危害结果以及二者之间的因果关系。

危害行为,是指人在其意识支配下所实施的危害社会的身体活动。危害行为具有三个特点。一是有体性,即危害行为是人的身体活动或动作。二是有意性,即危害行为是基于人的意识而实施的,无意识的举动被排斥在危害行为之外,因而被排斥在犯罪之外。三是危害性,即危害行为必须是侵犯法益的行为,保护法益的行为不可能成为刑法上的危害行为,因此,排除社会危害性的行为(如正当防卫、紧急避险等行为)被排斥在危害行为之外,因而不认为是犯罪。

危害行为分为作为与不作为。作为,是指行为人以积极的身体活动实施刑法所禁止的危害行为。如抢劫行为、盗窃行为,都表现为作为。不作为,是指行为人在能够履行自己应尽的作为义务的情况下不履行该义务。成立不作为犯罪,客观上必须具备以下三个条件:一是行为人负有实施特定积极行为的法律义务;二是行为人能够履行该义务;三是行为人没有履行该义务,造成或者可能造成危害结果。

例如,应当且能够抚养没有独立生活能力的人而拒不抚养的,成立不作为形式的遗弃罪。

【案例 3-3】

甲看见儿子乙(8周岁)正掐住丙(3周岁)的脖子,因忙于炒菜,便未理会。等炒完菜,甲发现丙已窒息死亡。甲成立不作为犯罪。8周岁的乙是无民事行为能力人,监护人甲对其具有法律上的监护义务,对其实施的危害行为具有阻止的义务。甲看见乙掐住丙的脖子,本应阻止乙的危害行为,却未予理会,致使丙窒息而亡,因此甲成立不作为犯罪。

危害结果,是指危害行为给刑法所保护的法益所造成的具体侵害事实。危害结果的表现形式多种多样,如物质性的危害结果与非物质性的危害结果,直接危害结果与间接危害结果,等等。刑法根据不同的情况对危害结果作了不同的规定:有的犯罪以发生危害结果作为成立犯罪的必要条件,没有发生危害结果的行为不成立犯罪(如过失致人死亡罪);有的犯罪以发生危害结果作为犯罪既遂的条件(如故意杀人罪);有的犯罪以发生危害结果的危险作为成立犯罪的条件(如放火罪);有的犯罪以发生加重结果作为法定刑升格的条件(如刑法对故意伤害致人重伤、死亡的,规定了更高的法定刑)。

因果关系,是指危害行为与危害结果之间的因果关系。要使行为人对某种危害结果承担责任,就要求其实施的危害行为与危害结果之间具有引起与被引起的因果关系。这种因果关系本身是客观的,不依任何人的主观意志为转移;它是法律规定的特定行为与特定结果之间的特定的发展过程,而非任何两种现象之间的因果关系。

例如,成立敲诈勒索罪的既遂,必须是由于行为人的恐吓行为,使被害人产生恐惧心理,从而作出有瑕疵的财产处分。如果被害人基于怜悯之心处分财产,则行为人仅成立敲诈勒索罪的未遂。

(三) 犯罪主体要件

犯罪主体要件,是指刑法规定的,实施犯罪行为的主体本身必须具备的条件。根据刑法的规定,犯罪主体分为两大类,即自然人犯罪主体与单位犯罪主体。

自然人犯罪主体首先必须达到一定年龄。《刑法》规定,不满14周岁的人,一律不负刑事责任。即不满14周岁的人,其实施的任何行为都不构成犯罪,已满14周岁不满16周岁的人,犯故意杀人、故意伤害致人重伤或者死亡、强奸、抢劫、贩卖毒品、放火、爆炸、投毒罪的,应当负刑事责任;实施此外的其他行为的,不负刑事责任。已满16周岁的人,对一切犯罪负刑事责任。已满14周岁不满18周岁的人犯罪,应当从轻或者减轻处罚。此外,基于人道主义与刑事政策的考虑,刑法规定,已满75周岁的人故意犯罪的,可以从轻或者减轻处罚;过失犯罪的,应当从轻或者减轻处罚。

自然人犯罪主体必须同时具有辨认能力与控制能力。即行为人必须能够认识自己特定行为的性质、后果与意义,并且能够基于这种认识控制自己是否实施该行为。精神病人在不能辨认或者不能控制自己行为时造成危害结果的,不负刑事责任。

间歇性精神病人在精神正常的时候犯罪,应当负刑事责任;尚未完全丧失辨认或者控制自己行为能力的精神病人犯罪的,应当负刑事责任,但是可以从轻或者减轻处罚。醉酒的人犯罪,应当负刑事责任。又聋又哑的人或者盲人犯罪,可以从轻、减轻或者免除处罚。

自然人犯罪主体在某些情况下还必须具有特殊身份。特殊身份是指行为人在身份上的特殊资格,以及其他与一定的犯罪行为有关的,行为人在社会关系上的特殊地位或者状态。例如,受贿罪的主体必须是国家工作人员,一般公民不可能单独犯受贿罪,只能与国家工作人员构成受贿罪的共犯。

根据《刑法》的规定,特殊身份主要包括以下几类。

(1) 以特定公职为内容的特殊身份,如国家工作人员;

(2) 以特定职业为内容的特殊身份,如航空人员等;

(3) 以特定法律义务为内容的特殊身份,如纳税人、扣缴义务人等;

(4) 以特定法律地位为内容的特殊身份,如证人、鉴定人等;

(5) 以持有特定物品为内容的特殊身份,如依法配备公务用枪的人员等;

(6) 以不具有特定资格为内容的特殊身份,如未取得医生执业资格的人等;

(7) 以参与某种活动为内容的特殊身份,如投标人等;

(8) 以患有特定疾病为内容的特殊身份,如严重性病患者等;

(9) 以居住地和特定组织成员为内容的特殊身份,如境外的黑社会组织的人员等。

小贴士

常见的身份犯。

国家机关工作人员的身份,在报复陷害罪中是定罪身份,而在诬告陷害罪中是量刑身份。注意:打击报复证人罪不是身份犯,不要求行为人有国家机关工作人员的身份。

非法拘禁罪中的量刑身份是国家机关工作人员;非法搜查罪、非法侵入住宅罪中的量刑身份是司法工作人员。

妨害作证罪和帮助毁灭、伪造证据罪中的量刑身份是司法工作人员;窝藏、包庇罪没有规定量刑身份。

单位犯罪主体即实施了法律规定的犯罪行为的公司、企业、事业单位、机关、团体。根据《刑法》的规定,公司、企业、事业单位、机关、团体实施的危害社会的行为,法律规定为单位犯罪的,应当负刑事责任;虽然形式上是单位集体实施的犯罪,但如果刑法没有规定为单位犯罪的,不能以单位犯罪论处,只能以自然人犯罪处罚。单位犯罪的,对单位判处罚金,并对其直接负责的主管人员和其他直接责任人员判处刑罚,但《刑法》分则和其他法律另有规定的除外。

(四) 犯罪主观要件

犯罪主观要件,是指刑法规定成立犯罪必须具备的,犯罪主体对其实施的危害行为及其危害结果所持的心理态度。犯罪心理态度的基本内容是故意与过失,此外有些犯罪还要求具有特定的犯罪目的、动机。

犯罪故意,是指明知自己的行为会发生危害社会的结果,并且希望或者放任这种结果发生的心理态度。犯罪故意分为直接故意与间接故意。直接故意,是指明知自己的行为会发生危害社会的结果,并且希望这种结果发生的心理态度。直接故意由认识因素与意志因素构成。

认识因素的内容是指,行为人明知自己行为的内容与危害性质、明知自己的行为会发生何种性质的结果;在某些犯罪中,行为人还必须明知刑法规定的特定事实,如特定的时间、地点、特定的对象等。

意志因素的内容是,对自己所认识的危害结果抱有积极追求的心理态度,发生危害结果是行为人实施危害行为直接追求的目的。间接故意,是指明知自己的行为可能发生危害社会的结果,并且放任这种结果发生的心理态度。"放任",是指行为人对危害结果持听之任之、发生也可以不发生也可以的态度。

【案例 3-4】

甲想杀死乙,看到乙和丙坐在高山缆车上,一边想:"乙,你死定了。"一边想:"丙,我真不想让你死。"仍砍断缆绳,乙、丙二人死亡。甲对乙的死亡是直接故意。甲对丙的死亡,貌似"放任"而非直接追求,但是因为明知砍断缆绳,丙必然死亡,所以也构成直接故意。

犯罪过失,是指应当预见自己的行为可能发生危害社会的结果,因为疏忽大意而没有预见,或者已经预见而轻信能够避免,以致发生这种结果的心理态度。过失分为疏忽大意的过失与过于自信的过失。疏忽大意的过失,是指应当预见自己的行为可能发生危害社会的结果,因为疏忽大意而没有预见,以致发生这种结果的心理态度。

例如,狩猎人在经常有人经过的地方狩猎,他以为前方物体是野兽而开枪射击,但实际上该物体不是野兽而是他人,因而导致他人死亡。此时,如果狩猎人应当预见前方是他人,则成立疏忽大意的过失犯罪。

过于自信的过失,是指已经预见自己的行为可能发生危害社会的结果,但轻信能够避免,以致发生这种结果的心理态度。行为人在已经预见自己的行为可能发生危害结果的情况下仍然实施该行为,是因为行为人主观上轻信能够避免该结果。例如,驾驶员以为自己的驾驶水平高而超速行驶,导致他人死亡的,成立过于自信的过失犯罪。

任何犯罪的成立都必须具有故意或过失的心理态度,行为在客观上虽然造成了损害结果,但不是出于故意或者过失,而是由于不能抗拒或者不能预见的原因所引起的,不是犯罪。

小贴士

【过于自信的过失】 甲在饭菜里投放毒药欲毒死妻子。为了防止儿子回家也吃到有毒的饭菜中毒,便去学校接儿子,不料儿子自己回家。甲急忙赶到家中,看到下班回家的妻子和放学回家的儿子已中毒死亡。甲对妻子的死亡是直接故意,虽然甲对儿子采取了预防措施,但并未避免危害结果的发生,是过于自信的过失。

【间接故意】 甲贩运假烟,驾车路过某检查站时,检查人员乙正登车检查,甲突然发动汽车夺路而逃。乙抓住汽车车门的把手不放,甲为摆脱乙,在疾驶时突然急刹车,导致乙头部着地身亡。甲没有采取避免措施,只有加害措施,甲对乙死亡持放任态度,是间接故意。

除了故意与过失,有些犯罪的成立还要求行为人具有特定的犯罪目的与动机。例如,成立走私淫秽物品罪,要求行为人除了具有故意的心理状态外,还必须具有牟利或者传播目的。成立盗窃罪,要求行为人具有非法占有目的。再如,投降罪的成立,要求行为人出于贪生怕死的动机。

三、犯罪的形态

犯罪的形态,包括三个方面的内容:一是犯罪的未完成形态,即犯罪的预备、未遂与中止;二是犯罪的共同形态,即共同犯罪;三是犯罪的罪数形态。

(一) 未完成形态

犯罪的未完成形态,是指犯罪没有达到既遂的形态,包括犯罪预备、犯罪未遂与犯罪中止三种形态。

1. 犯罪预备

犯罪预备是指为了犯罪,准备工具、制造条件,由于犯罪人意志以外的原因,而未着手实行的形态。成立犯罪预备必须具备以下四个条件。

第一,主观上为了实行犯罪,包括为了自己实行犯罪与为了他人实行犯罪。

第二,客观上实施了犯罪预备行为。预备行为是为犯罪的实行创造条件,以利于危害结果顺利发生的行为,包括准备工具、制造条件的行为。

第三,事实上未能着手实行犯罪。既可能是预备行为没有实施终了,由于某种原因不能继续实施预备行为,因而不可能着手实行;也可能是预备行为已经实施终了,但由于某种原因未能着手实行犯罪。

第四,未能着手实行犯罪是由于行为人意志以外的原因。犯罪预备行为与犯意表示存在本质区别,犯意表示仅仅是犯罪想法的表达,尚未实际实施犯罪行为,因而不认为是犯罪。

对于预备犯,可以比照既遂犯从轻、减轻处罚或者免除处罚。

2. 犯罪未遂

犯罪未遂是指已经着手实行犯罪,由于犯罪分子意志以外的原因而未得逞的情形。犯罪未遂具有以下特征。

第一,已经着手实行犯罪。着手是实行行为的起点,行为人已经开始实施可能直接导致危害结果发生的行为时,就是着手实行行为。

第二,犯罪未得逞,即行为人所追求的、行为性质所决定的危害结果没有发生。例如,故意杀人时没有发生死亡结果;盗窃他人财物时没有将他人占有的财物转移给自己或第三者占有。

第三,犯罪未得逞是由于犯罪人意志以外的原因造成的。犯罪人意志以外的原因,是指始终违背犯罪人意志的,客观上使犯罪不可能既遂,或者使犯罪人认为不可能既遂从而被迫停止犯罪的原因。犯罪未遂分为实行终了的未遂与未实行终了的未遂,即未造成任何危害结果的未遂与造成了一定危害结果的未遂。对于未遂犯,可以比照既遂犯从轻或者减轻处罚。

3. 犯罪中止

犯罪中止是指在犯罪过程中,自动放弃犯罪或者自动有效地防止犯罪结果发生的情形。犯罪中止存在两种情况。

一是未实行终了的中止,即在犯罪行为还没有实行终了的犯罪过程中,自动放弃犯罪;二是实行终了的中止,即在犯罪行为实行终了的情况下,自动有效地防止犯罪结果的发生。成立犯罪中止必须符合以下 4 个条件。

(1)必须是在犯罪过程中中止犯罪,即在犯罪行为开始实施之后、犯罪结果发生之前中止犯罪;犯罪已经既遂或者已经形成犯罪预备、犯罪未遂的形态后,不可能再中止犯罪。

(2)必须是自动中止犯罪,即行为人认识到客观上可能继续实施犯罪或者可能达到犯罪既遂,但自愿放弃原来的犯罪意图;由于行为人意志以外的原因而被迫停止犯罪的,不成立犯罪中止。

(3)必须实施了中止行为。在行为未实行终了、只要不继续实施就不会发生犯罪结果的情况下,中止行为表现为放弃继续实施犯罪行为;在行为实行终了、不采取有效措施就会发生犯罪结果的情况下,中止行为表现为采取积极措施有效地防止犯罪结果发生。

(4)必须没有发生犯罪结果,即必须没有发生行为人原本所追求的、行为性质所决定的犯罪结果。行为人实施了中止行为,但仍然发生了其所追求的、行为性质所决定的犯罪结果时,虽然可以从轻处罚,但不成立犯罪中止。对于中止犯,没有造成损害的,应当免除处罚;造成损害的,应当减轻处罚。

> 小贴士
>
> 【犯罪未遂和犯罪中止】甲举枪要打死十米外的乙。假设第一种情形,多名警察出现,举枪对准甲,要求甲放下手枪。甲收枪逃离。假设第二种情形,乙声称"公安机关一定会抓住你,判你死刑!"甲害怕受到处罚,放弃。第一种情形下,甲害怕当场被抓,此时放弃,是未遂。第二种情形下,甲害怕日后被抓,此时放弃,是犯罪中止。
>
> 【犯罪中止】甲想强奸过路妇女乙,却发现乙是自己认识的人,乙放弃强奸行为,成立犯罪中止。

(二) 共同犯罪

共同犯罪是指两人以上共同故意犯罪。从主体上看,成立共同犯罪要求有两个以上符合犯罪主体要件的人。共同犯罪的主体包括自然人与单位。从主观上看,成立共同犯罪要求有共同故意,各共同犯罪人均有相同的犯罪故意(不要求故意内容完全相同,只要故意内容部分相同即可),都明知共同犯罪行为的性质、危害社会的结果,并且希望或者放任这种结果的发生;各共同犯罪人都认识到自己不是在孤立地实施犯罪,而是在和他人一起共同犯罪。

二人以上共同过失犯罪的,不以共同犯罪论处,只能分别处罚。一人故意犯罪、另一人过失犯罪的,也不可能成立共同犯罪。从客观上看,成立共同犯罪要求有共同犯罪行为。每一个共犯人的行为都必须为共同犯罪的实施与完成起了促进作用。在危害结果发生的情况下,各共犯人的行为作为一个整体与危害结果之间具有因果关系。

【案例3-5】

甲、乙互不知情,同时向丙开枪,均打中丙,丙死亡。虽然甲、乙的客观行为相同、主观故意相同、触犯罪名相同,但是,甲、乙二人不是共同犯罪,因为甲、乙没有意思联络,不属于一起共同制造违法事实,在所制造的违法事实上没有连带性,因此不构成共同犯罪。甲、乙的这种犯罪现象被称为同时犯。

共同犯罪分为一般共同犯罪、聚众共同犯罪与集团共同犯罪。

(1)一般共同犯罪,是指二人以上没有组织形式的共同犯罪。其特点是,二人即可构成,共犯人的勾结是暂时的,没有特殊的组织形式,不存在众人随时可能参与的形态。

(2)聚众共同犯罪,是指由首要分子组织、策划、指挥众人所实施的共同犯罪。聚众共同犯罪具有参与人的复杂性、行为的公然性、行为的多样性、后果的严重性等特点。

(3)集团共同犯罪,也可以称为有组织的共同犯罪,是指三人以上有组织地实施的共同犯罪。其特点是主体的有组织性、犯罪目的的明确性、犯罪行为的周密性、犯罪结果的严重性。恐怖活动组织实施的犯罪、黑社会组织实施的犯罪,是典型的集团共同犯罪。

组织、领导犯罪集团进行犯罪活动的或者在共同犯罪中起主要作用的,是主犯。在共同犯罪中起次要作用或者辅助作用的,是从犯。对于从犯,应当从轻、减轻或者免除处罚。被胁迫参加犯罪的人,是胁从犯。对于胁从犯,应当按照其犯罪情节从轻处罚或者免除处罚。教唆他人犯罪的,构成教唆犯。

对于教唆犯,应当按照其在共同犯罪中所起的作用进行处罚;起主要作用的,按主犯处罚;起次要作用的,按从犯处罚。教唆不满18周岁的人犯罪的,应当从重处罚。如果被教唆的人没有犯被教唆的罪,对于教唆犯可以从轻或者减轻处罚。

(三)罪数

罪数,是指一人所犯之罪的数量。区分一罪与数罪,原则上以行为所符合的犯罪构成的数量为标准。行为符合一个犯罪构成的,成立一罪;行为符合数个犯罪构成,或者数次符合一个犯罪构成的,成立数罪。单纯一罪与数罪比较容易认定,而介于二者之间的行为的罪数则比较复杂。刑法明确将某些形式上的数罪规定为一罪,主要有继续犯、想象竞合犯、结果加重犯、职业犯、连续犯、吸收犯与牵连犯。

(1)继续犯也称持续犯,是指行为从着手实行到由于某种原因终止以前,一直处于持续状态的犯罪,非法拘禁罪就是典型的继续犯。对于继续犯,不论其持续时间的长短,刑法都规定为一罪,而不是当数罪处理。

(2)想象竞合犯,也称想象数罪,是指一个行为侵害数个法益因而触犯了数个罪名的情况。如窃取正在使用的电力设备器件的行为,既触犯了盗窃罪,也触犯了破坏电力设备罪,但仅依照处罚较重的犯罪定罪处罚,而不是实行数罪并罚。

小贴士

甲出于非法占有他人财物的目的,盗窃糖尿病重症患者乙的胰岛素针剂(价值数额较大)。甲明知这会导致乙无药可救,可能死亡,仍然实施盗窃。最终,乙无药可救死亡。甲的一个行为同时触犯盗窃罪和故意杀人罪,两罪想象竞合,择一重罪论处。

(3)结果加重犯,是指法律规定的一个犯罪行为,由于发生了严重结果而加重其法定刑的情况。例如,行为人本欲实施故意伤害罪,但发生了致人死亡结果的,便是结果加重犯。由于刑法对结果加重犯规定了加重的法定刑,故对结果加重犯只能认定为一罪,并且根据加重的法定刑量刑,而不能以数罪论处。

(4)职业犯,是指以某种犯罪作为职业的情形。如未取得医生执业资格的人,将行医作为一种业务而反复从事行医活动的,只成立一个非法行医罪,而不成立数罪。

(5)连续犯,是指基于同一的或者概括的犯罪故意,连续实施性质相同的数个行为,触犯同一罪名的犯罪。《刑法》分则的许多条文明确将连续实施同一性质犯罪的情况规定为一罪,同时规定将连续实施的所有犯罪行为综合起来进行处罚或者作为法定刑升格的条件。

例如,对于多次走私未经处理的,按照累计走私货物、物品的偷逃应缴税款处罚;对于多次贪污未经处理的,按照累计贪污数额处罚;对于多次抢劫的,强奸妇女、奸淫幼女多人的,按加重的法定刑处罚。对于前述犯罪不能按走私、贪污、抢劫、强奸的次数确定罪数。

(6)吸收犯,是指事实上数个不同的行为,其中的一个行为吸收其他行为,仅成立吸收行为一个罪名的犯罪。具体表现为,前行为是后行为的必经阶段,后行为是前行为发展的当然结果。例如,行为人伪造货币后又出售或者运输伪造的货币,事实上虽有数个不同的行为。但出售、运输伪造的货币的行为是伪造货币行为发展的当然结果,故刑法规定对这种情形只认定为伪造货币罪,而不认定为数罪。

(7)牵连犯,是指犯罪的手段行为或者结果行为,与目的行为或者原因行为分别触犯不同罪名的情况。例如,伪造国家机关公文诈骗他人财物的,其手段行为触犯了伪造国家机关公文罪,目的行为构成诈骗罪。对于牵连犯,除刑法有特别规定的以外,原则上按一重罪论处。

> **小贴士**
>
> 盗窃军人制服,然后冒充军人招摇撞骗,触犯盗窃罪和冒充军人招摇撞骗罪,不是牵连犯,应数罪并罚。
>
> 甲盗窃国家机关证件,然后持该证件招摇撞骗,触犯盗窃国家机关证件罪和招摇撞骗罪,不是牵连犯,应数罪并罚。
>
> 为了杀人而盗窃枪支或抢劫他人的杀猪刀,不具有类型化特征,不是牵连犯,应数罪并罚。

四、排除犯罪的事由

一些行为,表面上符合犯罪的客观要件,实质上却保护了法益,为刑法所允许。这类行为称为排除犯罪的事由。我国刑法明文规定了正当防卫与紧急避险两种情形。

(一)正当防卫

为了使国家、公共利益,本人或者他人的人身、财产和其他权利免受正在进行的不法侵害,而采取的制止不法侵害的行为,对不法侵害人造成损失的,属于正当防卫,不负刑事责任。正当防卫分为一般正当防卫与特殊正当防卫。

一般正当防卫必须具备以下条件。

第一,必须存在现实的不法侵害行为。不法侵害行为既包括犯罪行为,也包括其他违法行为,但必须是具有攻击性、破坏性、紧迫性的行为。

第二,不法侵害必须正在进行,即不法侵害已经开始且尚未结束。对于尚未开始或者已经结束的行为实施的所谓"防卫行为",属于防卫不适时,成立故意犯罪或者过失犯罪。

第三,必须针对不法侵害者本人进行防卫,不能对第三者造成损害。防卫行为本身通常表现为造成不法侵害者伤亡,或者造成其他损害。

第四,必须没有明显超过必要限度造成重大损害,即防卫行为必须尽可能控制在保护法益所需要的范围之内。正当防卫明显超过必要限度造成重大损害的,属于防卫过当,应当负刑事责任,但是应当减轻或者免除处罚。

刑法还规定了特殊正当防卫:对于正在进行行凶、杀人、抢劫、强奸、绑架以及其他严重危及人身安全的暴力犯罪,采取防卫行为,造成不法侵害人伤亡的,不属于防卫过当,不负刑事责任。据此,对严重危及人身安全的暴力犯罪进行正当防卫的,不存在防卫过当问题。但应注意的是,特殊正当防卫,仍然以暴力犯罪正在进行为条件。对于尚未开始或者已经结束的暴力犯罪,不得进行特殊防卫。

【案例3-6】

甲、乙因争抢摊位发生口角,甲欲用菜刀砍乙,乙急忙用扁担打甲,击中甲腿部,甲被打倒在地。乙害怕甲立马起来用刀砍自己,急忙用扁担继续击打,这次击打的是头部,致甲死亡。事后查明,甲倒地时,头碰到小石子,已经昏迷。虽然从事后查明的事实看,甲已经丧失不法侵害能力,不法侵害已经结束了,但是从一般人的角度看,由于乙并不知道甲已经昏迷,在当时的紧急情况下,甲有可能再次反击,因此应认定危险尚未解除。所以,乙的反击是适时的,不是事后防卫,也不是假想防卫。

当然,防卫适时只是成立正当防卫的条件之一。虽然防卫适时,但有可能防卫过当。由于甲已经倒地,其不法侵害的严重性和紧迫性已经大大降低。此时将甲打死,应属于防卫过当。不过,这种防卫过当属于过失的防卫过当,而非故意的防卫过当,不应认定为故意伤害罪致人死亡或故意杀人罪,而应认定为过失致人死亡罪,并依据防卫过当的条款,应当减轻或免除处罚。

(二) 紧急避险

为了使国家、公共利益,本人或者他人的人身、财产和其他权利免受正在发生的危险,不得已损害另一较小法益的行为,属于紧急避险,不负刑事责任。防洪是最为典型的紧急避险。紧急避险必须符合以下条件:

第一,法益处于客观存在的危险的威胁之中。

第二,危险必须已经发生或迫在眉睫并且尚未消除。

第三,必须出于不得已而损害另一合法权益。

第四,没有超过必要限度造成不应有的损害。

紧急避险行为超过必要限度造成不应有的损害的,应当负刑事责任,但是应当减轻或者免除处罚。此外,关于避免本人危险的规定,不适用于职务上、业务上负有特定责任的人。

小贴士

甲故意扇乙耳光,意图挑起乙的"不法侵害",然后想通过"正当防卫"来伤害乙。乙被扇后,用木棒打甲。甲反击并伤害乙。甲属于防卫挑拨,既不构成正当防卫,也不构成防御型紧急避险,而构成故意伤害罪。如果甲为了躲避乙的木棒,闯入丙家,可成立攻击型紧急避险。

甲骑摩托车闯红灯,忽然发现一辆大卡车正常行驶过来,甲马上要撞到大卡车。为了防止自己撞向大卡车,甲急转弯,撞坏路边丙的车。甲属于过失制造了自招的危险,不是故意利用"紧急避险"实现不法意图,因此可成立攻击型紧急避险。

第三节　刑罚

一、刑罚的体系

刑罚,是为了防止犯罪行为对国家、社会与个人法益的侵犯,由人民法院根据刑事立法,对犯罪适用的建立在剥夺性痛苦基础上的最为严厉的强制措施。刑罚的目的在于惩罚和预防犯罪。我国刑法规定了五种主刑与四种附加刑。

（一）主刑

主刑,是指只能独立适用的刑罚方法。包括管制、拘役、有期徒刑、无期徒刑与死刑。

管制是对罪犯不予关押,但限制一定自由,并实行社区矫正的刑罚方法。限制自由的内容是:罪犯必须遵守法律、行政法规,服从监督;未经执行机关批准,不得行使言论、出版、集会、结社、游行、示威自由的权利;按照执行机关规定报告自己的活动情况;遵守执行机关关于会客的规定;离开所居住的市、县或者迁居,应当报经执行机关批准。对判处管制的犯罪分子,依法实行社区矫正。

此外,判处管制时可以根据犯罪情况,同时禁止犯罪分子在执行期间从事特定活动,进入特定区域、场所,接触特定的人。但是,对犯罪人的劳动报酬不得进行限制。管制主要适用于罪行较轻的犯罪人。管制的期限为3个月以上2年以下,数罪并罚时不得超过3年;管制的刑期从判决之日起计算,判决执行前先行羁押的,羁押1日折抵刑期2日。管制期满,执行机关应立即向本人和其所在单位或者居住地的群众宣布解除管制。

拘役是短期剥夺犯罪人自由,就近实行劳动改造的刑罚方法。拘役由公安机关在就近的拘留所、看守所或者其他监管场所执行;在执行期间,受刑人每月可以回家一天至两天;参加劳动的,可以酌量发给报酬。拘役适用于罪行较轻但又需要短期关押的犯罪人。拘役的期限为1个月以上6个月以下,数罪并罚时不超过1年;拘役的刑期从判决执行之日起计算,判决执行以前先羁押的,羁押1日折抵刑期1日。

有期徒刑是剥夺犯罪人一定期限的自由,实行强迫劳动改造的刑罚方法。有期徒刑的适用面最广,其基本内容是对犯罪人实行强迫劳动改造,它适用于罪行较为严重的犯罪人。有期徒刑的期限为6个月以上15年以下;数罪并罚时一般不超过20年,总和刑期在35年以上的,最高不能超过25年;刑期从判决执行之日起开始计算,判决执行以前先行羁押的,羁押1日折抵刑期1日。无期徒刑是剥夺犯罪人终身自由,实行强迫劳动改造的刑罚方法。无期徒刑是自由刑中最严厉的刑罚方法,适用于罪行非常严重的犯罪人。

💡 **小贴士**

管制、拘役、有期徒刑均存在判决执行以前先行羁押折抵刑期的问题。这里的"先行羁押"包括三种情形。

第一,因同一犯罪行为被刑事拘留、逮捕。这种羁押1日,折抵管制刑期2日,折抵拘役、有期徒刑刑期1日。

第二,因同一犯罪行为被采取指定居所的监视居住。这种监视居住1日,折抵管制刑期1日。这种监视居住2日,折抵拘役、有期徒刑刑期1日。注意:非指定居所的监视居住、取保候审,因为没有剥夺人身自由,不得折抵刑期。

第三,因同一违法行为被采取行政拘留、海关扣留等剥夺人身自由的措施。行为人因同一违法行为,先被采取行政拘留、海关扣留,后该行为被刑事审判。先前的行政拘留、海关扣留1日,折抵管制刑期2日,折抵拘役、有期徒刑刑期1日。注意:如果是两个独立的违法行为,则不存在折抵问题。

死刑是剥夺犯罪人生命的刑罚方法。我国刑法虽然保留了死刑,但同时又严格限制死刑的适用,这主要表现在以下几方面。

第一,死刑只适用于罪行极其严重的犯罪分子,《刑法》分则条文对适用死刑的犯罪性质与情节作了严格限制。

第二,对犯罪的时候不满18周岁的人和审判的时候怀孕的妇女,不适用死刑。

第三,审判的时候已满75周岁的人,不适用死刑,但以特别残忍手段致人死亡的除外。

第四,规定了死缓制度,即对于应当判处死刑的犯罪分子,如果不是必须立即执行的,可以判处死刑同时宣告缓期2年执行。

判处死刑缓期执行的,在死刑缓期执行期间,如果没有故意犯罪,2年期满以后,减为无期徒刑;如果确有重大立功表现,2年期满以后,减为25年有期徒刑;如果故意犯罪,情节恶劣的,报请最高人民法院核准后执行死刑;对于故意犯罪未执行死刑的,死刑缓期执行的期间重新计算,并报最高人民法院备案。

对被宣告死刑缓期执行的累犯以及因故意杀人、强奸、抢劫、绑架、放火、爆炸、投放危险物质或者有组织的暴力性犯罪被判处死刑缓期执行的犯罪分子,人民法院根据犯罪情节等情况可以同时决定对其限制减刑。

第五,刑法规定了严格的死刑适用程序:死刑除依法由最高人民法院判决的以外,均应报请最高人民法院核准;死刑缓期执行的,可以由高级人民法院判决或者核准。

(二)附加刑

附加刑是指补充主刑适用的刑罚方法,它既可以附加主刑适用,也可以独立适用。附加刑有罚金、剥夺政治权利、没收财产、驱逐出境四种。

(1)罚金是人民法院判处犯罪分子向国家缴纳一定数额的金钱的刑罚方法。罚金主要适用于经济犯罪、财产犯罪以及其他出于贪利性动机的犯罪。判处罚金,应当根据犯罪情节决定罚金数额。罚金在判决指定的期限内一次或者分期缴纳;期满不缴纳的,强制缴纳;对于不能全部缴纳罚金的,人民法院只要发现被执行人有可以执行的财产,就应当随时追缴;如果由于遭遇不能抗拒的灾祸,缴纳确实有困难的,可以酌情减少或者免除。

(2) 剥夺政治权利,是指剥夺犯罪人参加管理国家事务和政治活动的权利的刑罚方法。具体是指剥夺下列权利:选举权与被选举权;言论、出版、集会、结社、游行、示威自由的权利;担任国家机关职务的权利;担任国有公司、企业、事业单位和人民团体领导职务的权利。

剥夺政治权利的适用对象比较广泛,既适用于严重犯罪,也适用于较轻犯罪;既适用于危害国家安全罪,也适用于普通刑事犯罪。

对于危害国家安全的犯罪分子应当附加剥夺政治权利;对于被判处死刑、无期徒刑的犯罪分子,应当剥夺政治权利终身;对于故意杀人、强奸、放火、爆炸、投毒、抢劫等严重破坏社会秩序的犯罪分子,可以附加剥夺政治权利。剥夺政治权利的期限一般为1年以上5年以下;判处管制附加剥夺政治权利的期限与管制的期限相同,同时执行;在死缓减为有期徒刑或者无期徒刑减为有期徒刑时,应当把附加剥夺政治权利的期限改为3年以上10年以下。附加剥夺政治权利的刑期,从徒刑、拘役执行完毕之日起或者从假释之日起计算;剥夺政治权利的效力当然施用于主刑执行期间。

(3) 没收财产是将犯罪人所有财产的一部或者全部强制无偿地收归国有的刑罚方法。没收财产只能适用于《刑法》分则明文规定可以判处没收财产的那些犯罪,主要附加适用于严重犯罪。在判处没收财产的时候,不得没收属于犯罪分子家属所有或者应有的财产,没收全部财产时,应当对犯罪分子个人及其扶养的家属保留必需的生活费用;没收财产以前犯罪分子所负的正当债务,需要以没收的财产偿还的,经债权人请求,应当偿还。

(4) 驱逐出境是强迫犯罪的外国人离开中国国(边)境的刑罚方法。

二、刑罚的裁量

刑罚的裁量即量刑,是指审判机关在查明犯罪事实、认定犯罪性质的基础上,依法对犯罪人裁量刑罚的审判活动。量刑原则是以犯罪事实为根据,以刑事法律为准绳。决定犯罪分子适用的刑罚的时候,应当根据犯罪的事实、犯罪的性质、情节和对于社会的危害程度,依照刑法的有关规定判处。

犯罪分子具有刑法规定的从重处罚、从轻处罚情节的,应当在法定刑的限度以内判处刑罚;犯罪分子具有刑法规定的减轻处罚情节的,应当在法定刑以下判处刑罚;犯罪分子虽然不具有刑法规定的减轻处罚的情节,但是根据案件的具体情况,经最高人民法院核准,也可以在法定刑以下判处刑罚;犯罪分子具有刑法规定的免除处罚的情节的,可以免除刑罚处罚。

影响量刑轻重的因素是量刑情节,《刑法》规定了11类功能不同的量刑情节:

(1)应当免除处罚的情节,如没有造成损害的中止犯;
(2)可以免除处罚的情节,如犯罪较轻且自首的;
(3)应当减轻或者免除处罚的情节,如防卫过当、紧急避险过当、胁从犯;
(4)应当减轻处罚的情节,如造成损害的中止犯;
(5)可以免除或者减轻处罚的情节,如在国外犯罪并已在外国受过刑罚处罚的;
(6)可以减轻或者免除处罚的情节,如有重大立功表现的;
(7)应当从轻、减轻或者免除处罚的情节,如从犯;
(8)可以从轻、减轻或者免除处罚的情节,如又聋又哑的人或者盲人犯罪的;
(9)应当从轻或者减轻处罚的情节,如已满14周岁不满18周岁的人犯罪的;
(10)可以从轻或者减轻处罚的情节,如自首的、有立功表现的;
(11)应当从重处罚的情节,如累犯等。

其中,自首是指犯罪以后自动投案,如实供述自己的罪行的行为。被采取强制措施的犯罪嫌疑人、被告人和正在服刑的罪犯,如实供述司法机关还未掌握的本人其他罪行的,以自首论。立功,是指揭发他人犯罪行为,或者提供重要线索,从而得以侦破其他案件等情况。

累犯,是指被判处有期徒刑以上刑罚的犯罪分子,刑罚执行完毕或者赦免以后,5年以内再犯应当判处有期徒刑以上刑罚之罪的情况。危害国家安全犯罪、恐怖活动犯罪、黑社会性质的组织犯罪的犯罪分子,在刑罚执行完毕或者赦免以后,在任何时候再犯上述任一类罪的,都以累犯论处。

小贴士

《刑法》第67条第1款【一般自首】犯罪以后自动投案,如实供述自己的罪行的,是自首。对于自首的犯罪分子,可以从轻或者减轻处罚。其中,犯罪较轻的,可以免除处罚。

第2款【准自首】被采取强制措施的犯罪嫌疑人、被告人和正在服刑的罪犯,如实供述司法机关还未掌握的本人其他罪行的,以自首论。

第3款【坦白】犯罪嫌疑人虽不具有前两款规定的自首情节,但是如实供述自己罪行的,可以从轻处罚;因其如实供述自己罪行,避免特别严重后果发生的,可以减轻处罚。

在一人犯数罪的情况下,应当实行数罪并罚,即对一人所犯数罪分别定罪量刑,并根据法定原则,决定应当执行的刑罚。判决宣告以前一人犯数罪的,除判处死刑和无期徒刑的以外,应当在总刑期以下、数刑中最高刑期以上,酌情决定执行的刑期。但是管制最高不能超过3年;拘役最高不能超过1年;有期徒刑一般不能超过20年;总和刑期在35

年以上的,最高不能超过 25 年。

数罪中有判处有期徒刑和拘役的,执行有期徒刑。数罪中有判处有期徒刑和管制,或者拘役和管制的,有期徒刑、拘役执行完毕后,管制仍须执行。如果数罪中有判处附加刑的,附加刑仍须执行,其中附加刑种类相同的,合并执行,种类不同的,分别执行。判决宣告以后,刑罚执行完毕以前,发现被判刑的犯罪分子在判决宣告以前还有其他罪没有判决的,应当对新发现的罪作出判决,把前后两个判决所判处的刑罚,依照上述规定决定执行的刑罚。

已经执行的刑期,应当计算在新判决决定的刑期以内。判决宣告以后,刑罚执行完毕以前,被判刑的犯罪分子又犯罪的,应当对新犯的罪作出判决,把前罪没有执行的刑罚和后罪所判处的刑罚,依照上述规定,决定执行的刑罚。对于被判处拘役、3 年以下有期徒刑的犯罪分子,根据犯罪分子的犯罪情节和悔罪表现,如果暂缓执行刑罚确实不致再危害社会的,可以暂缓刑罚的执行,这称为缓刑。

适用缓刑必须具备以下条件:

第一,缓刑只适用于被判处拘役、3 年以下有期徒刑的犯罪人。

第二,必须犯罪情节轻微,有悔罪表现,没有再犯罪的危险,宣告缓刑对所居住社区没有重大不良影响。

第三,必须不是累犯和犯罪集团的首要分子。不满 18 周岁的人、怀孕的妇女和已满 75 周岁的犯罪人,符合上述三个条件的,应当宣告缓刑。

宣告缓刑时,可以根据犯罪情况,同时禁止犯罪分子在执行期间从事特定活动,进入特定区域、场所,接触特定的人,并且依法实行社区矫正。缓刑考验期限,从判决确定之日起计算。如果没有撤销缓刑的情形,缓刑考验期满,原判的刑罚就不再执行,并公开予以宣告。

被宣告缓刑的犯罪分子,在缓刑考验期限内犯新罪或者发现判决宣告以前还有其他罪没有判决的,应当撤销缓刑,对新犯的罪或者新发现的罪作出判决,把前罪和后罪所判处的刑罚,实行数罪并罚,决定执行的刑罚。被宣告缓刑的犯罪分子,在缓刑考验期内,违反法律、行政法规或者国务院公安部门有关缓刑的监督管理规定,或者违反人民法院判决中的禁止令,情节严重的,应当撤销缓刑,执行原判刑罚。

三、刑罚的执行

刑罚的执行,是指法律规定的刑罚执行机关,依法将发生法律效力的刑事裁判所确定的刑罚内容付诸实施,并解决由此产生的法律问题所进行的各种活动。执行应当由执行机关在规定的场所、以规定的方式进行。

减刑,是指对于被判处管制、拘役、有期徒刑、无期徒刑的犯罪人,在刑罚执行期间,如果认真遵守监规,接受教育改造,确有悔改表现,或者有立功表现的,适当减轻原判刑罚的制度。减刑只能适用于被判处管制、拘役、有期徒刑、无期徒刑的犯罪人。

犯罪人在刑罚执行期间,认真遵守监规,接受教育改造,确有悔改表现,或者有立功表现的可以减刑。其中,有重大立功表现的,应当减刑。重大立功表现是指:阻止他人重大犯罪活动的;检举监狱内外重大犯罪活动,经查证属实的;有发明创造或者重大技术革新的;在日常生产、生活中舍己救人的;在抗御自然灾害或者排除重大事故中,有突出表现的;对国家和社会有其他重大贡献的。

减刑以后实际执行的刑期,判处管制、拘役、有期徒刑的,不能少于原判刑期的 1/2;判处无期徒刑的,不得少于 13 年;被人民法院宣告限制减刑的死刑缓期执行的犯罪分子,缓期执行期满后依法减为无期徒刑的,不能少于 25 年,缓期执行期满后依法减为 25 年有期徒刑的,不能少于 20 年。对于犯罪分子的减刑,由执行机关向中级以上人民法院提出减刑建议书;人民法院应当组成合议庭进行处理,对确有悔改或者立功事实的,裁定予以减刑,非经法定程序不得减刑。

假释,是指对于被判处有期徒刑、无期徒刑的部分犯罪人,在执行一定刑罚之后,确有悔改表现,不致再危害社会,附条件地予以提前释放的制度。附条件,是指被假释的犯罪人,如果遵守一定条件,就认为原判刑罚已经执行完毕;如果没有遵守一定条件,便撤销假释,执行原判刑罚乃至数罪并罚。

适用假释必须具备以下几个条件。

一是前提条件,必须是被判处有期徒刑或者无期徒刑的犯罪人。对累犯以及因故意杀人、强奸、抢劫、绑架、放火、爆炸、投放危险物质或者有组织的暴力性犯罪被判处 10 年以上有期徒刑、无期徒刑的犯罪人,不得假释。

二是执行刑期条件,必须是已经执行一部分刑罚的犯罪人;被判处有期徒刑的犯罪人,执行原判刑期 1/2 以上;被判处无期徒刑的犯罪人,实际执行 13 年以上,才可以假释。

三是实质条件,假释只适用于在刑罚执行期间,认真遵守监规,接受教育改造,确有悔改表现,提前释放后不致再危害社会的犯罪人。

有期徒刑的假释考验期限,为没有执行完毕的刑期;无期徒刑的假释考验期限为 10 年。假释考验期限,从假释之日起计算。被假释的犯罪分子,在假释考验期内,由公安机关予以监督,如果没有撤销假释的情形,假释考验期满,应认为原判刑罚已经执行完毕,并公开予以宣告。

被假释的犯罪分子,在假释考验期限内犯新罪的,应当撤销假释,实行数罪并罚;在假释考验期限内,发现被假释的犯罪分子在判决宣告以前还有其他罪没有判决的,应当撤销假释,实行数罪并罚;被假释的犯罪分子,在假释考验期限内,有违反法律、行政法规或者国务院公安部门有关假释的监督管理规定的行为,尚未构成新的犯罪的,应当按照法定程序撤销假释,收监执行未执行完毕的刑罚。假释适用的程序与减刑适用的程序相同。

小贴士

甲犯故意伤害罪被判处有期徒刑6年,犯盗窃罪被判处管制1年。有期徒刑执行4年后被假释。请问管制从何时开始执行?假释之日,还是假释考验期满后?答案应是后者,因为法条规定在有期徒刑执行完毕后执行管制,假释考验期满才算有期徒刑执行完毕。

甲犯诈骗罪被判有期徒刑8年,犯盗窃罪被判管制1年。有期徒刑执行6年后被假释。假释考验期满后开始执行管制。执行管制6个月后,发现甲在假释考验期内犯故意伤害罪,应判有期徒刑2年。此时,对甲的刑罚应当如何执行?答案是先撤销假释,先减后并。先减,也即诈骗罪没有执行的2年有期徒刑,盗窃罪没有执行的6个月管制,与故意伤害罪的2年有期徒刑并罚。有期徒刑在2年至4年之间选择,比如选择3年有期徒刑,执行完毕后,再执行6个月管制。

需要说明的是,行为人犯贪污罪、受贿罪,数额特别巨大,并使国家和人民利益遭受特别重大损失,被判处死刑缓期执行的,人民法院根据犯罪情节等情况可以同时决定在其死刑缓期执行2年期满依法减为无期徒刑后,终身监禁,不得减刑、假释。

四、刑罚的消灭

刑罚的消灭,是指由于法定的或者事实的原因,致使代表国家的司法机关不能对犯罪人行使具体的刑罚权。导致刑罚消灭的事由主要有:超过追诉时效的;经特赦令免除刑罚的;告诉才处罚的犯罪,没有告诉或者撤回告诉的;犯罪嫌疑人、被告人死亡的;其他法定事由。

追诉时效,是指刑法规定的,追究犯罪人刑事责任的有效期限。在此期限内,司法机关有权追究犯罪人的刑事责任,超过此期限,司法机关就不能再追究犯罪人的刑事责任。根据刑法的规定,犯罪经过下列期限不再追诉:法定最高刑为不满5年有期徒刑的,经过5年;法定最高刑为不满10年有期徒刑的,经过10年;法定最高刑为10年以上有期徒刑的,经过15年;法定最高刑为无期徒刑、死刑的,经过20年;如果20年以后认为必须追诉的,必须报请最高人民检察院核准。

在人民检察院、公安机关、国家安全机关立案侦查或者在人民法院受理案件以后,逃避侦查或者审判的,不受追诉期限的限制。被害人在追诉期限内提出控告,人民法院、人民检察院、公安机关应当立案而不予立案的,不受追诉期限的限制。追诉期限从犯罪之日起计算;犯罪行为有连续或者继续状态的,从犯罪行为终了之日起计算;在追诉期限以内又犯罪的,前罪追诉的期限从犯后罪之日起计算。

小贴士

前述的法定最高刑不是指整个法定刑幅度的最高刑,而是犯罪情节对应的具体的刑格的最高刑。例如,盗窃罪,数额较大的,处 3 年以下有期徒刑;数额巨大的,处 3 年以上 10 年以下有期徒刑;数额特别巨大的,处 10 年以上有期徒刑或者无期徒刑。若甲盗窃 3000 元,则法定最高刑是 3 年,追诉时效是 5 年;若甲盗窃 500 万元,则法定最高刑是无期徒刑,追诉时效是 20 年。

特赦,一般是指国家对较为特定的犯罪人免除执行全部或者部分刑罚的制度。新中国成立后,我国共实行过 7 次特赦。

告诉才处理,是指被害人告诉司法机关才处理。如果被害人因受强制、威吓无法告诉的,人民检察院和被害人的近亲属也可以告诉。对于告诉才处理的犯罪,在被害人没有告诉或者撤回告诉的情况下,司法机关不得追究行为人的刑事责任。

【课后复习题】

1. 简述刑法的基本原则。
2. 简述犯罪的构成要件。
3. 简述我国严格适用死刑的表现。

第四章 民　　法

【学习目标】

1. 了解民事法律关系的构成要素及具体内容,掌握民事主体的基本规定。
2. 了解民事行为的种类及其效力,掌握代理的基本规定。
3. 了解物权的种类及内容,掌握物权设立制度。
4. 了解债的种类、履行、转让和消灭以及人身权的种类和内容。
5. 了解结婚的条件。
6. 了解特殊侵权行为的处理原则,掌握侵权责任的归责原则。
7. 了解诉讼时效和除斥期间的概念和区别,掌握诉讼时效的中止及中断的规则。

【引导案例】

2018年,吴某与上海某公司的法定代表人王某通过微信进行沟通,双方约定吴某向上海某公司购买30份"某人体组织来源的间质干细胞",即吴某委托上海某公司培养"干细胞",之后上海某公司提供相关场所进行"干细胞"回输,约定每份"干细胞"价格为3.5万元,但双方并未签订书面合同。

吴某于同日通过银行转账的方式向上海某公司账户支付了上述预定"干细胞"货款的半数——预付款52.50万元,双方并口头约定之后每购买使用1份"干细胞",便自该预付款中扣除1.75万元外,吴某仍需另行支付1.75万元。自2018年4月起至2018年7月,上海某公司向吴某共计交付了8份"干细胞",剩余"干细胞"均未交付;经结算,预付款已扣除12.75万元,目前尚剩余预付款39.75万元。之后吴某多次要求上海某公司履行合同项下剩余"干细胞"的交货义务,上海某公司均未履行,故吴某提起诉讼。

最终法院认定:

(1)微信作为能够有形地表现所载内容,并可以随时调取查用的数据电文,属于书面形式范畴,故上海某公司与吴某之间存在书面形式的"干细胞"买卖合同。

(2)基于"干细胞"的生物属性,从人体提取的"干细胞"在法律上不得直接作为交易标的物。上海某公司销售"干细胞"给他人直接用于人体回输,违反了相关法律规定的同时,严重违背了伦理规范,破坏了国家医疗监管制度,危及不特定个体的生命健康安全,进而损害社会公共利益。因此,上海某公司与吴某之间成立的"干细胞"买卖合同因损害社会公共利益而无效。

(3)合同无效后,因该合同取得的财产,应当予以返还,上海某公司应将剩余预付款

39.75万元返还给吴某。

【案例分析】

就法理而言，民法上的物是指存在于人体之外，能够为人力所控制或支配并能满足人类社会生活需要的有体物和自然力，是民事法律关系的客体之一。因而，以不违反公序良俗的方法脱离人体组织后的"干细胞"，经由相关人员进行体外操作，以有体物的形式存在，并且具有可能的医学价值，属于民法上的物。但基于"干细胞"的生物属性，从人体提取的"干细胞"在法律上不得直接作为交易标的物。

对于人胚胎"干细胞"的研究，应当符合生命伦理规范。由此可见，"干细胞"的研究和应用必须遵循科学、规范、公开、符合伦理等原则，应当遵守法律、行政法规和国家有关规定以及各项技术操作规程和制度。上海某公司未取得"干细胞"临床研究的立项与备案，不具备从事"干细胞"临床研究的条件与资质。同时，涉案"干细胞"未经药物临床试验或获得药品上市许可，亦非用于严重危及生命且无有效治疗手段的疾病治疗或者重大医疗卫生需求。上海某公司制备"干细胞"后销售给吴某并协助完成部分"干细胞"回输的行为，违反了相关法律的强制性规定，这将影响其民事法律行为的效力。

社会公共利益是明确国家和个人权利的行使边界，判断民事法律行为正当性与合法性的标准。医疗卫生技术的进步和有序发展、"干细胞"应用的安全性和有效性、药品市场的管理秩序、公众用药安全和生命健康等均涉及社会公共利益。因此，上海某公司与吴某之间成立的"干细胞"买卖合同因损害社会公共利益而无效。

根据《民法典》的规定，合同无效或者被撤销后，因该合同取得的财产，应当予以返还；不能返还或者没有必要返还的，应当折价补偿。有过错的一方应当赔偿对方因此所受到的损失，双方都有过错的，应当各自承担相应的责任。故上海某公司应将剩余预付款39.75万元返还给吴某。

第一节 民法概述

民法是调整平等主体之间的自然人、法人、非法人组织之间的人身关系和财产关系的法律规范的总称。《中华人民共和国民法典》（以下简称《民法典》）自2021年1月1日起实施，这是新中国第一部以法典命名的法律，是最基本的民事法律规范。

一、民法的调整对象

民法的调整对象是平等主体之间的人身关系和财产关系。

平等主体之间的人身关系，是指平等主体之间与人身不可分离而无直接财产内容的社会关系，包括人格关系和身份关系。民法调整人身关系，突出对人格利益和身份利益等精神利益的保护，体现人的尊严、人格平等和人格自由。

平等主体之间的财产关系,是指以财产为客体,平等主体在物的生产和消费过程中形成的具有财产内容、经济价值的社会关系。在民法上,财产关系主要表现为财产归属关系和财产流转关系。财产归属关系是静态的财产关系,主要表现为民事主体基于对物的直接占有、使用、收益、处分而发生的社会关系。财产流转关系是动态的财产关系,主要表现为民事主体基于对物的交换而发生的社会关系。

二、民法的基本原则

民法的基本原则是民事立法、民事司法和民事活动的基本准则,是贯穿于整个民事法律制度和规范之中的根本规则。我国《民法典》第 3 条至第 9 条规定了民法的基本原则,分别是:权利保护原则、平等原则、自愿原则、公平原则、诚信原则、合法和公序良俗原则、绿色原则。

1. 权利保护原则

权利保护原则,是指民事主体的人身权利、财产权利以及其他合法权益受法律保护,任何组织或者个人不得侵犯。该项原则明确了民事权利受法律保护的适用范围,包括人身权利、财产权利以及其他合法权益。人身权利,指民事主体依法享有的与其人身不可分离而无直接财产内容的民事权利,包括人格权和身份权。财产权利,指以财产利益为内容,直接体现财产利益的民事权利。其他合法权益,指除人身权利和财产权利之外的受法律保护的权利和利益。

2. 平等原则

平等原则,是指民事主体在民事活动中的法律地位一律平等。具体包括:民事主体在民事活动中的民事权利能力一律平等;民事主体在民事法律关系中法律地位平等;民事主体在享受民事权利、承担民事义务方面的地位平等;民事主体平等地受法律保护,在适用法律上一律平等。平等原则是《宪法》中"中华人民共和国公民在法律面前一律平等"的规定在民法中的具体体现,是民法最基本的核心原则。

3. 自愿原则

自愿原则,是指民事主体在从事民事活动中,充分表达自己的意愿,独立自主地进行民事法律行为,按照自己的意思设立、变更、终止民事法律关系。自愿原则主要体现为民事主体有权自主决定是否从事某一项民事活动以及该项民事活动的形式、内容和相对人,同时尊重对方当事人的意愿,自觉承受相应的法律后果。

4. 公平原则

公平原则,是指民事主体从事民事活动,应当公正、合理确定各方的权利和义务。公平原则主要包括民事主体参加民事活动的机会均等,民事主体依法设定的权利和义务应当基本公平、合理,民事主体承担的民事责任也应基本相当。公平原则不仅是民事主体从事民事活动时的基本遵循,同时也是人民法院审理民事纠纷的基本裁判准则。

5. 诚信原则

诚信原则,是指民事主体从事民事活动时,应当讲诚实、守信用,言行一致,恪守诺言,以善意的方式履行其义务,不得规避法律。诚信原则要求民事主体从事民事活动时不隐瞒事实,应当如实告知相对方真实的信息,不弄虚作假,不欺诈,不损人利己,同时要求民事主体以合法方式行使权利并严格履行法定和约定的义务。

6. 合法性和公序良俗原则

合法性原则,是指民事主体从事民事活动不得违反法律。合法性原则要求民事活动必须遵守法律,一切民事活动都要以法律为依据,包括民事法律行为的内容必须合法、形式必须合法,如果违反法律,必须承担相应的法律责任。

公序良俗原则,是指民事活动应当尊重社会公德,遵守公共秩序,不得损害社会公共利益,扰乱社会秩序。所谓公序良俗,包含公共秩序和善良风俗两层意思:公共秩序是指社会公共秩序和生活秩序;善良风俗是指由全体社会成员所普遍认可、遵循的道德准则。

7. 绿色原则

绿色原则,是指民事主体从事民事活动,应当有利于节约资源、保护生态环境。绿色原则属于倡导性原则规范,旨在提倡和确立民事主体从事民事活动的价值导向,其贯穿于具体的民事法律规范。如在物的归属方面,"按照充分发挥物的效用"的原则确定所有权;又如在合同履行方面,规定"当事人在履行合同过程中,应当避免浪费资源、污染环境和破坏生态"。

小贴士

《民法典》第10条规定:"处理民事纠纷,应当依照法律;法律没有规定的,可以适用习惯,但是不得违背公序良俗。"所谓习惯,是指在一定地域、行业范围内长期为一般人从事民事活动时普遍遵守的民间习俗、惯常做法等。在法律没有规定时才可以适用习惯,适用习惯不得违背社会主义核心价值观,不得违背公序良俗。

根据《最高人民法院关于适用〈中华人民共和国民法典〉总则编若干问题的解释》的相关规定:"《民法典》第二编至第七编对民事关系有规定的,人民法院直接适用该规定;《民法典》第二编至第七编没有规定的,适用《民法典》第一编的规定,但是根据其性质不能适用的除外。就同一民事关系,其他民事法律的规定属于对《民法典》相应规定的细化的,应当适用该民事法律的规定。《民法典》规定适用其他法律的,适用该法律的规定。《民法典》及其他法律对民事关系没有具体规定的,可以遵循《民法典》关于基本原则的规定。"

由此可见,在适用民事法律规定时,应首先适用《民法典》和其他法律的具体规定;在没有具体规定时,才可以遵循民法基本原则的规定处理具体民事关系。

第二节　民事法律关系

人在社会生活中必然会结成各种各样的社会关系,这些社会关系受各种不同的规范的调整。其中受民法调整形成的社会关系就是民事法律关系。

一、民事法律关系的概念和要素

民事法律关系是指由民事法律规范调整的,民事主体之间形成的以民事权利和民事义务为内容的社会关系,是民事法律规范调整平等主体之间的财产关系和人身关系在法律上的表现。民事法律关系具有以下特征。

(1)民事法律关系是民法调整平等主体之间的财产关系与人身关系所形成的社会关系;

(2)民事法律关系是基于民事法律事实而形成的社会关系;

(3)民事法律关系是以民事权利和民事义务为基本内容的社会关系。

民事法律关系包括主体、内容、客体三个要素。

(一)民事法律关系的主体

民事法律关系的主体是指参与民事法律关系、享有民事权利和承担民事义务的当事人,主要包括自然人、法人和非法人组织。大多数情况下,民事法律关系的主体既是权利主体,也是义务主体。

(二)民事法律关系的内容

民事法律关系的内容是指民事主体在民事法律关系中所享有的民事权利和承担的民事义务。民事权利是指民事主体依法享有的利益范围和实施一定行为或不为一定行为以实现某种利益的意志,可分为人身权和财产权两大类。人身权包括生命健康权、姓名权、名誉权、隐私权、婚姻自主权、人身自由权、人格尊严权、个人信息权等;财产权包括物权、债权、知识产权、继承权、股权、数据与网络虚拟财产权等。

民事义务是指民事法律关系中的义务主体为满足权利主体在法律上的利益,依法应当为一定行为或不为一定行为的法律约束手段。民事主体违反民事义务,应当承担相应的法律责任。

(三)民事法律关系的客体

民事法律关系的客体是指民事权利和民事义务所共同指向的对象,一般包括物、行为、智力成果及人身利益等。

物,是指能满足人的需要,能够被人支配或控制的现实存在的物质实体或自然力,物是民事法律关系中最普遍的客体。

行为,是指民事主体为满足他人利益而进行的活动,包括作为和不作为,也就是积极实施一定行为和消极不为一定行为。

智力成果,是指人类脑力劳动创造的成果,是一种非物质的精神财富,如文学作品、发明、实用新型、外观设计以及商标等。

人身利益,主要是指民事主体的生命健康、姓名、肖像、名誉、尊严、荣誉、身份等权益,是人身权法律关系的客体。

二、民事法律关系的产生

民事法律关系是民事法律规范调整的结果,但是民事法律规范本身并不能创设某种法律关系,也不能变更或者消灭某种民事法律关系。民事法律规范只是把一定的事实与一定的法律后果联系起来,进而引起民事法律关系的发生、变更和消灭。而由民事法律规定的、能够产生一定法律后果的事实就是民事法律事实。

民事法律事实,是指能够引起民事法律关系发生、变更和消灭的事实或客观现象。根据民事法律事实是否与人的意志有关,可以分为事件与行为。

(1)事件,是指与人的意志无关,能引发民事法律后果的客观现象,其法律后果由法律直接规定。事件,包括自然事件与人为事件。自然事件,是指与人的意志完全无关,纯由自然原因发生的事件,如人的出生和死亡、自然灾害、时间的经过、天然孳息的产生等。人为事件是指由人的行为引发的事件,但事件的出现不以某一法律关系中的当事人的意志为转移,如战争、罢工、动乱等。

(2)行为,是指民事主体有意实施的能引起一定民事法律后果的活动,如买卖、赠与、租赁,其法律后果既可以是根据行为人意志的内容来确定的,也可以是法律直接规定的。根据民事主体在行为时是否具有意思表示,即是否具有设立、变更或消灭民事法律关系的意图,可以将行为划分为事实行为和法律行为。

①事实行为,是行为人不具有设立、变更或消灭民事法律关系的意图,但依照法律的规定能引起民事法律后果的行为,如先占行为、无因管理行为、遗失物的拾得行为、埋藏物的发现行为、侵权行为等。②法律行为,是行为人通过意思表示进行的行为,包括有效的民事行为、可撤销的民事行为、效力待定的民事行为、无效的民事行为。

【案例4-1】

孟某与刘某同属某村村民。刘某的父亲早已去世,母亲改嫁他人,刘某从小跟随其祖母一起生活,居住在一栋旧砖木结构的房屋内。2018年,刘某外出务工后至今未回,无法联系。2020年该村进行农村危房改建工作,刘某的住房经村委会现场检查,其住房整体安全性鉴定结果为C级住房,符合农村危房改造条件。

因刘某家庭困难,纳入了农村低保户,根据相关政策,刘某的住房纳入危房改造范围,可以享受农村危房改建项目资金,经审批,安排了危房改造补助资金。2020年4月,刘某的祖母找到同村村民孟某,请求孟某代为修缮住房,在村民委员会见证和监督下,双方签订了《委托代建房屋合同》,由孟某按照上级的规定按时保质保量完成刘某危房修缮任务,并确保上级验收过关,修缮改造费用为刘某的危房改造资金。

签订代建协议后,孟某购买木头、瓦、铝合金窗、沙子、水泥等材料,聘请工人修缮改建了刘某的住房。2020 年 5 月,经村民委员会及刘某的祖母清点验收,确定了刘某住房维修材料费 19700 元和人工劳务工资 5600 元,共计 25300 元。2020 年 6 月,刘某住房的修缮,经村民委员会、镇政府、县农村危房改造领导小组办公室联合验收合格,拨发了危房改造补助资金 25000 元,汇入了刘某的银行卡内。后孟某和村委员会的工作人员多次拨打刘某的电话,无人接听。

孟某修缮刘某的住房改造费用,至今未支付,孟某为此向法院提起诉讼。法院认定被告刘某外出不在家时其住房被鉴定为 C 级危房,需要立即修缮,原告孟某对被告刘某的危房进行了修缮,双方形成了无因管理的法律关系,被告刘某应向原告孟某支付因管理行为而支出的必要费用,故判决被告刘某向原告孟某支付住房修缮费用 25000 元。

【案例分析】

没有法定的或者约定的义务,为避免他人利益受损失而进行管理的人,有权请求受益人偿还由此支出的必要费用。本案中,刘某外出不在家,其家中住房经鉴定为 C 级危房,需要立即修缮,孟某在刘某的祖母、村民委员会见证和监督下,对刘某的危房进行了修缮,双方形成了无因管理的法律关系。

原告孟某与被告刘某虽系同村村民,但双方既无法定义务,也无约定房屋修缮义务,原告孟某为避免被告刘某住房倒塌和失去国家政策给予的危房改造资金,购买材料并聘请工人修缮了被告刘某的危房,花去了 25300 元,原告孟某的诉讼请求有事实根据和法律依据,应予以支持。原告孟某主张房屋修缮费用 25000 元,放弃 300 元,系对自己民事权利的处分,应予以尊重,法院也予以认可。

第三节　民事法律关系的主体

民事法律关系的主体,是指参与民事法律关系,在民事法律关系中享有民事权利或者承担民事义务的人,也称为民事法律关系的当事人。根据《民法典》的规定,民事法律关系的主体主要包括自然人、法人和非法人组织。在特殊的情况下,国家也可以成为民事法律关系的主体。

一、自然人

自然人,是指出生于母体,具有自然生命形式的人。自然人是最基本的民事法律关系主体。

（一）自然人的民事权利能力

自然人的民事权利能力，是指自然人能够依法享有民事权利和承担民事义务的资格。民事权利能力是自然人从事民事活动的前提条件。《民法典》第 13 条规定："自然人从出生时起到死亡时止，具有民事权利能力，依法享有民事权利，承担民事义务。"因此，自然人的民事权利能力始于出生，终于死亡。自然人的民事权利能力一律平等。

出生，是指胎儿与其母体脱离而成为独立生命的事实。在涉及遗产继承、接受赠与等特定情况下，为保护胎儿利益，未出生的胎儿视为具有民事权利能力。但是，胎儿娩出时为死体的，其民事权利能力自始不存在。

死亡，包括自然死亡和法律拟制死亡。自然死亡，是指因某种自然原因而生命终止。法律拟制死亡，又称"宣告死亡"，是指自然人因种种原因下落不明、生死未卜，为及早确定法律关系，由法院判决宣告该自然人死亡的一种制度。法律拟制死亡的法律效力与自然死亡相同。

小贴士

为维护社会经济秩序的稳定，结束特殊情况下财产关系和人身关系的极不稳定状态，法律设置了宣告失踪和宣告死亡的民事制度。

宣告失踪：自然人下落不明满 2 年的，利害关系人可以向人民法院申请宣告该自然人为失踪人。自然人下落不明的时间自其失去音讯之日起计算。战争期间下落不明的，下落不明的时间自战争结束之日或者有关机关确定的下落不明之日起计算。宣告失踪将导致失踪人的财产由其配偶、成年子女、父母或者其他愿意担任财产代管人的人代管。

宣告死亡：自然人下落不明满 4 年或者因意外事件，下落不明满 2 年，利害关系人可以向人民法院申请宣告该自然人死亡。如因意外事件下落不明，经有关机关证明该自然人不可能生存的，申请宣告死亡不受 2 年时间的限制。宣告死亡的法律后果与自然死亡相同。

（二）自然人的民事行为能力

自然人的民事行为能力，是指自然人依靠自己独立的行为享有民事权利和承担民事义务的资格。自然人的民事行为能力以意思能力为基础，即具备认识这种行为的能力，并且能够对自己的行为后果承担责任。根据《民法典》的规定，以年龄和辨识能力为条件，将自然人的民事行为能力分为完全民事行为能力、限制民事行为能力和无民事行为能力三种。

1. 完全民事行为能力

完全民事行为能力，是指能够独立实施民事法律行为，享有民事权利和承担民事义务的资格。完全民事行为能力人具有健全的辨识能力，可以独立进行民事活动。

18 周岁以上的自然人为成年人，是完全民事行为能力人，可以独立实施民事法律行为。16 周岁以上的未成年人,以自己的劳动收入为主要生活来源的,视为完全民事行为能力人。

2. 限制民事行为能力

限制民事行为能力,又称为不完全民事行为能力,是指自然人在一定范围内具有民事行为能力,可以独立实施纯获利益的民事法律行为或者与其年龄、智力、精神健康状况相适应的民事法律行为,实施其他民事法律行为应由其法定代理人代理或者经其法定代理人同意、追认。

8 周岁以上的未成年人和不能完全辨认自己行为的成年人为限制民事行为能力人。

3. 无民事行为能力

无民事行为能力,是指不具备以自己的行为独立参与民事活动,享有民事权利和承担民事义务的资格。无民事行为能力人由其法定代理人代理实施民事法律行为。

不满 8 周岁的未成年人和不能辨认自己行为的成年人,以及不能辨认自己行为的 8 周岁以上的未成年人,为无民事行为能力人。

【案例 4-2】

2009 年 7 月 22 日出生的潘某,私自取用家中现金,于 2021 年 7 月 15 日在某通信器材经营部购买某品牌蓝色手机 1 部,于 2021 年 8 月 15 日再次在该通信器材经营部购买某品牌黑色手机 1 部。潘某购买手机时,该通信器材经营部经营者周某认为潘某的年龄应在 14 岁至 16 岁左右,故向潘某询问其母亲是否知道购买手机事宜,潘某表示其考试成绩很好,其母亲奖励款项用于购买手机,买完手机后,潘某便使用店里的无线网络玩了一会儿游戏。

潘某母亲于 2021 年 8 月 18 日发现潘某购买手机后,要求该通信器材经营部经营者周某退货,周某不同意,双方因此发生纠纷,潘某母亲以潘某名义将该通信器材经营部及其经营者周某诉至法院。法院最终认定:潘某购买手机的行为属于与其年龄、智力不相适应的民事行为,其行为未经法定代理人同意,亦未得到法定代理人的追认,潘某与该通信器材经营部之间的买卖合同无效,该通信器材经营部应当返还手机价款,潘某应当返还手机。

【案例分析】

限制民事行为能力人实施的纯获利益的民事法律行为或者与其年龄、智力、精神健康状况相适应的民事法律行为有效;实施的其他民事法律行为经法定代理人同意或者追认后有效。

本案中,在某通信器材经营部购买两部手机时,潘某年仅 12 周岁,系限制民事行为能力人,手机为特殊商品,潘某对手机没有判断能力,其购买手机的行为不同于普通生活用品消费,其费用已超出了潘某可以独立实施的交易金额。潘某作为未成年人,不能对其与某通信器材经营部之间手机买卖合同的性质、内容和结果作出正确判断。

潘某的法定代理人潘某母亲在涉案手机买卖合同成立前没有表示同意,在合同成立后亦没有追认,故潘某与该通信器材经营部之间的买卖合同无效。民事法律行为无效后,行为人因该行为取得的财产,应当予以返还;不能返还或者没有必要返还的,应当折价补偿。故该通信器材经营部应当返还手机价款,潘某应当返还手机。

(三) 监护

监护,是指对无民事行为能力人和限制民事行为能力人的人身、财产及其他合法权益进行监督、保护的民事法律制度。负有监督、保护职责的组织和个人,称为监护人;被监督、保护的无民事行为能力人和限制民事行为能力人,称为被监护人。

监护人的职责是代理被监护人实施民事法律行为,保护被监护人的人身权利、财产权利以及其他合法权益等。监护人应当按照最有利于被监护人的原则履行监护职责。监护人除为被监护人利益外,不得处分被监护人的财产。

父母是未成年子女的监护人。如果未成年人的父母已经死亡或者没有监护能力,由下列有监护能力的人按顺序担任监护人:(1)祖父母、外祖父母;(2)兄、姐;(3)其他愿意担任监护人的个人或者组织,但是须经未成年人住所地的居民委员会、村民委员会或者民政部门同意。

无民事行为能力或者限制民事行为能力的成年人,由下列有监护能力的人按顺序担任监护人:(1)配偶;(2)父母、子女;(3)其他近亲属;(4)其他愿意担任监护人的个人或者组织,但是需经被监护人住所地的居民委员会、村民委员会或者民政部门同意。

小贴士

根据《民法典》的规定,除上述法定监护外,还有其他监护制度。

遗嘱指定监护:被监护人的父母担任监护人的,可以通过遗嘱指定监护人。

协议确定监护:依法具有监护资格的人之间可以协议确定监护人。协议确定监护人应当尊重被监护人的真实意愿。

指定监护制度:对监护人的确定有争议的,由被监护人住所地的居民委员会、村民委员会或者民政部门指定监护人,有关当事人对指定不服的,可以向人民法院申请指定监护人;有关当事人也可以直接向人民法院申请指定监护人。

意定监护:具有完全民事行为能力的成年人,可以与其近亲属、其他愿意担任监护人的个人或者组织事先协商,以书面形式确定自己的监护人。协商确定的监护人在该成年人丧失或者部分丧失民事行为能力时,履行监护职责。

(四) 个体工商户和农村承包经营户

个体工商户,是指经依法核准登记,从事工商业经营的自然人。个体工商户是自然人的一种特殊形式,可以以独立的字号从事经营活动。

农村承包经营户,是指依法取得农村土地承包经营权,从事家庭承包经营的农村集体经济组织的成员。

> **小贴士**
>
> 根据《民法典》第56条的规定,个体工商户的债务,个人经营的,以个人财产承担;家庭经营的,以家庭财产承担;无法区分的,以家庭财产承担。农村承包经营户的债务,以从事农村土地承包经营的农户财产承担;事实上由农户部分成员经营的,以该部分成员的财产承担。

二、法人

法人,是指具有民事权利能力和民事行为能力,依法独立享有民事权利和承担民事义务的组织。法人应当同时具备以下条件:(1)依法成立;(2)有必要的财产和经费;(3)有自己的名称、组织机构和住所;(4)能够以其全部财产独立承担民事责任。

(一)法人的分类

《民法典》将法人分为营利法人、非营利法人、特别法人三类。

(1)营利法人,是指以取得利润并分配给股东等出资人为目的成立的法人。营利法人包括有限责任公司、股份有限公司和其他企业法人等。

(2)非营利法人,是指为公益目的或者其他非营利目的成立,不向出资人、设立人或者成员分配所取得利润的法人。非营利法人包括事业单位、社会团体、基金会、社会服务机构等。

(3)特别法人,是指机关法人、农村集体经济组织法人、城镇农村的合作经济组织法人、基层群众性自治组织法人。特别法人主要包括国家权力机关法人、国家行政机关法人、(村)经济合作社、居民委员会和村民委员会等。

> **小贴士**
>
> 法人以其全部财产独立承担民事责任。《中华人民共和国公司法》(以下简称《公司法》)规定,公司是企业法人,有独立的法人财产,享有法人财产权。公司以其全部财产对公司的债务承担责任。有限责任公司的股东以其认缴的出资额为限对公司承担责任;股份有限公司的股东以其认购的股份为限对公司承担责任,此即"出资人有限责任原则"。
>
> 如果公司出现经济纠纷需要赔偿,或者亏损甚至因资不抵债而破产,出资人的损失仅限于其投资,不涉及出资人个人和家庭的财产,这是对出资人的保护。

(二)法人的民事权利能力与民事行为能力

法人的民事权利能力,是指法人依法享有民事权利和承担民事义务的资格。法人的民事行为能力,是指法人能以自己的行为享有民事权利和承担民事义务的资格。但作为法律拟制的"人",法人的民事权利能力和民事行为能力产生和消灭的时间,与自然人不同。法人的民事权利能力和民事行为能力在时间上是一致的,都是从法人成立时产生,到法人终止时消灭。

法人的成立,一般是指准予登记、核发相关证书、依法批准设立或特许成立;法人的终止,是指法人因解散、被宣告破产或法律规定的其他原因完成清算、注销登记。

法人作为法律上拟制的"人"参与民事活动时,客观上必须由自然人代为进行。代法人实施法律行为的自然人,称为法人的法定代表人。法定代表人依照法律或者法人章程的规定,代表法人从事民事活动。法定代表人以法人名义从事的民事活动,其法律后果由法人承受。法定代表人因执行职务造成他人损害的,由法人承担民事责任。

【案例 4-3】

2020 年席某在微信上与某包装公司法定代表人张某联系,准备购买该包装公司生产的食品包装盒。谈好价格后,席某于 2020 年 4 月 8 日通过手机银行转账的方式将第一笔货款 3000 元支付给该包装公司。2020 年 4 月 20 日,席某再次向该包装公司订购一批食品包装盒,并将货款 3920 元通过手机银行转账的方式支付给该包装公司。双方约定包装公司应于 2020 年 5 月 1 日前将席某购买的两批包装盒通过发快递的方式交付货物,但到了约定发货的期限,经席某多次催问,包装公司均以各种理由拖延发货。

2020 年 6 月 28 日,在席某的要求下,包装公司同意将已收的全部货款退还给席某,但实际上该包装公司一直迟延退款,直至最后,该包装公司既没有向席某交付货物,也没有退还席某所支付的货款。席某将该包装公司诉至法院,要求其返还已付货款 6920 元。最终法院支持了席某的全部诉讼请求,判决该包装公司向席某退还货款 6920 元。

【案例分析】

张某作为某包装公司法定代表人,有权代表该公司对外从事与该公司主营业务有关的民事法律行为。席某与张某之间通过微信通信的方式达成的购买食品包装盒的买卖合同,系合法有效的合同,法律后果应归属于席某与该包装公司。席某按约定向张某转账 6920 元。后因包装公司未能交付相应货物,双方通过微信通信,自愿达成了解除买卖合同的合意,一致同意由包装公司返还席某已付货款 6920 元。张某作为包装公司法定代表人,其以公司名义从事的民事活动,其法律后果应由公司承担。故包装公司应承担向席某退还货款的责任。

三、非法人组织

非法人组织,是指不具有法人资格,但是能够依法以自己的名义从事民事活动的组织。非法人组织包括个人独资企业、合伙企业、不具有法人资格的专业服务机构等。

非法人组织应当依照法律的规定登记设立。设立非法人组织,法律、行政法规规定须经有关机关批准的,依照其规定。与法人不同,非法人组织的财产不足以清偿债务的,其出资人或者设立人承担无限责任。法律另有规定的,依照其规定。非法人组织可以确定一人或者数人代表该组织从事民事活动。

非法人组织的民事权利能力和民事行为能力同法人一致。均从其成立时产生,到其终止时消灭。

> **小贴士**
>
> 非法人组织相比于法人组织,最主要的区别在于法人组织原则上有独立的法律人格、独立的权利能力,对外以其全部财产独立承担责任;而非法人组织欠缺法律人格的独立性,没有独立的财产或者经费,对外不能独立承担民事责任,其出资人或者设立人要对非法人组织的债务承担无限责任。

第四节 民事行为和代理

民事行为,是民事主体设立、变更、终止民事权利和民事义务的行为。

一、民事法律行为

民事法律行为,是民事主体通过意思表示设立、变更、终止民事法律关系的行为。民事法律行为可以基于双方或者多方的意思表示一致成立,也可以基于单方的意思表示成立。所谓意思表示,是指行为人为了产生一定的民法上的效果而将其内心意思通过一定方式表达于外部的行为。其中的"意思"是指设立、变更、终止民事法律关系的内心意图;"表示"是指将内心意思以适当的方式表示出来的行为,如口头和书面的明示方式或者默示方式。

民事法律行为可以采用书面形式、口头形式或者其他形式;法律、行政法规规定或者当事人约定采用特定形式的,应当采用特定形式。民事法律行为自成立时生效,但是法律另有规定或者当事人另有约定的除外。

(一)有效的民事法律行为

民事法律行为具备下列条件时,方为有效:(1)行为人具有相应的民事行为能力;(2)意思表示真实;(3)不违反法律、行政法规的强制性规定,不违背公序良俗。民事法律行为还包括限制民事行为能力人实施的纯获利益的民事法律行为或者与其年龄、智力、精神健康状况相适应的民事法律行为。

(二)可撤销的民事法律行为

根据《民法典》的规定,可撤销的民事法律行为主要包括:(1)基于重大误解实施的民事法律行为;(2)一方以欺诈手段,使对方在违背真实意思的情况下实施的民事法律行为;或者第三人实施欺诈行为,使一方在违背真实意思的情况下实施的民事法律行为,对方知道或者应当知道该欺诈行为的;(3)一方或者第三人以胁迫手段,使对方在违背真实意思的情况下实施的民事法律行为;(4)一方利用对方处于危困状态、缺乏判断能力等情形,致使民事法律行为成立时显失公平的。

重大误解的行为人、受欺诈方、受胁迫方和显失公平的受损害方有权请求人民法院或者仲裁机构撤销上述民事法律行为。被撤销的民事法律行为自始没有法律约束力。

【案例4-4】

2021年7月,刘某在某网络平台上以25000元价格购买该平台闲余卡点券25375元。后刘某在该网络平台中提交一笔转让交易,欲以280元的价格转让价值375元的闲余卡点券,因操作失误把价值为25375元的闲余卡点券以280元的价格转让。

当日程某发现该笔交易后确认买入该点券。后刘某联系到程某,对程某主张该笔交易系因自己操作失误而导致其本意以280元的价格转让价值375元的闲余卡点券,操作成以280元价格转让价值25375元的闲余卡点券,并主张程某返还其多转出的25000元闲余卡点券。后双方协商未果,刘某遂向法院提起诉讼。

刘某和程某均认可该网络平台的点券余额可在当地某餐饮企业按人民币等价购物消费。最终法院认定刘某的意思表示构成重大误解,判决撤销刘某与程某在该网络平台订立的以280元转让价值25375元的闲余卡点券的买卖合同,程某应补偿刘某买卖合同价款24720元。

【案例分析】

基于重大误解实施的民事法律行为,行为人有权请求人民法院或者仲裁机构予以撤销。本案中,刘某以280元价格在某网络平台发起转让其名下价值25375元的闲余卡点券交易,程某确认并购买转入后,双方的买卖合同成立。

但根据双方当事人的陈述,该网络平台中的闲余卡点券可在当地某餐饮企业按人民币等价购物消费的情况,该笔交易明显以低于市场价格所完成,可以认定刘某系在疏忽大意的情况下错误操作而导致该笔交易的完成,刘某的意思表示构成重大误解,双方的买卖合同应予撤销。合同被撤销后,行为人因该合同取得的财产,应当予以返还;不能返还或者没有必要返还的,应当折价补偿。刘某的疏忽大意错误操作是导致该笔交易完成的主要原因,其自身存在一定的过错,故判决程某参照市场交易价格对刘某进行适当补偿。

(三) 效力待定的民事法律行为

效力待定的民事法律行为,主要包括限制民事行为能力人实施的除纯获利益的民事法律行为或者与其年龄、智力、精神健康状况相适应的民事法律行为以外的其他民事法律行为,以及行为人没有代理权、超越代理权或者代理权终止后,仍然实施的代理行为。

效力待定的民事法律行为须经限制民事行为能力人的法定代理人或者被代理人同意或者追认后有效。如法定代理人或者被代理人予以追认的,则该民事法律行为自始有效,并对被代理人与相对人发生效力;如法定代理人或者被代理人不予追认或者拒绝追认以及善意相对人主动撤销的,则该行为确定无效或者对被代理人不发生效力。

(四) 无效的民事法律行为

对比有效民事法律行为应具备的条件,无效的民事法律行为主要包括:①无民事行为能力人实施的民事法律行为;②行为人与相对人以虚假的意思表示实施的民事法律行为;③违反法律、行政法规的强制性规定的民事法律行为;④违背公序良俗的民事法律行为;⑤行为人与相对人恶意串通,损害他人合法权益的民事法律行为。

无效的民事法律行为自始没有法律约束力。民事法律行为部分无效,不影响其他部分效力的,其他部分仍然有效。

小贴士

《民法典》第157条规定:"民事法律行为无效、被撤销或者确定不发生效力后,行为人因该行为取得的财产,应当予以返还;不能返还或者没有必要返还的,应当折价补偿。有过错的一方应当赔偿对方由此所受到的损失;各方都有过错的,应当各自承担相应的责任。法律另有规定的,依照其规定。"

【案例4-5】

2019年12月,李某与史某签订《中介服务合同》,约定李某和郑某因办理某市户籍需要,史某收取李某人民币18万元,李某先付7万元,剩余11万元待李某户籍迁到某市后一次性付清;如果李某的户籍没有迁到某市,史某须将已收取的7万元全款退款。前述《中介服务合同》虽无李某签名,但是李某明确表示认可协议中的内容,并明确表示协议是其与史某就办理某市户籍所达成的协议。后李某通过其母亲向史某支付现金5万元,通过微信转账方式向史某支付2万元,共计向史某支付7万元。

郑某系某市户籍人士,户口性质为农业户口。2019年12月31日,李某为了取得该市户籍,与郑某办理结婚登记,二人办理结婚登记后,并未共同居住生活,后因种种原因,李某并未能取得该市户籍;2021年10月16日,李某与郑某协议离婚,并办理离婚登记。后李某一直未能取得该市户籍,故其向法院提起诉讼,要求史某退还已支付的7万元。最终法院认定李某与史某达成的协议因违背公序良俗、损害社会公共利益而无效,史某应向李某退还因协议取得的7万元费用。

【案例分析】

民事主体从事民事活动,不得违反法律,不得违背公序良俗。违背公序良俗的民事法律行为无效。本案中,《中介服务合同》上虽无李某的签字,但是根据李某的陈述,前述《中介服务合同》系李某与史某就办理某市户籍所达成的协议。根据双方约定,李某欲通过与郑某结婚登记的方式取得某市户籍,并向中间人史某支付相应款项。双方为办理某市户籍而进行的民事法律行为违背公序良俗,亦损害社会公共利益,应属无效;双方所达成的协议即《中介服务合同》,亦为无效。

民事法律行为无效、被撤销或者确定不发生效力后,行为人因该行为取得的财产,应当予以返还;合同无效或者被撤销后,因该合同取得的财产,应当予以返还,故李某要求史某返还7万元的诉讼请求,于法有据,应予支持。

【延伸阅读】

根据《民法典》的规定:民事法律行为可以附条件或者附期限,但是根据其性质不得附条件或附期限的除外。

附生效条件的民事法律行为,自条件成就时生效,即一定条件发生时,民事法律行为才生效。附解除条件的民事法律行为,自条件成就时失效,即一定条件发生时,民事法律行为即失效。附条件的民事法律行为,当事人为自己的利益不正当地阻止条件成就的,视为条件已经成就;不正当地促成条件成就的,视为条件不成就。

附生效期限的民事法律行为,自期限届至时生效。附终止期限的民事法律行为,自期限届满时失效。

二、代理

代理,是指代理人在代理权范围内,以被代理人的名义独立与第三人实施民事法律行为,由被代理人承担该行为法律后果的民事法律制度。代理人在代理权限内,以被代理人名义实施的民事法律行为,对被代理人发生效力。

(一) 代理的分类

代理包括法定代理和委托代理。

1. 法定代理

法定代理,是指基于法律的规定直接产生的代理。法定代理人依照法律的规定行使代理权。根据《民法典》的规定,无民事行为能力人、限制民事行为能力人的监护人是其法定代理人。

法定代理权源自法律的直接规定;当被代理人取得或者恢复完全民事行为能力、代理人丧失民事行为能力、代理人或者被代理人死亡等情形发生时,法定代理权终止。

2. 委托代理

委托代理,是指基于被代理人的委托而产生的代理。委托代理人按照被代理人的委托行使代理权。委托代理可以采用书面形式或者口头形式。委托代理采用书面形式的,授权委托书应当载明代理人的姓名或者名称、代理事项、权限和期限,并由被代理人签名或者盖章。

委托代理权来源于被代理人的委托授权;当代理期限届满或者代理事务完成、被代理人取消委托或者代理人辞去委托、代理人丧失民事行为能力、代理人或者被代理人死亡、作为代理人或者被代理人的法人及非法人组织终止等情形发生时,委托代理权终止。

🚩【延伸阅读】

《民法典》第168条规定:"代理人不得以被代理人的名义与自己实施民事法律行为,但是被代理人同意或者追认的除外。代理人不得以被代理人的名义与自己同时代理的其他人实施民事法律行为,但是被代理的双方同意或者追认的除外。"

(二)无权代理和表见代理

无权代理,是指代理人不具有代理权而实施的代理行为。行为人没有代理权、超越代理权或者代理权终止后,仍然实施代理行为,未经被代理人追认的,对被代理人不发生效力。相对人可以催告被代理人自收到通知之日起30日内予以追认。被代理人未作表示的,视为拒绝追认。行为人实施的行为被追认前,善意相对人有撤销的权利。

撤销应当以通知的方式作出。行为人实施的行为未被追认的,善意相对人有权请求行为人履行债务或者就其受到的损害请求行为人赔偿。但是,赔偿的范围不得超过被代理人追认时相对人所能获得的利益。相对人知道或者应当知道行为人无权代理的,相对人和行为人按照各自的过错承担责任。

💬【案例4-6】

秦某与夏某系朋友关系。2021年4月,秦某与夏某签订了《汽车买卖合同》,合同约定:夏某代表其父亲将其父亲名下的一辆别克牌汽车卖给秦某,转让价格为3万元。秦某在合同签订后应向夏某支付购车款3万元,夏某在收到购车款后最迟5日内办理车辆过户手续。但是夏某在签订上述合同时尚未取得车辆所有人即夏某父亲的授权。

合同签订后,秦某按合同约定向夏某支付了购车款3万元,夏某向秦某出具了《收条》一份,载明其收到购车款3万元的事实。然而夏某及夏某父亲未按合同约定办理车辆过户手续并交付车辆,也未退回秦某支付的购车款3万元。

故秦某向法院提起诉讼,要求夏某及其父亲退还购车款3万元。最终法院认定夏某在未取得车辆所有人夏某父亲授权的情况下,代表其父亲签订《汽车买卖合同》的行为属于无权代理,该合同对被代理人夏某父亲不发生效力,秦某因此受到的损害应当由夏某赔偿。故法院判决由夏某向秦某返还购车款3万元。

【案例分析】

行为人没有代理权实施代理行为,未经被代理人追认的,对被代理人不发生效力。善意相对人有权请求行为人履行债务或者就其受到的损害请求行为人赔偿。

本案中,夏某在未取得车辆所有人夏某父亲授权的情况下,即与秦某签订《汽车买卖合同》,且该合同事后未经被代理人夏某父亲的追认,因此夏某代表其父亲签订《汽车买卖合同》的行为属于无权代理,该合同对被代理人夏某父亲不发生效力,秦某因此受到的损害应当由夏某赔偿。

表见代理,是指没有代理权、超越代理权或者代理权终止后的无权代理人,以被代理人的名义进行的民事行为在客观上使相对人有理由相信行为人有代理权而实施的代理行为。表见代理,属无权代理,但如果发生民事法律行为时存在代理权的外观,同时相对人不知道行为人没有代理权,且无过失的,为保护善意交易相对人的利益和动态交易安全,法律规定表见代理行为有效。

小贴士

《民法典》第172条规定:"行为人没有代理权、超越代理权或者代理权终止后,仍然实施代理行为,相对人有理由相信行为人有代理权的,代理行为有效。"构成表见代理需要满足以下两个条件:

(1)行为人并没有获得被代理人的授权就以被代理人的名义与相对人实施民事法律行为。《民法典》规定了没有代理权、超越代理权或者代理权终止三种情形。

(2)相对人在主观上必须是善意、无过失的。所谓善意,是指相对人不知道或者不应当知道行为人实际上是无权代理;所谓无过失,是指相对人的这种不知道不是因为其大意造成的。如果相对人明知或者应知行为人没有代理权、超越代理权或者代理权已终止,而仍与行为人实施民事法律行为,那就不构成表见代理,而成为无权代理。

【案例4-7】

某建筑公司向陈某提供了盖有其公司印章的公司营业执照、授权委托证明书、公司法定代表人证明书、法定代表人身份证复印件、安全生产许可证、陈某身份证复印件各一份。授权委托证明书载明某建筑公司授权陈某代表公司参与"某工业城拆除工程投标事宜"。陈某身份证复印件除加盖该建筑公司印章外,另手写备注有"某工业城拆除工程专用"字样。

后陈某与某物业管理公司签订了《拆除工程合同书》,陈某在《拆除工程合同书》"乙方法人授权代表"处签名,并加盖了某建筑公司的印章。《拆除工程合同书》约定:某建筑公司负责某工业城厂房拆除及封补围墙工程,拆除所有的材料由该建筑公司处理,某建筑公司应按照每平方米37元的标准向某物业管理公司支付拆除材料费428127元。另某建筑公司负责用原来拆除的材料做好围边,作围墙使用,某物业管理公司按照每平方米7元的标准向某建筑公司支付围墙建筑费用7672元。经核算及抵扣,双方确认某建筑公司应在签订合同后施工前一次性向某物业管理公司支付420455元。

合同签订后,陈某先后向某物业管理公司支付款项20万元。同时,某建筑公司开始动工拆除厂房。然而,及至厂房已经拆除完毕,某建筑公司及陈某仍未向某物业管理公司支付余款220455元。故某物业管理公司向法院提起诉讼,要求某建筑公司立即支付余款。而某建筑公司辩称其只授权陈某参与"招标事宜",未授权签订涉案合同,认为其与某物业管理公司间不存在拆除工程的合作,也没有签订任何拆除合同,陈某并非其员工或股东,公司从未授权陈某签订任何合同或支付任何款项,请求法院驳回某物业管理公司的诉讼请求。

最终法院认定陈某签订涉案合同的行为构成表见代理,相应合同义务应由该建筑公司承担,并据此判决某建筑公司向某物业管理公司支付款项220455元及利息。

【案例分析】

本案中,某建筑公司对于陈某持有盖有其公司印章的营业执照复印件、法定代表人证明书、授权委托证明书、法定代表人身份证复印件、安全生产许可证的真实性无异议。陈某亦向某物业管理公司出示了上述材料,其中在盖有被告印章的陈某身份证复印件上记载的"某工业城拆除工程",而且陈某在获得授权当天即与原告签订了涉案合同,足以令一个善意的相对人认为陈某获得的授权包含签订涉案合同,该物业管理公司有理由相信陈某与某建筑公司存在委托关系,具有签订涉案合同的权利。

对于某建筑公司的辩解,虽然陈某非其公司员工,且其明知授权给陈某的事项未能顺利开展,那么该建筑公司即有义务对交付给陈某的加盖有本公司印章的相关材料进行监管,但其既未收回相关材料,也未掌握该材料的去向,显然对陈某可能利用该材料实施的行为持放任态度,应承担不利的后果。

虽然某物业管理公司收到的款项20万元是由陈某汇入该物业管理公司账户的,但基于某建筑公司与陈某的委托关系,该情形并不足以否定陈某签订涉案合同的行为构成表见代理。故陈某的行为已经构成表见代理,该代理行为有效,本案相应的合同义务应由被告承担。

【案例4-8】

周某原系某驾校的教练员。蔡某通过载有某驾校相关信息的网页与周某取得联系,沟通报名及缴费事宜。后蔡某向周某支付培训费4300元,周某向蔡某出具收据一张,该收据盖有"桑塔纳C1驾驶培训费"及"某驾校收款收据章"的印章。蔡某还支付体检费60元及拍照费25元。付款后,蔡某一直未被安排驾驶员培训科目一的考试,亦未完成其他驾驶培训项目。

一年后,周某与包括蔡某在内的13名学员签订《约定书》,载明:"今与周某协商同意,约定两个月内将下列学员合同中约订的全额费用退还。退款地点为某驾校练车场。如未按期退款,应按学费10%的标准每月支付违约金。"后蔡某找某驾校解决,亦被推诿。故蔡某将某驾校诉至法院,要求其退还培训费并支付违约金。最终法院认定周某的行为构成表见代理,相关法律后果应当由某驾校予以承担,判决某驾校返还蔡某培训费用4300元并赔偿拍照费、体检费及其他各类损失。

【案例分析】

行为人没有代理权仍然实施代理行为,相对人有理由相信行为人有代理权的,代理行为有效。本案中,蔡某在互联网看到某驾校的招生信息后,根据网页上的报名电话与周某取得了联系,周某作为某驾校的教练员,佩戴有某驾校的教练员证,带领蔡某前往的报名地点有某驾校的招牌,在出具给蔡某的收据上显示有某驾校的印章,据此能够认定周某的行为构成表见代理,蔡某也完全有理由相信周某的行为系代理某驾校招收学员。

本案中蔡某与周某就驾驶培训事宜进行了协商,蔡某向周某交付驾驶培训服务费4300元,双方之间的服务合同成立并生效,因周某的行为构成表见代理,故蔡某与周某之间形成的服务合同的法律后果应当由驾校承担。

第五节 物权

物权是权利人依法对特定的物享有的直接支配和排他的权利,包括所有权、用益物权和担保物权。物权的客体主要是有体物,即具有一定的物质形体,能够为人们所感觉到的物,包括不动产和动产。不动产是指依照其物理性质不能移动或者移动将严重损害其经济价值的有体物,主要包括土地以及房屋、林木等土地定着物。动产,是指不动产之外的物,即在性质上能够移动且移动不损害其经济价值的物。

一、物权的一般规定

(一)物权法定原则、平等保护原则和物权公示原则

《民法典》第116条规定:"物权的种类和内容,由法律规定。"该条是关于物权法定原则的规定。物权法定原则决定了物权的种类、内容不能由法律之外的其他规范性文件确定,也不能由当事人通过合同任意设定。

《民法典》第207条规定:"国家、集体、私人的物权和其他权利人的物权受法律平等保护,任何组织或者个人不得侵犯。"该条是关于平等保护原则的规定。各个权利主体在市场经济活动中,只是作用不同,在受法律保护的范围和力度之上,一律平等。

《民法典》第208条规定:"不动产物权的设立、变更、转让和消灭,应当依照法律规定登记。动产物权的设立和转让,应当依照法律规定交付。"该条是关于物权公示原则的规定。物权公示原则,是指物权内容的变动必须依据法定的公示方法进行方发生物权变动的法律效果,同时,公示方法应当足以使任何第三人能够了解物权变动的情况。物权公示方法原则上采用两种方式:一是不动产登记制度,二是动产交付制度。

(二)物权的设立、变更、转让和消灭

1. 不动产登记

《民法典》第209条规定:"不动产物权的设立、变更、转让和消灭,经依法登记,发生效力;未经登记,不发生效力,但是法律另有规定的除外。依法属于国家所有的自然资

源,所有权可以不登记。"该条是关于不动产物权的登记生效原则的规定。登记生效主义,即登记决定不动产物权的设立、变更、转让和消灭行为是否生效,亦即不动产物权的各项变动都必须登记,不登记则不生效。

关于不动产登记生效的例外,主要包括以下三种:一是该条第2款所规定的,依法属于国家所有的自然资源,所有权可以不登记。

二是《民法典》第229条、第230条和第231条规定的一些特殊情况,即主要是非依法律行为而发生的物权变动的情形:

(1)因人民法院、仲裁委员会的法律文书,人民政府的征收决定等,导致物权设立、变更、转让或者消灭的,自法律文书生效或者人民政府的征收决定等行为生效时发生效力。

(2)因继承取得物权的,自继承开始时发生效力。

(3)因合法建造、拆除房屋等事实行为设立和消灭物权的,自事实行为成就时发生效力。

三是考虑到现行法律的规定以及某些物权种类的特殊性,没有对不动产物权的设立、变更、转让和消灭一概规定必须经依法登记才发生效力。

例如,土地承包经营权和地役权均自合同生效时设立,宅基地使用权没有规定必须登记才发生效力。

《民法典》第210条规定:"不动产登记,由不动产所在地的登记机构办理。国家对不动产实行统一登记制度。统一登记的范围、登记机构和登记办法,由法律、行政法规规定。"

小贴士

《不动产登记暂行条例》第5条规定:"下列不动产权利,依照本条例的规定办理登记:(1)集体土地所有权;(2)房屋等建筑物、构筑物所有权;(3)森林、林木所有权;(4)耕地、林地、草地等土地承包经营权;(5)建设用地使用权;(6)宅基地使用权;(7)海域使用权;(8)地役权;(9)抵押权;(10)法律规定需要登记的其他不动产权利。"

《不动产登记暂行条例》第7条第1款规定:"不动产登记由不动产所在地的县级人民政府不动产登记机构办理。"

《民法典》第214条规定:"不动产物权的设立、变更、转让和消灭,依照法律规定应当登记的,自记载于不动产登记簿时发生效力。"不动产登记簿是指国家对不动产实行统一登记制度,由统一的不动产物权登记机构管理的不动产物权登记档案。

《民法典》第215条规定:"当事人之间订立有关设立、变更、转让和消灭不动产物权的合同,除法律另有规定或者当事人另有约定外,自合同成立时生效;未办理物权登记的,不影响合同效力。"该条是关于合同效力和物权效力区分的规定。除非法律有特别规定,合同一经成立,只要不违反法律、行政法规的强制性规定和社会公共利益,就可以发生效力。合同效力并不必然与登记联系在一起,物权变动仅为合同履行的结果。登记是物权变动的公示方法,而非对合同行为是否有效作出评判。

《民法典》第221条规定:"当事人签订买卖房屋的协议或者签订其他不动产物权的协议,为保障将来实现物权,按照约定可以向登记机构申请预告登记。预告登记后,未经预告登记的权利人同意,处分该不动产的,不发生物权效力。预告登记后,债权消灭或者自能够进行不动产登记之日起90日内未申请登记的,预告登记失效。"

该条是关于预告登记的规定。预告登记主要具有以下特点:一是具有限制相对人处分权的效力,未经预告登记的权利人同意,对预告登记标的物的处分行为不发生物权变动的效力;二是具有从属性,预告登记权利人的债权债务关系因履行完毕、被解除等原因而消灭的,预告登记消灭;三是该权利具有时效性,如预告登记权利人在符合本登记条件后,在法定期限内怠于完成不动产物权变动的,该权利消灭。

【案例 4-9】

2006年1月1日,王某与某房地产公司签订《商品房买卖合同》,约定房地产公司预售位于胜利广场商街的某商品房,用途为商住。王某通过银行按揭的方式支付了全款。《商品房买卖合同》第11条"交接"中约定,商品房达到交付使用条件后,出卖人应当书面告知买受人办理交付手续,双方进行验收交接。同日,王某与某贸易公司签订《胜利广场商街商铺租赁合同》,将前述商铺租赁给贸易公司,租赁期限自2007年7月1日至2010年6月30日止,由前述房地产公司为贸易公司的租金提供担保。

合同期内,贸易公司已经按约支付王某租金。后房地产公司的债权人向人民法院申请其破产,人民法院于2013年7月11日裁定房地产公司破产。2015年,王某向人民法院起诉,请求确认胜利广场商街某号房不属于房地产公司的破产财产,应由其本人取回该商品房并办理预告登记。人民法院以涉案商品房不具备交付条件,王某尚未取得该商品房为由,驳回了王某的诉讼请求。

王某不服一审判决,提起上诉,二审维持原判。王某仍不服,向上级法院申请再审,上级法院以王某未实际取得案涉房屋所有权,不符合行使取回权的条件为由,驳回了王某再审申请。

【案例分析】

虽然王某与房地产公司签订的合同名称为《商品房买卖合同》,其内容实际为商品房预售。由于涉案商品房并未竣工验收,自然王某与房地产公司之间也未办理房屋过户登记。虽然王某主张其在购房时已支付全款,并将房屋出租给贸易公司,相当于已经占有房屋,但房屋作为不动产,其权利公示的方式为登记而非占有。房屋需办理登记,才能取得该房屋的所有权。

本案中,王某还主张其已向建设局就案涉房屋进行备案登记。但在建设部门进行的备案登记并不等同于预告登记,不具有物权效力。由于王某未实际取得案涉房屋所有权,不符合行使《破产法》第38条规定的取回权的条件,因此败诉。

2. 动产交付

《民法典》第 224 条规定:"动产物权的设立和转让,自交付时发生效力,但是法律另有规定的除外。"该条是关于动产物权的变动以交付作为生效要件的原则性规定。动产物权的设立和转让实行不交付不生效的原则,交付是动产物权变动的必要条件。

《民法典》第 225 条规定:"船舶、航空器和机动车等的物权的设立、变更、转让和消灭,未经登记,不得对抗善意第三人。"该条对船舶、航空器和机动车等特殊动产的物权变动作了例外规定,即以登记作为物权变动的对抗要件。船舶、航空器和机动车一般都有登记,而且往往价值较大,在法律上被视为准不动产,其物权变动应当以登记为公示方法。

《民法典》第 226 条规定:"动产物权设立和转让前,权利人已经占有该动产的,物权自民事法律行为生效时发生效力。"该条是关于简易交付的规定。

《民法典》第 227 条规定:"动产物权设立和转让前,第三人占有该动产的,负有交付义务的人可以通过转让请求第三人返还原物的权利代替交付。"该条是关于指示交付的规定。

《民法典》第 228 条规定:"动产物权转让时,当事人又约定由出让人继续占有该动产的,物权自该约定生效时发生效力。"该条是关于占有改定的规定。

3. 物权的保护

《民法典》第 233 条规定:"物权受到侵害的,权利人可以通过和解、调解、仲裁、诉讼等途径解决。"该条是关于物权受到侵害的救济途径的规定。该条中的"等途径"主要包括正当防卫、紧急避险和其他自助行为。

物权的保护方式主要包括:物权确认请求权,返还原物请求权,排除妨害、消除危险请求权,修理、重做、更换或恢复原状请求权和损害赔偿请求权。

物权的保护方式,可以单独使用,也可以根据权利被侵害的情形合并适用。

二、所有权

《民法典》第 240 条规定:"所有权人对自己的不动产或者动产,依法享有占有、使用、收益和处分的权利。"该条是关于所有权基本内容的规定,即所有权包括占有、使用、收益、处分四项权能。占有是所有权人对于财产实际上的占领、控制。使用是依照物的性能和用途,并不毁损其物或变更其性质而加以利用。收益是指收取所有物的利益,包括孳息和利润。处分是决定财产事实上和法律上命运的权能。

《民法典》第 241 条规定:"所有权人有权在自己的不动产或者动产上设立用益物权和担保物权。用益物权人、担保物权人行使权利,不得损害所有权人的权益。"该条是关于所有权与他物权关系的规定。

《民法典》第 243 条规定:"为了公共利益的需要,依照法律规定的权限和程序可以征收集体所有的土地和组织、个人的房屋以及其他不动产。征收集体所有的土地,应当依法及时足额支付土地补偿费、安置补助费以及农村村民住宅、其他地上附着物和青苗等的补偿费用,并安排被征地农民的社会保障费用,保障被征地农民的生活,维护被征地农民的合法权益。征收组织、个人的房屋以及其他不动产,应当依法给予征收补偿,维护被征收人的合法权益;征收个人住宅的,还应当保障被征收人的居住条件。任何组织或者个人不得贪污、挪用、私分、截留、拖欠征收补偿费等费用。"该条是关于征收的规定。

《民法典》第266条规定:"私人对其合法的收入、房屋、生活用品、生产工具、原材料等不动产和动产享有所有权。"

《民法典》第271条规定:"业主对建筑物内的住宅、经营性用房等专有部分享有所有权,对专有部分以外的共有部分享有共有和共同管理的权利。"

《民法典》第288条规定:"不动产的相邻权利人应当按照有利生产、方便生活、团结互助、公平合理的原则,正确处理相邻关系。"该条是关于处理相邻关系的原则的规定。相邻关系是指两个或两个以上相互毗邻不动产的所有人或使用人,在行使不动产的所有权或使用权时,如通风、采光、用水、排水、通行等,相邻各方形成的相互给予便利和接受限制而产生的权利义务关系。

《民法典》第298条规定:"按份共有人对共有的不动产或者动产按照其份额享有所有权。"该条是关于按份共有的规定。

《民法典》第299条规定:"共同共有人对共有的不动产或者动产共同享有所有权。"该条是关于共同共有的规定。

《民法典》第307条规定:"因共有的不动产或者动产产生的债权债务,在对外关系上,共有人享有连带债权、承担连带债务,但是法律另有规定或者第三人知道共有人不具有连带债权债务关系的除外;在共有人内部关系上,除共有人另有约定外,按份共有人按照份额享有债权、承担债务,共同共有人共同享有债权、承担债务。偿还债务超过自己应当承担份额的按份共有人,有权向其他共有人追偿。"该条是关于因共有产生的债权债务承担规则的规定。

《民法典》第308条规定:"共有人对共有的不动产或者动产没有约定为按份共有或者共同共有,或者约定不明确的,除共有人具有家庭关系等外,视为按份共有。"该条是关于共有关系不明时对共有关系性质的推定的规定。

《民法典》第311条规定:"无处分权人将不动产或者动产转让给受让人的,所有权人有权追回;除法律另有规定外,符合下列情形的,受让人取得该不动产或者动产的所有权:①受让人受让该不动产或者动产时是善意;②以合理的价格转让;③转让的不动产或者动产依照法律规定应当登记的已经登记,不需要登记的已经交付给受让人。受让人依据前款规定取得不动产或者动产的所有权的,原所有权人有权向无处分权人请求损害赔偿。当事人善意取得其他物权的,参照适用前两款规定。"该条是关于善意取得制度的规定。

善意取得作为一项重要的民事法律制度,是指行为人无权处分他人的财产,受让人取得该财产时出于善意,则受让人将依法即时取得对该财产的所有权或他物权的法律制度。善意取得制度的目的在于保护占有的公信力,保障交易安全,鼓励交易,维护商品交易的正常秩序,促进市场经济的有序发展。保护交易当事人的信赖利益,实际上就是保护交易安全。依据该条规定,受让人须是善意的,不知出让人是无处分权人;受让人支付了合理的价款;转让的财产应当登记的已经登记,不需要登记的已经交付给受让人。三项条件必须同时具备,否则不构成善意取得。

三、用益物权和担保物权

用益物权,是指当事人依照法律规定,对他人所有的不动产或者动产,享有的占有、使用和收益的权利,它是以支配物的使用价值为内容的物权,如土地承包经营权、建设用地使用权、宅基地使用权、居住权、地役权等。

担保物权,是指当债务人不履行债务时,债权人对债务人或者第三人提供的担保财产或者债权人合法占有的财产享有优先受偿的权利,它是以支配标的物交换价值为内容的物权,如抵押权、质权、留置权等。

第六节 债权

债权是因合同、侵权行为、无因管理、不当得利以及法律的其他规定,权利人请求特定义务人为或者不为一定行为的权利。享有权利的一方称债权人,负有义务的一方称债务人。

一、按份之债和连带之债

多数人之债,根据各方各自享有的权利或承担的义务以及相互间的关系,可分为按份之债和连带之债。

《民法典》第517条规定:"债权人为二人以上,标的可分,按照份额各自享有债权的,为按份债权;债务人为二人以上,标的可分,按照份额各自负担债务的,为按份债务。按份债权人或者按份债务人的份额难以确定的,视为份额相同。"

《民法典》第518条规定:"债权人为二人以上,部分或者全部债权人均可以请求债务人履行债务的,为连带债权;债务人为二人以上,债权人可以请求部分或者全部债务人履行全部债务的,为连带债务。连带债权或者连带债务,由法律规定或者当事人约定。"

按份之债的多数债权人或债务人的债权或债务各自是独立的,相互间没有连带关系;而连带之债的连带债权人或连带债务人的权利或义务是连带的。在按份之债中,任一债权人接受了其应受份额义务的履行或者任一债务人履行了自己应负担份额的义务后,与其他债权人或债务人均不发生任何权利、义务关系。在连带之债中,连带债权人的任何一人接受了全部义务履行,或者连带债务人的任何一人清偿了全部债务时,虽然原债归于消灭,但连带债权人或连带债务人之间会产生新的按份之债。

二、债的履行

债的履行是指债务人按照合同的约定或者依照法律的规定全面履行自己所承担的义务。债的履行要遵循实际履行、协作履行、经济合理、全面履行原则。

债的履行主体是债务人和债权人,在某些情况下,第三人也可以成为债的履行主体,比如约定向第三人履行、由第三人履行、第三人代为履行。

履行标的是指债务人向债权人履行义务应交付的对象。当事人应严格按照约定的标的履行义务,只有在法律规定或者合同约定允许以其他标的代替履行时,债务人才可经债权人同意后以其他标的履行。

履行方法是指债务人履行义务的方式。履行方法是由法律规定或合同约定的。债的性质和内容不同,其履行方法也不同。有的债应一次性全部履行,如一次性交货的买卖合同;有的债应分次分部分履行,如分批发放贷款的借贷合同;有的债应定期履行,如按月交租的房屋租赁合同。

《民法典》第510条规定:"合同生效后,当事人就质量、价款或者报酬、履行地点等内容没有约定或者约定不明确的,可以协议补充;不能达成补充协议的,按照合同相关条款或者交易习惯确定。"

三、债权转让和债务转移

(一)债权转让

《民法典》第545条规定:"债权人可以将债权的全部或者部分转让给第三人,但是有下列情形之一的除外:①根据债权性质不得转让;②按照当事人约定不得转让;③依照法律规定不得转让。当事人约定非金钱债权不得转让的,不得对抗善意第三人。当事人约定金钱债权不得转让的,不得对抗第三人。"

《民法典》第546条规定:"债权人转让债权,未通知债务人的,该转让对债务人不发生效力。债权转让的通知不得撤销,但是经受让人同意的除外。"

《民法典》第547条规定:"债权人转让债权的,受让人取得与债权有关的从权利,但是该从权利专属于债权人自身的除外。受让人取得从权利不因该从权利未办理转移登记手续或者未转移占有而受到影响。"

(二)债务转移

债务转移是指债务人和第三人订立债务转移协议,将债务转移给第三人。由于债务由谁承担和履行,直接关系到债权人的权利有无保障,所以,债务转移的协议须经债权人同意才能生效,未经债权人同意的债务转移协议无效。

《民法典》第551条规定:"债务人将债务的全部或者部分转移给第三人的,应当经债权人同意。债务人或者第三人可以催告债权人在合理期限内予以同意,债权人未作表示的,视为不同意。"

【案例4-10】

2006年3月,某实业公司与某电子公司签订《购销合同》,后某电子公司违约,但该电子公司一直不支付违约金给某实业公司。2008年,某实业公司曾委托律师发律师函给某电子公司的法定代表人及其公司法务部,但未收到书面回复。

2008年8月,某实业公司与某投资公司签署债权转让协议,某实业公司将其对某电子公司的债权转让给某投资公司,某投资公司也委托律师将债权转让的情况通知了某电子公司。某投资公司以其获得上述债权,某电子公司拒不履行为由向法院提起诉讼,要求某电子公司向其支付违约金。

某电子公司答辩称:某实业公司不享有任何违约金请求权,某投资公司所受让债权不存在,理由包括:某投资公司和某实业公司签订的《债权转让协议》并未约定受让的数额是多少,某实业公司并没有通过诉讼或者其他合法途径对其认为享有的上述债权进行确认,某投资公司并无证据证明某电子公司需向某实业公司支付违约金。请求法院驳回原告的诉讼请求。

【案例分析】

本案的焦点在于:某投资公司与某实业公司的债权转让协议是否有效?某电子公司是否应当向某投资公司支付款项?

本案中,某投资公司称某电子公司应向某实业公司支付违约金,且某投资公司已受让某实业公司享有的该债权,但没有证据显示某电子公司对在履行与某实业公司的合同过程中存在违约行为以及需向某实业公司支付违约金进行过确认,且某实业公司并没有通过诉讼或者其他合法途径对其认为享有的债权进行过确认,即某投资公司从某实业公司处受让的债权是否存在以及数额多少尚未确定,故某投资公司与某实业公司之间签订的《债权转让协议》没有成立,没有生效,对某电子公司也不发生效力。最终法院驳回了某投资公司的诉讼请求。

通过本案可以明确,债权转让,让与人与受让人之间转让的债权应当是相对确定的债权,且应当符合一定的形式要件。

四、债的消灭

债的消灭,即债的终止,是指民事主体之间债权债务关系因一定的法律事实而不再存在的情况。债消灭的原因主要有清偿、抵销、提存、免除、混同等。

《民法典》第557条规定："有下列情形之一的，债权债务终止：①债务已经履行；②债务相互抵销；③债务人依法将标的物提存；④债权人免除债务；⑤债权债务同归于一人；⑥法律规定或者当事人约定终止的其他情形。合同解除的，该合同的权利义务关系终止。"

债的消灭的效力主要体现在以下几个方面：①债的关系不再存在，债权债务关系终止。②从权利和从义务一并消灭。债的关系消灭的，依附于主债权、债务的从属债权、债务，如担保、违约金等一并消灭。③负债字据应当返还。负债字据是债权债务存在的证明，债的关系消灭的，债权人应当将债务人的负债字据返还债务人，因故不能返还的，应向债务人出具债务已经消灭的字据。④在债的当事人之间产生后契约义务。后契约义务是在债的关系消灭后，依诚实信用原则在原债的当事人之间产生的通知、协助、保密等义务。

第七节 人身权

人身权指以与权利主体的人身不可分离的特定人身利益为内容的民事权利。人身权分为人格权和身份权。人格权包括生命权、身体权、健康权、姓名权、名称权、肖像权、名誉权、荣誉权、隐私权等权利。身份权是指公民或法人依一定行为或相互之间的关系而发生的一种民事权利。身份权主要包括：配偶权、亲权、亲属权、荣誉权、知识产权中的身份权等。

与财产权相比，人身权与权利主体的人身密不可分，人身权是一种专属于权利主体的权利，只能本人享有，不能放弃，不能转让（法人的名称权例外），权利主体消灭则权利消灭，不能继承转移。人身权没有直接的财产内容，不能以金钱的价值尺度衡量人身利益。人身权是一种绝对权。

一、生命权、身体权和健康权

生命权指自然人维持自己生命延续、不受他人非法剥夺的权利。身体权是指自然人保持其身体组织完整并支配其肢体、器官和其他身体组织的权利。健康权指公民保持身体组织的生理功能健全以及心理健康的权利。

生命的延续、身体的完整、健康，是自然人最基本的需要，也是享有其他民事权利和利益的前提。刑法通过刑事责任的方式保护生命权、身体权和健康权，民法的保护同样是必要的和不可替代的。

《民法典》第1007条规定："禁止以任何形式买卖人体细胞、人体组织、人体器官、遗体。违反前款规定的买卖行为无效。"

《民法典》第1010条规定："违背他人意愿，以言语、文字、图像、肢体行为等方式对他人实施性骚扰的,受害人有权依法请求行为人承担民事责任。机关、企业、学校等单位应当采取合理的预防、受理投诉、调查处置等措施,防止和制止利用职权、从属关系等实施性骚扰。"

《民法典》第1011条规定:"以非法拘禁等方式剥夺、限制他人的行动自由,或者非法搜查他人身体的,受害人有权依法请求行为人承担民事责任。"

二、姓名权和名称权

姓名权是公民就其姓名享有的权利。名称权是法人、个体工商户、个人合伙以及其他组织就其名称享有的权利。

《民法典》第1012条规定:"自然人享有姓名权,有权依法决定、使用、变更或者许可他人使用自己的姓名,但是不得违背公序良俗。"姓名权的内容包括:姓名决定权,姓名使用权(包括许可他人使用)和姓名变更权。决定自己的姓名应当符合法律的要求,比如不能够使用法律不允许的符号命名。

《民法典》第1013条规定:"法人、非法人组织享有名称权,有权依法决定、使用、变更、转让或者许可他人使用自己的名称。"

《民法典》第1014条规定:"任何组织或者个人不得以干涉、盗用、假冒等方式侵害他人的姓名权或者名称权。"盗用是指未经他人授权,也没有法律根据,非法使用他人姓名的行为。假冒是指使用他人姓名,冒充他人进行社会活动的行为。比如冒充名人招摇撞骗,假冒他人发表作品。由于同名造成的误认,不属于假冒他人姓名的权利,因为每个人都就自己的姓名享有姓名权,合法使用姓名受法律保护,被他人的误认属于当事人难以防止的意外。当然,如果有意利用其他人的这种误认,冒充他人活动,则尽管表面上看使用的是自己的姓名,也属于故意假冒他人姓名的侵权行为。

《民法典》第1016条规定:"自然人决定、变更姓名,或者法人、非法人组织决定、变更、转让名称的,应当依法向有关机关办理登记手续,但是法律另有规定的除外。民事主体变更姓名、名称的,变更前实施的民事法律行为对其具有法律约束力。"

小贴士

《中华人民共和国户口登记条例》第17条规定:"户口登记的内容需要变更或者更正的时候,由户主或者本人向户口登记机关申报;户口登记机关审查属实后予以变更或者更正。"第18条规定:"公民变更姓名,依照下列规定办理:①未满18周岁的人需要变更姓名的时候,由本人或者父母、收养人向户口登记机关申请变更登记;②18周岁以上的人需要变更姓名的时候,由本人向户口登记机关申请变更登记。"

《民法典》第1017条规定:"具有一定社会知名度,被他人使用足以造成公众混淆的笔名、艺名、网名、译名、字号、姓名和名称的简称等,参照适用姓名权和名称权保护的有关规定。"

三、肖像权

《民法典》第1018条规定:"自然人享有肖像权,有权依法制作、使用、公开或者许可他人使用自己的肖像。肖像是通过影像、雕塑、绘画等方式在一定载体上所反映的特定自然人可以被识别的外部形象。"该条中的"外部形象"并不局限于面部形象,只要能够呈现出自然人的外部形象,并且可以使他人清楚识别出该外部特征属于某个特定的自然人,那么这种外部形象就属于肖像。

《民法典》第1019条规定:"任何组织或者个人不得以丑化、污损,或者利用信息技术手段伪造等方式侵害他人的肖像权。未经肖像权人同意,不得制作、使用、公开肖像权人的肖像,但是法律另有规定的除外。未经肖像权人同意,肖像作品权利人不得以发表、复制、发行、出租、展览等方式使用或者公开肖像权人的肖像。"

该条中出现了两个权利人:一个是肖像权人;另一个是肖像作品权利人。肖像作品体现的精神权益决定了肖像作品的权利人行使权利要受到肖像权人的制约,权利人不能因为创作出了肖像作品而获得任意使用他人肖像的权利。肖像权人同意肖像作品权利人对其进行拍照、录像、雕塑、绘画等,并不必然表示肖像权人同意肖像作品权利人可以使用、公开其肖像作品。

《民法典》第1020条规定:"合理实施下列行为的,可以不经肖像权人同意:①为个人学习、艺术欣赏、课堂教学或者科学研究,在必要范围内使用肖像权人已经公开的肖像;②为实施新闻报道,不可避免地制作、使用、公开肖像权人的肖像;③为依法履行职责,国家机关在必要范围内制作、使用、公开肖像权人的肖像;④为展示特定公共环境,不可避免地制作、使用、公开肖像权人的肖像;⑤为维护公共利益或者肖像权人合法权益,制作、使用、公开肖像权人的肖像的其他行为。"

四、名誉权和荣誉权

《民法典》第1024条规定:"民事主体享有名誉权。任何组织或者个人不得以侮辱、诽谤等方式侵害他人的名誉权。名誉是对民事主体的品德、声望、才能、信用等的社会评价。"侮辱是指那些以暴力形式或者口头、书面形式恶意贬损他人人格,损害他人尊严的行为。诽谤是指捏造对他人不利的虚假事实并加以散布的行为。如果一种行为虽然在客观上造成了他人的名誉贬损,但是属于依法进行的合法行为,则不属于侵犯名誉权。

《民法典》第1025条规定:"行为人为公共利益实施新闻报道、舆论监督等行为,影响他人名誉的,不承担民事责任,但是有下列情形之一的除外:①捏造、歪曲事实;②对他人提供的严重失实内容未尽到合理核实义务;③使用侮辱性言辞等贬损他人名誉。"

《民法典》第 1027 条规定:"行为人发表的文学、艺术作品以真人真事或者特定人为描述对象,含有侮辱、诽谤内容,侵害他人名誉权的,受害人有权依法请求该行为人承担民事责任。行为人发表的文学、艺术作品不以特定人为描述对象,仅其中的情节与该特定人的情况相似的,不承担民事责任。"

《民法典》第 1028 条规定:"民事主体有证据证明报刊、网络等媒体报道的内容失实,侵害其名誉权的,有权请求该媒体及时采取更正或者删除等必要措施。"

《民法典》第 1031 条规定:"民事主体享有荣誉权。任何组织或者个人不得非法剥夺他人的荣誉称号,不得诋毁、贬损他人的荣誉。获得的荣誉称号应当记载而没有记载的,民事主体可以请求记载;获得的荣誉称号记载错误的,民事主体可以请求更正。"

【案例 4-11】

2018 年 3 月 1 日,张某及其子入住由某公司经营的月子会所。期间张某之子患了支气管肺炎,被送往医院儿科就诊。因对月子会所服务不满意,张某及其丈夫李某事后在某点评网上给予该月子中心差评。

某公司主张李某、张某发布的上述评论及对其他网络用户的回复内容属于诽谤,侵犯了公司的名誉权,并导致回复评论的两名用户表示不会选择该月子会所为其提供服务,遂诉至法院,要求两被告以及某点评网的经营方公开在该点评网上赔礼道歉,消除影响,恢复名誉,并连带赔偿 50 万元。法院经过审理,认为李某、张某在网上对月子会所环境、卫生、饮食等负面评价内容不应视为失实,不构成诽谤、诋毁等损害该公司名誉的行为,故驳回某公司全部诉讼请求。

【案例分析】

消费者作为网络用户对于商品质量和服务进行批评、评论,是消费者的法定权利,只有消费者借机进行诽谤、诋毁并实际损害他人名誉方可认定为侵害名誉权。是否构成诽谤,需根据用户评论内容是否属实予以判断。

从张某、李某发布的评论具体内容来看,"公共场所空间太小""我见过的公用窗户从来没开过""潮湿""蚊子太多""管理不规范"等,属于张某、李某的个人感受,鉴于消费者对服务感受的主观差异性,难以认定该评论内容为虚假。

虽然某公司认为张某之子在接受涉案公司服务期间被诊断为支气管肺炎与其提供的服务无直接关联,但李某、张某提供的照片显示该公司服务人员确实存在不规范佩戴口罩护理婴儿的现象,张某之子亦确实在入住会所期间患上支气管肺炎,客观上不能排除该公司的服务行为与张某之子患支气管肺炎之间存在因果关系的可能性,故李某、张某在评论中称"和护士近距离直接接触,我小孩存在被感染病毒高危风险"不应视为失实,该评价不应视为诽谤。

此外,某公司虽主张有关"发现月子餐菜单和实际给我们的菜不符,有偷工减料嫌疑","现在他们请了水军猛给自己好评"等评论与事实不符,但并未举证证明其月子餐的供餐标准及实际供餐情况,且是否存在"请水军猛给自己好评"的行为,与某公司提供的服务质量及水平并无直接关联,不影响他人对某公司服务的评价。

因此,从本案当事人提供的证据看,不能认定李某、张某借在某点评网发布评论之机实施了诽谤、诋毁等损害某公司名誉的行为。

某点评网的经营方,属于为注册用户提供对商户产品及服务进行评价的网络平台的网络服务提供者。根据规定,网络用户利用网络服务实施侵权行为是网络服务提供者承担责任的前提条件。因涉案评论无法被认定为侵权,故某点评网的经营方未应某公司要求采取删除评论措施不违反法律规定,亦不构成侵权。

因此,网络差评应以"不虚构事实、不恶意诋毁"为底线,经营者亦应允许消费者对其服务本身进行批评,并予以必要的容忍。如差评评论不存在虚构事实、恶意诋毁等情形,网络服务提供者未应经营者要求删除评论,不能认定构成侵权。

五、隐私权和个人信息保护

《民法典》第1032条规定:"自然人享有隐私权。任何组织或者个人不得以刺探、侵扰、泄露、公开等方式侵害他人的隐私权。隐私是自然人的私人生活安宁和不愿为他人知晓的私密空间、私密活动、私密信息。"

《民法典》第1033条规定:"除法律另有规定或者权利人明确同意外,任何组织或者个人不得实施下列行为:①以电话、短信、即时通信工具、电子邮件、传单等方式侵扰他人的私人生活安宁;②进入、拍摄、窥视他人的住宅、宾馆房间等私密空间;③拍摄、窥视、窃听、公开他人的私密活动;④拍摄、窥视他人身体的私密部位;⑤处理他人的私密信息;⑥以其他方式侵害他人的隐私权。"

《民法典》第1034条规定:"自然人的个人信息受法律保护。个人信息是以电子或者其他方式记录的能够单独或者与其他信息结合识别特定自然人的各种信息,包括自然人的姓名、出生日期、身份证件号码、生物识别信息、住址、电话号码、电子邮箱、健康信息、行踪信息等。个人信息中的私密信息,适用有关隐私权的规定;没有规定的,适用有关个人信息保护的规定。"该条是关于自然人的个人信息受法律保护的规定。个人信息的权利主体限于自然人,而不包括法人和非法人组织。判断一项信息是不是属于个人信息,关键看依据该信息能否识别特定自然人。

《民法典》第1035条规定:"处理个人信息的,应当遵循合法、正当、必要原则,不得过度处理,并符合下列条件:①征得该自然人或者其监护人同意,但是法律、行政法规另有规定的除外;②公开处理信息的规则;③明示处理信息的目的、方式和范围;④不违反法律、行政法规的规定和双方的约定。个人信息的处理包括个人信息的收集、存储、使用、加工、传输、提供、公开等。"

第八节 婚姻

法学意义上的"婚姻"和"家庭"有其特定内涵。法学意义上的婚姻是指为当时社会制度所确认的、男女两性共同生活、互为配偶的结合;法学意义上的家庭则是指主要依婚姻关系、血缘关系为纽带而形成的,包含一定范围的亲属在内的社会生活单位。一般认为,婚姻关系是家庭关系的基础,婚姻双方是家庭里的基本成员。广义上的家庭关系概念本身涵盖婚姻关系。对于特定社会而言,有关婚姻家庭的道德规范、伦理制度、风俗习惯等都是婚姻家庭制度的组成部分,其中的法律规范即婚姻家庭法则是本节要讨论的问题。

一、婚姻家庭法概述

(一)婚姻家庭法的概念与特征

婚姻家庭法是指调整婚姻家庭关系的发生和终止,以及由此所产生的特定范围的亲属之间的权利义务关系的法律规范总和。这一概念的含义可作如下理解。

(1)婚姻家庭法的调整对象为婚姻家庭关系。从调整对象的范围来看,婚姻家庭法中既调整婚姻关系,又调整家庭关系和其他近亲属关系;从调整对象的性质来看,婚姻家庭法中既有婚姻家庭方面的人身关系,又有婚姻家庭方面的财产关系。

(2)婚姻家庭法的规范目的在于确定婚姻双方或亲属各方彼此之间的权利义务边界,纠正或制止婚姻主体或家庭成员的不良行为甚至违法行为。

(3)婚姻家庭法是调整婚姻家庭关系的法律规范的总和,我们在学理意义上使用这一概念来指称一个独立的部门法。

婚姻家庭法与其他部门法相比较,它在调整范围、调整对象和调整手段等方面都有自身的特点。

(1)婚姻家庭法的调整范围具有明晰的边界,同时又极其广泛和普遍。婚姻家庭法的调整范围仅限于婚姻家庭领域,但整个社会就是由千千万万个婚姻家庭组成的,所以婚姻家庭法的适用范围几乎覆盖了全社会。

(2)婚姻家庭法的调整对象具有很强的身份性和伦理性,但同时财产关系也占有相当的比重。无论是缔结婚姻还是血缘关联,其当事人之间都存在亲近的身份关系。婚姻家庭法具有大量的调整身份关系的法律条文,且这些法律条文的价值取向也多与社会伦理观念一致。家庭生活具有同财共居的特点,婚姻家庭法中也有大量调整婚姻家庭成员之间财产关系的内容,比如夫妻财产制度、遗产继承制度等。

(3)婚姻家庭法的调整手段具有多样性,既有大量的强制性规范,也有特别的倡导性规范。婚姻家庭法中关于亲属之间的权利义务的规范大多是强制性的。如夫妻之间的相互扶养义务、父母抚养子女的义务和子女赡养父母的义务都由国家强制力来保障的。另外,鉴于婚姻家庭关系具有较强的身份性和伦理性,法律对于有些不便涉入过深的领域运用倡导性规范来加以引导,典型如我国《民法典》第1043条的倡导性规定:"家庭应当树立优良家风,弘扬家庭美德,重视家庭文明建设。"

(二) 婚姻家庭法的法律渊源

在法学意义上,法律渊源指法律的具体表现形式。在我国现阶段,婚姻家庭法的渊源,分布在不同效力级别的法律文件体系中,具体如下。

1. 宪法

宪法是国家的根本大法,婚姻家庭法作为部门法必须遵循宪法确定的基本原则,在具体制度方面也不能与宪法相抵触。

2. 法律

全国人民代表大会制定的规范性法律文件为基本法,由全国人民代表大会常务委员会制定的规范性法律文件为一般性法律,基本法的效力级别低于宪法高于一般性法律。在基本法层面,《民法典》是婚姻家庭领域的核心法律规范,其他基本法如《刑法》中涉及婚姻家庭关系的法律规范也都是婚姻家庭法的渊源。在一般性法律层面,与婚姻家庭关系密切的法律规范如《妇女权益保障法》《老年人权益保障法》和《未成年人保护法》等。

3. 行政法规和地方性法规

行政法规是指国务院制定的规范性法律文件,其中有关婚姻家庭的法律文件为此处所指的法律渊源,省、自治区、直辖市人民代表大会及其常务委员会根据本行政区域内制定和发布调整婚姻家庭问题的地方性法规,是本地区的具体政策、方针。

4. 行政规章

国务院所属部门制定或发布的规范性文件称为行政规章。行政规章主要是制定一些具体的操作规则,如民政部发布的《婚姻登记管理条例》等。

5. 司法解释

最高人民法院针对审判实践中的具体问题发布的司法解释可以填补法律空白。《民法典》生效后,《婚姻法》废止,与之相关的四部司法解释也同步废止,其中与《民法典》规定不矛盾的现行有效的司法解释则由最高人民法院颁布新的司法解释来进行修改或者替换。

6. 相关国际条约

我国缔结和参加的有关婚姻家庭领域的国际条约也属于婚姻家庭法的法律渊源,特定情形下相关国际惯例也可适用。

(三) 婚姻家庭法的法律效力

一般认为,法律效力包括三个方面:对人的效力、空间效力和时间效力。

1. 婚姻家庭法对人的效力

首先,我国婚姻家庭法适用于所有公民,即凡我国公民之间的结婚、离婚、收养等婚姻家庭事宜,都必须适用我国婚姻家庭法;其次,华侨与国内公民之间、港澳同胞与内地公民之间在我国境内办理结婚、离婚和收养等事宜,也应当适用我国婚姻家庭法。此外,居住在我国境内的外国人、无国籍人原则上亦应适用我国相关涉外法律法规。

2. 婚姻家庭法的空间效力

婚姻家庭法体系包括多种效力级别的法律文件,全国性的婚姻家庭立法文件都适用于国家主权领域的一切地区,地方性的婚姻家庭立法文件则只具有地域性空间效力。

3. 婚姻家庭法的时间效力

婚姻家庭法的时间效力,是指婚姻家庭法律文件何时生效,其颁布实施前的事件和行为是否具有溯及力的问题。《民法典》生效后,与婚姻家庭相关的《婚姻法》《收养法》废止。关于婚姻家庭法是否具有溯及力,要考虑具体法律文件、具体法律问题来确定。就目前而言,以不溯及既往为一般原则。

(四)我国现行婚姻家庭法的基本原则

《民法典》第1041条对婚姻家庭的基本原则进行了规定,分别是:实行婚姻自由、一夫一妻、男女平等的婚姻制度,以及保护妇女、未成年人、老年人的合法权益。

1. 婚姻自由原则

婚姻自由是指婚姻当事人有权根据法律的规定,自主自愿地决定自己的婚姻问题,不受任何人的强制和非法干涉。这一原则主要包括结婚自由和离婚自由,但婚内自由也是不可忽视的。禁止包办、买卖婚姻和其他干涉婚姻自由的行为。

2. 一夫一妻原则

一夫一妻是男女两性结合的最文明的方式,是人类走向文明的标志。一夫一妻制有利于建立稳定的婚姻关系,有利于对子女的抚养和教育,也有利于社会的安定。具体到法律规定的一夫一妻原则可从两个方面理解:第一,按照我国婚姻家庭法的规定,任何人只能有一个配偶,不得同时有两个或两个以上的配偶;第二,已婚者在婚姻终止即配偶死亡或离婚以前,不得再行结婚。

3. 男女平等原则

男女平等原则的核心内容是指男女两性在婚姻关系和家庭生活的各个方面都享有平等的权利,承担平等的义务。在婚姻法领域,男女平等原则的具体表现包括但不限于以下几个方面:男女双方同等适用法律规定的结婚或离婚条件及程序,同等享有法律规定的配偶权利,同等承担法律规定的配偶义务;父和母、子和女同等适用规范家庭关系的法律规范;兄弟与姐妹、(外)祖父与(外)祖母在家庭中地位平等,同等条件下同等适用相关法律规范。

4. 保护妇女、儿童和老年人的合法权益原则

妇女、儿童和老年人是社会弱势群体,婚姻法确立保护妇女、儿童和老年人的合法权

益,既蕴含着对公平正义理念的坚持和发扬,也体现了社会主义制度下关怀妇女、爱护儿童、敬养老人的良好风尚。

> **小贴士**
>
> 根据《民法典》第1044条:收养应当遵循最有利于被收养人的原则,保障被收养人和收养人的合法权益。禁止借收养名义买卖未成年人。

二、亲属关系

(一) 亲属的概念

亲属的概念具有广义和狭义之分,广义的亲属是指一切基于婚姻、血缘或法律拟制而产生关系的人;狭义的亲属仅指基于婚姻、血缘或法律拟制而产生的且彼此间具有法律上的权利义务关系的人,这是法律意义上的亲属。

(二) 亲属的分类

根据《民法典》第1045条的规定,亲属包括配偶、血亲和姻亲。

其中,配偶,是指男女因结婚而互为配偶。血亲,是指有血缘关系的亲属。血亲主要分以下两类。

(1)根据血缘的来源不同分为自然血亲和法律拟制血亲。自然血亲,指因出生而形成的,源于同一祖先的有血缘关系的亲属。法律拟制血亲是指本无血亲间应当具有的血缘联系,但是由于法律确认其与血亲有同等法律地位的亲属。

(2)根据血缘的联系不同分为直系血亲和旁系血亲。直系血亲指有直接血缘联系的亲属,包括生育自己和自己所生育的上下各代的亲属;旁系血亲指有间接血缘联系,无任何生育关系的亲属之间的关系,即和自己同出一源的亲属。

姻亲,是指以婚姻关系为中介而产生的亲属。男女结婚以后,配偶一方与另一方的亲属之间产生姻亲关系。根据姻亲间联系的环节,姻亲分为三种:血亲的配偶(如儿媳、女婿等)、配偶的血亲(如公婆、岳父母等)、配偶的血亲的配偶(如丈夫的兄弟的妻子等)。

(三) 亲属关系的发生、终止及其法律效力

1. 亲属关系的发生

(1)姻亲关系的发生:男女因为缔结婚姻而产生配偶关系,结婚是一种民事法律行为。根据《民法典》的相关规定,予以结婚登记、发给结婚证为配偶关系发生的依据。

(2)血亲关系的发生:自然血亲的发生以出生为唯一根据,而拟制血亲的发生以收养子女的法律行为而产生,也就是必须符合收养条件并遵循收养的程序,办理收养登记或者收养公证才发生拟制血亲的法律效力。

(3)姻亲关系的发生:姻亲是以婚姻关系和血缘两种事实为中介形成的,男女结婚是

产生姻亲的主要原因。但是婚姻双方当事人必须有自己的血亲的存在,才能够发生姻亲关系。

2. 亲属关系的终止

(1)配偶关系因一方死亡或离婚而终止。离婚导致配偶之间关系的绝对消灭,即身份关系和权利义务关系均消灭。

(2)亲属关系的终止是指一定的法律事实的出现而使亲属之间身份关系和权利义务关系消灭。自然血亲关系因死亡而终止。拟制血亲关系除因死亡而终止外,还可因法律行为而终止,如解除收养关系。

(3)姻亲关系可因离婚或一方死亡而终止,离婚以后一方与他方亲属之间的姻亲关系自然消灭。

3. 亲属关系的法律效力

亲属关系的法律效力是一定范围内的亲属所具有的法定权利、义务关系以及其在法律上发生的其他效果,亲属的法律效力在诸多法律中都有所表现。

(1)在婚姻家庭法上的效力:一定范围内的亲属有相互扶养的义务,相互继承遗产的权利;一定范围内亲属具有法定共同财产,如婚姻关系存续期间所得的财产归夫妻共同所有;一定范围内血亲禁止结婚;特定亲属代为承担民事责任,如未成年子女造成国家、集体或者他人损失时,其父母负担民事责任。

(2)在其他民事法律上的效力:亲属可以作为特定法律主体的监护人或者法定代理人,享有监护权、代理权;一定范围内的近亲属可以向法院申请精神病人为无完全民事行为能力人;根据一定的亲属关系,确定法定继承人的范围和顺序;特定监护人代被监护人承担民事责任;亲属享有对失踪人的财产代管权。

(3)在刑法上的效力:某些犯罪的构成,必须以具有一定的亲属关系为条件。如《刑法》规定的虐待罪与遗弃罪;亲属关系在刑法上受到特殊保护,如暴力干涉婚姻罪、破坏军婚罪等;亲属在法定的条件下有告诉权,如告诉才处理的犯罪。

(4)在诉讼法上的效力:一定范围的亲属身份是司法人员回避的原因;亲属在诉讼过程中,享有辩护权和代理权;没有诉讼行为能力的当事人的,可以由其取得法定代理人身份的亲属代为进行民事诉讼活动;有权提出行政诉讼的公民死亡,其近亲属可以提起诉讼;死亡人的名誉、著作等受到侵害,其近亲属可以提起诉讼。亲属在诉讼过程中也负有一定的义务,如亲属有义务协助司法机关处理刑事案件中的送达传票、搜查、尸体解剖,也有义务协助执行人民法院的判决和裁定。

二、婚姻的成立

(一)结婚的概念和特征

结婚,是指男女双方依据法律规定的条件和程序,确立夫妻关系的民事法律行为。

结婚具有下述特征:结婚行为是一种法律行为,当事人必须遵守法律规定的结婚条件和结婚程序;结婚行为的主体必须为男女两性;结婚行为的后果是确立夫妻关系,相互享有和承担法律规定的权利和义务。

(二) 结婚的条件

1. 结婚条件的分类

结婚作为一种民事法律行为,其成立和生效必须符合一定的条件,与一般民事法律行为不同的是,结婚的成立要件与生效要件没有明确区分,在我国一般都称之为结婚的成立条件。结婚的成立条件从不同角度可以做不同的分析。

(1)公益条件和私益条件。

公益条件是指涉及社会公共利益的条件,即与公共利益有关的条件,如结婚双方必须达到法定婚龄、不得重婚等。私益条件是指涉及个人利益的条件,即与当事人有关而不涉及社会公共利益的要件,如当事人的合意等,体现的是个人的意思自治,而不受公权力的干预。

(2)结婚的实质条件和形式条件。

结婚的实质条件是指婚姻当事人以及双方之间的关系,必须符合法律规定的结婚条件。一般包括当事人必须具备的无配偶身份,一定的年龄,婚姻的意思表示和行为能力等。结婚的形式要件,是指婚姻成立的方式或程序必须符合法律规定的条件。婚姻成立的方式,是指结婚必须履行一定的程序,符合一定的方式,法定的结婚程序是婚姻成立的必要条件。

(3)结婚的必备条件和禁止条件。

这是对结婚的实质条件的进一步分类。必备条件又称积极条件,是指结婚当事人必须具备的条件,只有具备这些条件,才可以结婚。禁止条件又称消极条件,是指阻却婚姻成立的客观情况,如当事人之间存在一定的亲属关系等。

2.《民法典》中关于结婚条件的规定

按照《民法典》中的相关规定,结婚条件的必备要件包括男女双方完全自愿,必须达到法定婚龄以及符合一夫一妻制;禁止条件指直系血亲和三代以内旁系血亲禁止结婚。《民法典》不再将"患有医学上认为不应当结婚的疾病"作为禁止结婚的情形,而是在第1053条、第1054条规定:一方隐瞒重大疾病的,另一方可以向人民法院请求撤销婚姻,并且有权请求损害赔偿。

(三) 结婚的程序

结婚的程序即结婚的形式要件,也就是婚姻成立的法定手续,法律规定的结婚必须采用的形式。根据民事法律行为的一般理论,结婚属于要式行为。根据我国相关法律的规定,结婚的男女双方必须亲自到婚姻登记机关进行结婚登记。符合法律规定的,予以登记,发给结婚证。取得结婚证,即确立夫妻关系。

(四) 无效婚姻和可撤销婚姻

《民法典》第1051条规定的婚姻无效的情形包括：重婚；有禁止结婚的亲属关系；未到法定婚龄。根据《民法典》第1052条、第1053条的规定，因胁迫结婚或者一方患有重大疾病却隐瞒的，为可撤销婚姻。

无效的或者被撤销的婚姻自始没有法律约束力，当事人不具有夫妻之间的权利和义务。同居期间所得的财产，由当事人协议处理；协议不成的，由人民法院根据照顾无过错方的原则判决。对重婚导致的无效婚姻的财产处理，不得侵害合法婚姻当事人的财产权益。当事人所生的子女，适用《民法典》关于父母子女的规定。婚姻无效或者被撤销的，无过错方有权请求损害赔偿。

三、婚姻的效力

婚姻的效力有广义和狭义之分。广义的婚姻效力泛指因婚姻成立而产生的一切法律后果。狭义的婚姻效力是指婚姻成立在婚姻家庭法上的效力。狭义的婚姻效力又可进一步分为直接效力和间接效力。前者是指因婚姻成立而产生的夫妻间的权利义务关系；后者是指因婚姻成立而产生的与第三人的权利义务关系。此处所称的婚姻效力仅指我国婚姻家庭法所确定的夫妻间的权利义务关系，即婚姻的直接效力。

婚姻的效力根据其权利义务的性质，可分为两方面：一是婚姻在身份上的效力，即夫妻人身关系，主要包括姓名权、人身自由权、婚姻住所商定权、日常家事代理权等内容；二是婚姻在财产上的效力，即夫妻财产关系，主要包括姓名权、人身自由权、婚姻住所商定权、日常家事代理权等内容。

小贴士

《民法典》第1060条【日常家事代理权】：夫妻一方因家庭日常生活需要而实施的民事法律行为，对夫妻双方发生效力，但是夫妻一方与相对人另有约定的除外。

四、婚姻的终止

(一) 婚姻终止的方式

婚姻的终止是指合法的夫妻关系因发生一定的法律事实而归于消灭。婚姻终止因两种法律事实的发生而发生。一是配偶死亡，配偶死亡又可分为自然死亡和宣告死亡。二是离婚，离婚是配偶生存期间解除婚姻关系的法律手段。

(二) 离婚的分类及效力

离婚是夫妻依照法定的条件和程序解除婚姻关系的民事行为，可做如下分类：按照当事人对于离婚的态度，可以分为双方自愿离婚和一方要求离婚；按照处理离婚问题的法定程序,可以分为依行政程序离婚和依诉讼程序离婚。

离婚的效力主要体现在:离婚当事人之间的人身关系解除;按照夫妻均等分割以及适当照顾女方和子女利益的原则分割婚姻存续期间的财产;离婚不会导致父母子女关系发生变化。

(三) 关于离婚的特殊规定

(1)离婚冷静期:《民法典》规定了提交离婚登记申请后30日的离婚冷静期,在此期间,任何一方可以向登记机关撤回离婚申请。

(2)关于离婚诉讼中"久调不判"的解决:《民法典》规定,经人民法院判决不准离婚后,双方又分居满一年,一方再次一起离婚诉讼的,应当准予离婚。

(3)关于离婚负债的辨析:《民法典》明确了夫妻共同债务的范围,夫妻一方在婚姻关系存续期间以个人名义超出家庭日常生活需要所负的债务,不属于夫妻共同债务;但是,债权人能够证明该债务用于夫妻共同生活、共同生产经营或者基于夫妻双方共同意思表示的除外。

(4)关于子女抚养:离婚案件中2周岁以下子女抚养权不再有争议,《民法典》将现行婚姻法规定的"哺乳期内的子女,以随哺乳的母亲为原则"修改为"不满两周岁的子女,由母亲直接抚养为原则",以增强离婚案件中抚养权确定的可操作性。

(5)其他特殊规定:现役军人的配偶要求离婚,需征得军人同意,但军人一方有重大过失的除外;女方在怀孕期间、分娩后1年内或中止妊娠后6个月内,男方不得提出离婚,女方提出离婚的,或人民法院认为确有必要受理男方离婚请求的,不在此限。

> **小贴士**
>
> 《民法典》第1064条【夫妻共同债务】:夫妻双方共同签名或者夫妻一方事后追认等共同意思表示所负的债务,以及夫妻一方在婚姻关系存续期间以个人名义为家庭日常生活需要所负的债务,属于夫妻共同债务。
>
> 夫妻一方在婚姻关系存续期间以个人名义超出家庭日常生活需要所负的债务,不属于夫妻共同债务;但是,债权人能够证明该债务用于夫妻共同生活、共同生产经营或者基于夫妻双方共同意思表示的除外。

五、收养制度

(一) 收养的含义

收养是指公民依法领养他人子女为自己子女,从而在原本没有父母子女关系的收养人与被收养人之间建立拟制亲子关系的民事法律行为。除法律特殊规定外,被收养人包括:丧失父母的孤儿;查找不到生父母的未成年人;生父母有特殊困难无力抚养的子女;送养人包括:孤儿的监护人;儿童福利机构;有特殊困难无力抚养子女的生父母。

(二) 收养的效力

自收养关系成立之日起,养父母与养子女间的权利义务关系,适用《民法典》关于父母子女关系的规定;养子女与养父母的近亲属间的权利义务关系,亦适用《民法典》关于子女与父母的近亲属关系的规定。同时,养子女与生父母以及其他近亲属间的权利义务关系,因收养关系的成立而消除。

(三) 收养关系的解除

收养人在被收养人成年以前,不得解除收养关系,但收养人、送养人双方协议解除的除外,养子女8周岁以上的,应当征得本人同意。收养人不履行抚养义务,有虐待、遗弃等侵害未成年养子女合法权益行为的,送养人有权要求解除养父母与养子女间的收养关系。送养人、收养人不能达成解除收养关系协议的,可以向人民法院提起诉讼。另外,养父母与成年养子女关系恶化、无法共同生活的,可以协议解除收养关系,如不能达成协议,可以向人民法院提起诉讼。

解除收养关系后的法律效力包括身份效力和财产效力:一方面,收养关系解除后,养子女与养父母以及其他近亲属间的权利义务关系即行消除,与生父母以及其他近亲属间的权利义务关系自行恢复。但是,成年养子女与生父母以及其他近亲属间的权利义务关系是否恢复,可以协商确定;另一方面,收养关系解除后,经养父母抚养的成年养子女,对缺乏劳动能力又缺乏生活来源的养父母,应当给付生活费。因养子女成年后虐待、遗弃养父母而解除收养关系的,养父母可以要求养子女补偿收养期间支出的抚养费。

小贴士

《民法典》第1102条【无配偶者收养异性子女】:无配偶者收养异性子女的,收养人与被收养人的年龄应当相差40周岁以上。

第九节 继承

现代社会中的继承主要指的是财产继承,继承法是民法制度的重要内容。

一、继承法概述

(一) 继承法的性质

继承法的性质是指继承法的本质特性,从不同的角度考察,可以得出对继承法性质较为全面的认识。

1. 从公私法划分的角度来看,继承法是私法

调整私人财产继承关系的法律规范都是私法,继承法是私法的基本制度之一。明确继承法的私法属性,有助于对私人财产权的保护。继承法调整的是被继承人生前所有的财产如何移转的法律制度,被继承人的遗产是其合法拥有的私有财产,法律要保障这种私有财产权按照被继承人明示或默示的意愿转归继承人继受。

2. 从普通法与特别法的划分标准来看,继承法属于普通法

根据法律的适用范围是否有特别的限制,可以将法律划分为普通法和特别法。继承法适用于国内的一切自然人,任何自然人都有继承的资格,都受到继承法的平等保护,因此继承法是普通法。

3. 从实体法与程序法划分的角度看,继承法属于实体法

继承法是规范继承法律关系主体在遗产移转过程中权利义务关系的法律制度,应当居于实体法规范。继承法中各主体权利义务的实现有赖于作为程序法的民事诉讼法的保障。

4. 从法律规范的性质来看,继承法主要是强行法

为保证被继承人的遗产得以顺利移转,法律对继承人的范围和顺序、遗产清算和分割等作了强制性的规定,当事人不得任意加以变更,因此继承法属于强行法。

5. 从法律规范的调整对象看,继承法是财产法

现代社会的继承法主要是处理如何移转被继承人遗产的财产法。但由于这种财产移转关系主要是因为被继承人与继承人之间存在一定的亲属关系而产生的,因此,与其他财产移转方式不同,继承法有其特殊性,并不具有等价有偿的性质。

(二) 继承法的基本原则

1. 保护公民私有财产继承权原则

我国《宪法》规定:"国家依照法律规定保护公民的私有财产权和继承权。"强调了对公民私有财产权和继承权的保护。《民法典》第1120条规定:"国家保护自然人的继承权。"根据《宪法》保护公民私有财产继承权的基本原则,《民法典》一方面确认公民依法享有并行使私有财产继承权,另一方面对继承权提供各种法律救济,具体体现为:保障公民继承权不被非法剥夺;保障公民继承权的有效行使;遗产受到他人非法损害或继承权受到他人侵害时,继承权人在法律规定的期间内可以通过诉讼程序请求人民法院予以保护等。

2. 继承权男女平等原则

男女平等是我国社会主义法律制度的基本特征,民法中的继承权男女平等原则主要体现在以下几方面。

其一,法定继承中的男女平等,在确定法律继承人的范围和顺序上男女平等。

其二,遗嘱继承中的男女平等,公民可以依法立遗嘱处分个人财产,不论是男性还是女性都有权以各种形式处分其遗留财产,无论是男性或女性都可以作为遗嘱继承人或受遗赠人。

其三,夫妻在继承方面的平等权利,在法定继承中,夫妻之间互为第一顺序的法定继承人,夫妻在婚姻关系存续期间所得的共同所有的财产,除有约定的以外,如果分割遗产,应当先将共同所有的财产的一半分出为配偶所有。

3. 养老育幼原则

我国《宪法》规定:"婚姻、家庭、母亲和儿童受国家的保护。"《民法典》虽未明确规定养老育幼原则,但其具体规范内容始终体现着养老育幼的立法目的和基本精神。继承法规定,对于那些生活困难、缺乏劳动能力而又没有生活来源的继承人,要给予特别照顾,例如:在遗产继承中,遗嘱应当对缺乏劳动能力又没有生活来源的继承人保留必要的遗产份额;在遗产分割时,应当保留胎儿的继承份额;丧偶儿媳对公、婆,丧偶女婿对岳父、岳母,尽了主要赡养义务的,作为第一顺序继承人等。

4. 互谅互让、和睦团结原则

继承法中的互谅互让、和睦团结原则主要体现在以下几方面。

其一,继承人在行使继承权时,应当本着互谅互让、和睦团结的精神,协商处理继承问题;对于遗产分割的时间、办法和份额,由继承人协商确定;协商不成的,可以由人民调解委员会调解或者向人民法院提起诉讼,不得以其他非法手段侵害他人的继承权,破坏继承人之间的和睦团结关系,影响家庭和社会的稳定。

其二,为维护互谅互让、团结和睦的家庭关系,对于那些严重违背该原则的继承人,如为继承遗产杀害其他继承人的,伪造、篡改或销毁遗嘱情节严重的,法律规定其丧失继承权。

5. 限定继承原则

限定继承原则是指继承人以其继承的被继承人的遗产的价值为限清偿被继承人生前个人债务的原则。我国继承法在继承方式上实行概括继承,即继承人不仅继承被继承人的财产所有权,还要对被继承人生前所发生的债务承担清偿责任。

6. 权利义务相一致原则

权利义务相一致原则是继承人之间处理继承问题和人民法院审理继承案件的经验总结,在继承法中主要体现在以下几方面。

其一,在继承人范围的确定上,丧偶儿媳对公、婆,丧偶女婿对岳父、岳母,尽了主要赡养义务的,作为第一顺序继承人。继承人虐待、遗弃、故意杀害被继承人的,则丧失继承权。

其二,在继承份额的分配上,对被继承人尽了主要扶养义务或者与被继承人共同生活的继承人,分配遗产时,可以多分。

其三,遗嘱继承或者遗赠附有义务的,继承人或者受遗赠人应当履行义务。没有正当理由不履行义务的,经有关单位或者个人请求,人民法院可以取消他接受遗产的权利。

【延伸阅读】

《民法典》第1119条【继承编的调整范围】:本编调整因继承产生的民事关系。
《民法典》第1120条【继承权受国家保护】:国家保护自然人的继承权。
《民法典》第1122条【遗产的定义】:遗产是自然人死亡时遗留的个人合法财产。

二、法定继承

(一) 法定继承的概念及适用情形

法定继承指直接依照法律的规定来确定遗产分配的原则、继承人的范围、继承顺序、继承份额以及继承程序的一种继承方式。法定继承最主要的特征就是法定性,即与继承相关的事项通常都是由法律直接作出规定。被继承人无法以自己的意愿加以排除,正因如此,法定继承在适用时要劣后于以意思自治为基础的遗嘱继承。

法定继承仅在没有遗嘱继承的情况下才可以适用。适用范围具体包括:被继承人生前未立遗嘱,其全部遗产都适用法定继承;被继承人立有遗嘱,对其全部遗产进行了安排,但该遗嘱存在全部或部分无效的情形,对于无效部分所涉的遗产,应当适用法定继承;被继承人虽然立有遗嘱,但遗嘱中只对部分遗产进行了处理,对其他未处分遗产,应适用法定继承;被继承人在遗嘱中指定了继承人或受遗赠人,但该被指定之人放弃或因某种原因丧失了继承权或受遗赠权,对于放弃或丧失继承权、受遗赠权的部分所涉遗产,应当适用法定继承;被继承人立有遗嘱,但在遗嘱中指定的继承人或受遗赠人先于被继承人死亡,他们本应继承或受遗赠的遗产应当适用法定继承。

(二) 法定继承人的范围和顺序

1. 法定继承人的范围

依照我国继承法的相关规定,法定继承人的范围是被继承人的配偶、子女、父母、兄弟姐妹、祖父母(外祖父母),同时,丧偶的儿媳或女婿对公婆或岳父母尽到主要赡养义务,以及形成抚养关系的继子女和继父母,也可以作为第一顺序的法定继承人。

作为法定继承人的配偶,必须在被继承人死亡、继承开始之时与被继承人之间存在合法有效的婚姻关系。根据我国继承法规定,作为法定继承人的子女包括婚生子女、非婚生子女、养子女和有抚养关系的继子女;同样,父母也应当包括生父母、养父母和有抚养关系的继父母。作为法定继承人的兄弟姐妹既包括同父母的兄弟姐妹,也包括同父异母或同母异父的兄弟姐妹,还包括具有拟制血缘关系的养兄弟姐妹,以及有抚养关系的继兄弟姐妹。祖父母、外祖父母的继承权包括对亲生孙子女、外孙子女的继承权,对养子女的亲生子女及养子女的继承权,以及对有抚养关系的继子女的亲生子女和养子女的继承权。

2. 法定继承人的顺序

(1)法定继承人顺序的含义与确定原则。

在被继承人死亡时,只有前一顺位的法定继承人不存在或是全部放弃或丧失继承权的时候,后一顺位的法定继承人才可以继承遗产,这种由法律确定的继承的先后次序就是法定继承人的顺序。

在确定法定继承人的顺序时,各国一般都要综合考虑法定继承人与被继承人之间的血缘关系、婚姻关系和抚养关系。与被继承人血缘关系近的继承人,其继承顺序就比较靠前,血缘关系远的,继承顺序就相对靠后;配偶与被继承人共同生活、相互扶助,以婚姻关系作为确定法定继承顺序的依据理所应当;以抚养关系作为确定继承顺序的基础,则意味着抚养关系密切,生活上相互依赖程度强的法定继承人,其继承顺序靠前,反之则靠后。

(2)我国法定继承人的顺序。

按照我国现行法律,法定继承人第一顺序为配偶、子女、父母,第二顺序为兄弟姐妹、祖父母、外祖父母。

3. 法定继承人的应继份

在遗产的继承中,如继承人的人数为一人,则由其取得全部的遗产,不存在遗产的份额问题;但若存在两个以上的继承人对遗产进行共同继承,就要确定各继承人取得被继承人的财产权利和义务的比例,即遗产继承的应继份。遗嘱继承中,继承人的应继份由被继承人指定,而在法定继承中,应继份由法律直接规定,因此也被称为法定应继份。

在确定血亲应继份时,基于继承权男女平等原则,按照继承法的相关规定,同一顺序继承人继承遗产的份额原则上均等。

【延伸阅读】

《民法典》第1127条【法定继承人的范围及继承顺序】:遗产按照下列顺序继承:

(一)第一顺序:配偶、子女、父母;

(二)第二顺序:兄弟姐妹、祖父母、外祖父母。

继承开始后,由第一顺序继承人继承,第二顺序继承人不继承;没有第一顺序继承人继承的,由第二顺序继承人继承。

本编所称子女,包括婚生子女、非婚生子女、养子女和有扶养关系的继子女。

本编所称父母,包括生父母、养父母和有扶养关系的继父母。

本编所称兄弟姐妹,包括同父母的兄弟姐妹、同父异母或者同母异父的兄弟姐妹、养兄弟姐妹、有扶养关系的继兄弟姐妹。

小贴士

《最高人民法院关于适用〈中华人民共和国民法典〉继承编的解释(一)》的相关规定:

第10条:被收养人对养父母尽了赡养义务,同时又对生父母扶养较多的,除可以依照《民法典》第1127条的规定继承养父母的遗产外,还可以依照《民法典》第1131条的规定分得生父母适当的遗产。

第 11 条：继子女继承了继父母遗产的，不影响其继承生父母的遗产。

继父母继承了继子女遗产的，不影响其继承生子女的遗产。

第 12 条：养子女与生子女之间、养子女与养子女之间，系养兄弟姐妹，可以互为第二顺序继承人。被收养人与其亲兄弟姐妹之间的权利义务关系，因收养关系的成立而消除，不能互为第二顺序继承人。

第 13 条：继兄弟姐妹之间的继承权，因继兄弟姐妹之间的扶养关系而发生。没有扶养关系的，不能互为第二顺序继承人。继兄弟姐妹之间相互继承了遗产的，不影响其继承亲兄弟姐妹的遗产。

(三) 代位继承和转继承

1. 代位继承

《民法典》颁布以前，代位继承仅指被继承人的子女先于被继承人死亡，由死亡子女的晚辈直系血亲代替继承被继承人遗产的一种法定继承方式。现行《民法典》将代位继承人范围扩展至侄、甥，即被继承人的兄弟姐妹先于被继承人死亡的情形，使被继承人的侄、甥获得第二顺位法定继承人资格，突破了原先晚辈直系血亲的限制。

代位继承本质上是继承顺序的提前，因此，在代位继承的份额上应当按照原有的继承顺序来确定，即代位继承人只能继承被代位继承人的应继份，而不能相与被代位继承人处于同一顺位的其他继承人平均分配，按照《民法典》第 1128 条的规定，代位继承人一般只能继承被代位继承人有权继承的遗产份额。此外，当代位继承人有数人时，应当平均分配被代位继承人的应继份。

遗嘱继承和遗赠不适用代位继承制度。在遗嘱继承和遗赠中，如果遗嘱或遗赠人指定的继承人（受遗赠人）先于被继承人（遗赠人）死亡或丧失了继承权（受遗赠权），则遗嘱或遗赠即归于失效，该继承人（受遗赠人）的应继份应当按照法定继承的方法来处理。

2. 转继承

转继承是指继承人在继承开始后，遗产分割以前死亡，其应继承的遗产转由他的法定继承人继承的制度。据此，转继承的适用条件包括如下几方面。

(1) 被转继承人在被继承人死亡后，遗产未分割前死亡。

转继承制度中，对被转继承人的死亡时间有着严格的限制，即被继承人死亡之后，遗产分割之前的这段时间，如果被继承人的继承人在被继承人死亡之前已经死亡，就应当适用代位继承而不是转继承制度。如被继承人的继承人在遗产分割之后死亡的，这时他已经继承了应有的遗产份额，在其死后，当然地成为他的遗产，直接按照法定继承或遗嘱继承进行处理即可，也无须特别强调适用转继承制度。

(2) 被转继承人没有放弃、拒绝或丧失继承权。

鉴于在转继承制度中，被转继承人于死亡时已经取得了现实的继承权，转继承人实际上取得的是被转继承人的应继份，很显然，只有在被转继承人享有并接受继承权的情况下,转继承人才能现实地获得被转继承人的应继份,如继承人已经放弃、拒绝或丧失了继承权,则不存在转继承的可能。

(3)转继承人为被转继承人的继承人。

转继承实质上是对被转继承人应继份的再继承,因此,能够成为转继承人的主体之范围是确定的,即转继承人必然具备被转继承人的继承人资格。当被转继承人没有留下合法有效的遗嘱时,转继承人是被转继承人的第一顺位继承人,如无第一顺位继承人,则由第二顺位继承人进行继承;当被转继承人留有合法有效的遗嘱时,转继承人就是被转继承人的遗嘱继承人。

3. 代位继承和转继承的主要区别

两者的区别主要体现在以下方面。

(1)发生时间不同,代位继承是被代位继承人先于被继承人死亡时发生,转继承是被转继承人于被继承人死亡后,遗产分割之前死亡而发生。

(2)主体范围不同,代位继承人只能是被继承人的晚辈直系血亲,转继承人可以是被继承人的晚辈直系血亲,也可以是被继承人的其他法定继承人。

(3)适用范围不同,代位继承只适用于法定继承,转继承既适用于法定继承,又可适用于遗嘱继承。

(4)性质不同,代位继承人是代替被代位继承人的地位参加继承,行使的是对被继承人遗产的继承权,转继承人享有的是分割被继承人遗产的权利,实际上是同一部分遗产发生两次连续的继承。

【延伸阅读】

《民法典》第1128条【代位继承】:

被继承人的子女先于被继承人死亡的,由被继承人的子女的直系晚辈血亲代位继承。

被继承人的兄弟姐妹先于被继承人死亡的,由被继承人的兄弟姐妹的子女代位继承。

代位继承人一般只能继承被代位继承人有权继承的遗产份额。

【案例 4-12】

陈某与妻子沈某育有一子陈甲,陈甲与妻子周某育有一女陈乙。2018 年,陈某因病去世,沈某和陈甲没有分割陈某的遗产。2019 年,陈甲因交通事故去世。沈某认为,陈某是其丈夫,陈甲是其儿子。在丈夫去世后,自己和儿子陈甲继承陈某的遗产,现在丈夫去世不久儿子也去世了,应当由自己一个人继承陈某的遗产。周某和陈乙对此有异议,向法院提起诉讼。

法院审理认为,陈某未留下遗嘱,陈某去世后,沈某和陈甲均未书面放弃继承权,因此，陈某的遗产应当按照法定继承方式，由沈某和陈甲继承。沈某和陈甲尚未分割遗产，陈甲即去世，按照转继承的规定，陈甲应分得的遗产份额应由陈甲的继承人继承。陈甲的继承人是其母亲沈某、妻子周某以及女儿陈乙，因此陈甲应从陈某遗产中分得的财产转由沈某、周某、陈乙继承。据此，判决支持周某、陈乙的诉讼请求。

【案例分析】

本案是典型的转继承案例。陈某的继承人是妻子沈某和儿子陈甲，陈某去世后，二人尚未分割遗产，陈甲即去世，陈甲应当取得的遗产转由陈甲自己的继承人取得。而陈甲的继承人是其母亲沈某、妻子周某以及女儿陈乙，因此，沈某认为陈某的所有遗产都由其继承是不符合《民法典》规定的。当然，如果陈甲明确放弃了对陈某遗产的继承，或者陈某留下遗嘱对转继承进行限制，则本案将不能适用转继承制度，沈某有可能取得全部遗产。本案出现了儿媳继承公公遗产的情形。原则上儿媳不属于公婆的法定继承人，除《民法典》第1129条规定的情形外，儿媳无权基于法定继承取得去世公婆遗产。

公婆的遗嘱如果规定儿媳可以继承遗产，实际上是将遗产留给继承人以外的人，属于遗赠，儿媳基于遗赠可以取得遗产。本案的儿媳周某不属于上述任一情形，继承公公遗产就是代位继承和转继承接续生效的作用，法院最终是以转继承的规定认定其有权继承。

在《民法典》继承编中有许多法律制度，这些法律制度的核心就是遗产的流转途径和份额，在相对复杂的案件中，各个法律制度各司其职，综合发挥作用，最终可能形成一些超出惯常观念的结果。所以《民法典》的每一条规定都不是孤立的，仅依据某一条法律规定解读，可能会产生一叶障目的结果。

三、遗嘱继承

(一) 遗嘱继承的概念和特点

遗嘱继承也称指定继承、意定继承，它是指由被继承人在生前立下遗嘱，对其死后遗产的处理及其他相关事宜作出安排，于其死后依照该遗嘱对其遗产进行分配的一种继承方式。其中，生前立下遗嘱的被继承人为遗嘱人，遗嘱所指定的享有继承权的人为遗嘱继承人。遗嘱在性质上是遗嘱人的一种单方意思表示，于遗嘱人死亡时发生效力，不以遗嘱到达被指定的继承人或被指定继承人接受作为生效条件。

同法定继承相比，遗嘱继承具有如下基本特征。

(1)法定继承只以被继承人的死亡作为继承开始的要件，而遗嘱继承不仅要有遗嘱人死亡的事实，同时还要求遗嘱人在生前立有合法有效的遗嘱，这两个要件缺一不可，遗嘱人未立遗嘱或遗嘱不合法或无效，只能按照法定继承来处理。

(2)法定继承具有较强的法定性，其虽可以在一定程度上体现被继承人的意志，但很多时候，并不完全符合被继承人的意思；遗嘱继承则不同，在遗嘱继承中，起决定性作用的就是由遗嘱人自己所立的遗嘱,无论是继承人的范围、继承的顺序、继承的份额,还是继承的程序、继承执行人的指定等,均由遗嘱人在遗嘱中作出自由安排,因而可以充分地体现出遗嘱人的自由意志。

(3)遗嘱继承优先于法定继承适用。在我国,遗嘱继承的继承人范围同法定继承的继承人范围相同,所不同的是,遗嘱继承不受法定继承中继承顺序的限制,可由遗嘱人任意指定法定继承人中的一人或数人继承其遗产。因此,与法定继承相比,遗嘱继承更多地体现出了遗嘱人的自由意志,应当优先于法定继承适用,法定继承只在遗嘱继承不适用的场合才可以发挥作用。

(二)遗嘱继承的适用条件

遗嘱继承的适用条件主要包括以下几方面。

1. 遗嘱人死亡

对于继承制度而言,被继承人的死亡是继承开始的必备要件,不论是遗嘱继承、法定继承还是遗赠,皆是如此。因此,适用遗嘱继承的首要条件就是遗嘱人死亡。

2. 遗嘱人生前立下遗嘱,且合法有效

决定遗嘱继承的关键要素是遗嘱,因此,遗嘱人必须在生前已经立下了遗嘱,并且遗嘱是合法有效的。否则就不具有可执行的效力。

3. 指定继承人在继承开始时仍然生存

遗嘱人在遗嘱中指定的继承人必须在遗嘱人死亡、继承开始时仍然生存,如指定的继承人先于遗嘱人死亡,则遗嘱将会因继承人缺位而无法实现,如死亡的继承人为指定继承人中的一人或部分,则其应继承的遗产份额按法定继承来处理,如被指定的继承人全部死亡,则遗嘱继承不复存在,在遗嘱人没有另行修改或制定新遗嘱的情形下,其遗产应完全按照法定继承加以处理。

4. 指定继承人未放弃或丧失继承权

除了在继承开始时仍然生存的条件外,遗嘱所指定的继承人只有在没有放弃或丧失继承权的情况下才会真正地成为现实的继承人,如其放弃或因某种法定事由丧失了继承权,则其应继份也应按照法定继承来处理。

(三)遗嘱能力

立遗嘱行为是遗嘱人所作的单方要式法律行为,于遗嘱人死亡之时开始生效、遗嘱除了必须由遗嘱人本人作出,不得代理外,还要求遗嘱人在立遗嘱时具备必要的遗嘱能力,即通过立遗嘱的方式对自己死后的财产进行自由处分的资格。按照我国民法的相关规定,18周岁以上理智健全的完全民事行为能力人以及16周岁以上不满18周岁但以自己的劳动收入作为主要生活来源的未成年人有权立遗嘱。无民事行为能力人或限制行为能力人所立的遗嘱无效。

(四)遗嘱

遗嘱自由为一般原则,但同时受到以下限制:遗嘱不得违背社会公德;遗嘱应当对缺乏劳动能力又没有生活来源的继承人保留必要的遗产份额;遗产分割时,应当保留胎儿的继承份额。遗嘱包括公证遗嘱、自书遗嘱、代书遗嘱、录音遗嘱及口头遗嘱。遗嘱的有效条件包括:遗嘱人立遗嘱时必须具有遗嘱能力(完全民事行为能力人);遗嘱必须是遗嘱人的真实意思表示;遗嘱的内容必须合法;遗嘱的形式必须符合法律规定。

《民法典》第1136条、第1137条相关规定,增设了打印遗嘱与录像遗嘱两种法定遗嘱形式;为尊重遗嘱人的真实意愿,《民法典》第1135条、第1141条相关规定废除了公证遗嘱效力优先规则,以更好地保护民法当事人意思自治原则。

【案例4-13】

韩先生作为家中的小儿子,在父亲年老多病时一直在病榻前陪伴、照顾父亲。韩父生前立下遗嘱,指定其名下的房屋由韩先生一人继承。但是由于这份遗嘱为打印而成,一审法院认为其不符合《继承法》规定的法定遗嘱形式,认定遗嘱无效,遂按照法定继承的方式将韩父的遗产在众多子女中进行分割,韩先生仅分得24%的份额。韩先生不服一审判决,提起上诉。

二审审理中发现,该遗嘱是根据被继承人的要求打印而成,在被继承人签订遗嘱时有两名无利害关系的见证人在场见证。遗嘱全文仅有一页,被继承人及两名见证人均签字捺印,落款处注明日期,并有录像予以佐证。合议庭认为,韩先生提交的遗嘱符合《民法典》第1136条关于打印遗嘱的规定,应为合法有效。于是,合议庭对该案进行了改判,遵照打印遗嘱的内容对遗产进行处理,判决诉争房屋由韩先生一人继承。

【案例分析】

本案一审判决时,适用的法律是1985年施行的《继承法》。该《继承法》仅规定了5种遗嘱形式,即自书遗嘱、代书遗嘱、口头遗嘱、录音遗嘱和公证遗嘱,当时打印机等设备尚未普及,所以法律并未就打印遗嘱作出单独规定。随着社会的发展,电脑、打印机等物品已经是触手可及的设备,而且电脑书写、打印机打印更加快捷、方便,所以打印遗嘱正越来越多地被呈现在法庭之上,其形式、效力成为争议的焦点。

现行《民法典》新设了有关打印遗嘱的规定。《民法典》第1136条规定:"打印遗嘱应当有两个以上见证人在场见证。遗嘱人和见证人应当在遗嘱每一页签名,注明年、月、日。"充分体现了《民法典》对时代发展的回应,定纷止争,明确了裁判标准。

关于打印遗嘱的理解与适用,须要注意以下三点:

第一,遗嘱人和见证人应在遗嘱的每一页都签名,并注明年、月、日。由于打印遗嘱使用的是电脑字库中的字体,不同于传统的手写体,无法体现书写笔迹的一致性,为了保证打印遗嘱的内容不至于被他人伪造、篡改,所以如果遗嘱在打印出来后不止一页,遗嘱人和见证人应当在遗嘱的每一页上都签名并注明年、月、日。

第二，打印遗嘱订立时要求有两个以上的见证人在场见证。因为打印遗嘱容易被伪造，而且签名的字数较少，容易被模仿，因此本条规定需要有两个以上的见证人，以达到相互监督的效果。

第三，应当注意适用《民法典》的时间效力的问题。《最高人民法院关于适用〈中华人民共和国民法典〉时间效力的若干规定》第15条明确规定："《民法典》施行前，遗嘱人以打印方式立的遗嘱，当事人对该遗嘱效力发生争议的，适用《民法典》第1136条的规定，但是遗产已经在《民法典》施行前处理完毕的除外。"也就是说，无论是何时订立的打印遗嘱，只要在遗产尚未处理完毕的案件中，均应当适用《民法典》的新规定来审查打印遗嘱的效力。但是，如果遗产已经处理完毕，那么即便当时没有认可打印遗嘱的效力，或者当时认可了遗嘱的效力，也不会因为《民法典》的实施发生改变。如此，既彰显了《民法典》的制度价值，又不违背当事人基于原有法律所形成的合理预期。

四、遗赠与遗赠抚养协议

（一）遗赠与遗赠抚养协议的含义

遗赠是公民以遗嘱的方式将个人合法财产的一部分或全部赠送给国家、集体组织或法定继承人以外的其他公民，并于遗嘱人死亡时发生效力的单方法律行为。遗赠与遗嘱继承最大的区别是：受遗赠人既可以是国家、集体组织，也可以是法定继承人以外的人，而遗嘱继承人只限于法定继承人中的一人或数人。

遗赠抚养协议是指受抚养人（遗赠人）和抚养人之间订立的，抚养人承担受抚养人的生养死葬的义务，受抚养人将自己的财产在其死后转归抚养人所有的协议。

（二）遗赠与遗赠抚养协议的区别

遗赠抚养协议和遗赠的区别包括：其一，法律行为的性质不同。遗赠抚养协议是双方法律行为，双务且有偿，遗赠是单方法律行为，单务且无偿。其二，发生效力的时间不同。遗赠抚养协议自订立起即对双方有法律约束力，遗赠是在遗赠人死后才生效的法律行为。其三，法律行为的主体资格不同，遗赠抚养协议的双方都具有相应的行为能力，而遗赠只需遗赠人具有民事行为能力即可。

五、遗产的处理

为确保遗产得到妥善管理、顺利分割，更好地维护继承人、债权人利益，《民法典》增加规定了遗产管理人制度，明确了遗产管理人的产生方式、职责和权利等内容。根据《民法典》第1147条的规定，遗产管理人应当履行下列职责：清理遗产并制作遗产清单；向继承人报告遗产情况；采取必要措施防止遗产毁损、灭失；处理被继承人的债权债务；按照遗嘱或者依照法律规定分割遗产;实施与管理遗产有关的其他必要行为。

【案例 4-14】

吕某育有三子吕甲、吕乙、吕丙。吕某因病去世后,兄弟三人经协商推举吕甲作为遗产管理人,吕乙和吕丙同时向吕甲提供遗产线索,吕乙称吕某生前曾借出 4 万元给其朋友张某,吕丙称吕某有套房子一直在出租,现在恰好该收取下一年租金。吕甲认真整理了吕某的遗产,并根据相关遗产线索进行了处理,一个月后吕甲兄弟三人会面,吕甲汇报了遗产整理的情况:

(1)吕某有银行卡两张,余额合计大约 22000 元。

(2)吕某名下有一套房屋已经出租了两年,租赁合同显示房屋租期三年,上个月初承租人应预交下一年度租金。吕甲已与承租人联系,承租人担心将房租交给吕甲,吕乙和吕丙不同意,从而产生纠纷,表示在保证兄弟三人不会分别向其催缴房租的前提下,愿意缴纳房租。

(3)张某的借条或者借款合同找不到,吕甲与张某联系,张某称借款属实,但是未借 4 万元,只借了 2 万元并出具了借条,现在愿意偿还 2 万元。

(4)吕某生前的医疗费尚有 1 万余元未结清。

(5)吕某丧葬费主要由吕甲和吕乙支付。

(6)吕某没有其他大额遗产。

吕甲、吕乙、吕丙协商后认为,吕某的遗产和有关的债权债务已基本查清。三人同意将吕甲和吕乙支付的丧葬费优先从遗产存款中返还,剩余的存款结清医疗费后三人平分。房屋租金由吕甲收取后三人平分,三人共同为承租人出具收条。如果确实找不到借条,只能将张某所认可的 2 万元作为借款数额,该款由吕甲继承和追缴,吕乙、吕丙放弃对该借款的继承。

【案例分析】

遗产管理人是《民法典》增设的制度,既往案例中只有少量的内容有所涉及。本案中,由于吕某没有遗嘱,也就没有遗嘱执行人,因此继承人依法推选吕甲作为遗产管理人。

吕甲做了以下工作:第一,遗产整理。吕甲将吕某的银行存款、房产、未结清费用摸清,吕乙和吕丙也提供了线索,协助吕甲掌握吕某对外的债权情况。第二,吕甲制作清单后,将遗产情况报告给其他二人,听取二人的意见,最后三人达成共识。第三,吕某主动行使债权,联系借款人张某和吕某房屋的承租人,偿还借款和支付房租的问题都有了一定眉目。

在一个称职的遗产管理人的管理下,吕某的遗产和相关债权债务有了清晰的脉络,尤其是借款和房租的初步处理为下一步完全实现债权打下了基础,保障了遗产的安全。借条遗失问题是吕甲无法控制的,如果吕甲已经搜寻了吕某的遗物,确实无法找到借条证明借款为4万元,则吕甲对吕乙和吕丙无须承担赔偿责任。

需要注意的问题如下。

一方面,遗产管理人的选任按照下列规则进行:第一,遗嘱指定遗产管理人。遗嘱指定了遗嘱执行人的,遗嘱执行人即为遗产管理人。第二,继承人推选遗产管理人。遗嘱未指定遗嘱执行人,或指定的遗嘱执行人无法履行管理义务的,或没有遗嘱的,继承人可以协商确定由继承人中的一人或者数人或者继承人以外的第三人担任遗产管理人。第三,继承人共同担任遗产管理人。继承人经协商未能推选出合适的管理人,则继承人应共同担任遗产管理人,继承人之间互相承担责任,任何一个继承人都有义务整理、保护遗产。第四,没有继承人或者继承人均放弃继承的,则由被继承人生前住所地的民政部门或者村民委员会担任遗产管理人。

如果按照上述规则无法确认管理人,利害关系人可以根据《民法典》第1146条的规定向法院申请指定遗产管理人。利害关系人不限于继承人或者受遗赠人,还可以是被继承人的债权人。按照《民法典》的规定,被继承人的债务应当以其遗产进行清偿,如果迟迟无法确认管理人,则极有可能影响债权人的债权实现,所以债权人也有权申请法院指定管理人。

另一方面,遗产管理人的注意义务和责任承担。遗产管理人的职责是维护遗产、维护利害关系人的合法权利。原则上,遗产管理人对利害关系人不承担民事责任,但是如果因为故意或者重大过失,致使遗产毁损、灭失,从而降低了继承人继承遗产的数量,或者降低了债权人从遗产中所能获得的清偿额度,其行为完全符合侵权责任的构成要件,应当向利害关系人承担民事责任。例如,被继承人去世时有市值约10万元的股票,遗产管理人管理遗产后,继承人始终未达成协议如何分割股票。在此期间,股市大跌,10万元股票的市值已经变成6万元,则此时遗产管理人无须承担民事责任。原因是,股票涨跌是股票市场的常态,继承人对股票如何分割处理无法达成一致,则遗产管理人无法选择是抛售股票变现还是继续持有股票,因此对于股票市值损失,遗产管理人没有过错,无须承担责任。再如,被继承人留有名贵国画若干幅,遗产管理人未尽到合理保管义务,致使字画严重受潮损坏,字画因此贬值,此时遗产管理人应当承担责任。原因是,国画较为脆弱,防火防水是基本常识,遗产管理人控制国画后,应当采取必要措施防止国画受潮损坏,未能采取有效措施的属于重大过失,应当承担一定的责任。

【延伸阅读】

《民法典》在继承法方面的修订

1.扩大遗产范围

《民法典》删除此前对遗产的列举,以"合法的财产"一言概之,扩大了遗产的范围。随着现代社会的发展,公民财产类型、财产形式日益丰富、增多,虚拟财产等新型财产可纳入遗产范围。(参见《民法典》第1122条)

2.丧失继承权受遗赠权可"失而复得"

《民法典》新增丧失继承权情形的同时补充规定了宽宥制度。被继承人已知继承人对其实施了相应的违法行为,却愿意对继承人的过错行为予以宽恕,恢复其已丧失的继承权,应对其意愿予以尊重。(参见《民法典》第1125条)

第十节 侵权责任

侵权责任是民事主体侵害他人权益应当承担的法律后果,是民事责任的典型形式。《民法典》第七编为侵权责任编。侵权责任编以侵权责任归责原则为统领,以构成要件、责任承担规则为基本制度构架,通过合理确定责任的构成和承担规则,在权利保护和行为自由方面设置合理的界限,推动实现受害人权益的救济、人民权益的保护和经济社会发展的有机平衡和统一。

一、侵权责任的一般规定

(一)侵权责任归责原则

侵权责任归责原则,实际上是归责的规则,它是确定行为人的侵权民事责任的根据和标准。侵权责任归责原则包括:过错责任原则、过错推定责任原则和无过错责任原则。

《民法典》第1165条第1款规定:"行为人因过错侵害他人民事权益造成损害的,应当承担侵权责任。"该款确立了过错责任原则。过错责任原则是侵权责任中最基本、最主要的归责原则。按照过错责任原则,侵权责任的成立,必须具备违法行为、损害事实、因果关系和主观过错四个要件,而且四个要件缺一不可。

【案例4-15】

2014年3月2日,李某在棋牌室玩。后申某到场,因旧隙与李某发生争执,申某关上棋牌室门阻止李某离开,与申某熟识的多名在场人也参与其中,争执过程中申某对李某实施了殴打。后经棋牌室经营人劝阻,双方停止了肢体冲突。随后李某找借口一人进入棋牌室里间,从阳台跳下受伤,经鉴定为九级伤残。

李某将申某诉到法院,要求申某赔偿医药费、护理费、误工费、残疾赔偿金、精神损害抚慰金等。申某答辩称李某的伤是自己跳楼造成,与其无因果关系,要求驳回李某的诉讼请求。法院审理后判定被告对原告受伤负30%的责任,原告自负70%的责任。

【案例分析】

本案争议的焦点在于原告李某受伤与被告申某行为是否存在因果关系,若存在因果关系,则双方的过错分别是多少。在多因一果侵权案件中,应根据过错大小或原因比例各自承担相应责任比例。一方先行侵权行为诱发另一方采取一定危险行为并导致损害发生,虽然先行侵权行为并未直接导致最终损害,但若先行侵权行为与最终损害之间存在相当因果关系,则应认定侵权人责任成立。此外,侵权人责任成立并不排斥过失相抵规则的适用。

本案中,申某进入棋牌室后即关上门,双方发生争执后,其采取积极行为阻止李某离开,并在争执过程中殴打李某,与申某熟识的多名在场人亦参与其中,从李某实际实施的从二楼跳下行为并致损伤最终发生来看,则可认定申某上述行为可使李某心理产生一定恐慌、害怕,李某受伤与申某上述行为存在一定因果关系。

同时,在棋牌室经经营人进行劝阻,双方肢体冲突亦已停止,未有任何证据显示当时还存在使得李某不得不从二楼跳下的侵害行为或现实威胁,李某作为完全民事行为能力人应预见从二楼跳下危险,其不当地采取从二楼跳下行为并造成严重伤害,故应认定申某行为虽与李某最终受伤有一定因果关系,但李某受伤主要由其自身重大过错造成,因此法院判定两人按上述比例分担责任。

《民法典》第1165条第2款规定:"依照法律规定推定行为人有过错,其不能证明自己没有过错的,应当承担侵权责任。"该款确立了过错推定责任原则。过错推定责任原则,是在法律有特别规定的场合,从损害事实的本身推定行为人有过错,并据此确定行为人赔偿责任的归责原则。在过错推定责任原则下,行为人仍然可以通过举证证明自己没有过错而免责,符合公平正义的要求。

《民法典》第1166条规定:"行为人造成他人民事权益损害,不论行为人有无过错,法律规定应当承担侵权责任的,依照其规定。"该条确立了无过错责任原则。无过错责任原则是指行为人的行为、其管理的人或者物损害了他人的民事权益,具备了法律规定的要件,不论行为人是否有过错,都要承担侵权责任的归责原则。只有法律明文规定的侵权行为类型方可适用无过错责任原则,主要包括产品责任、环境污染和生态破坏责任、高度危险责任、饲养动物损害责任。

《民法典》第1186条规定:"受害人和行为人对损害的发生都没有过错的,依照法律的规定由双方分担损失。"该条是关于公平分担损失的规定,并不是一项独立的归责原则,而仅是作为补充适用的规则。适用该条件的前提是"受害人和行为人对损害的发生都没有过错",而且必须是法律规定适用的情形,因此适用范围较窄,适用情形有限。

(二)侵权的形式

单独侵权是一人单独实施侵权行为,由行为人单独承担民事责任。与单独侵权并列的是共同侵权、教唆侵权、帮助侵权和共同危险行为等。

《民法典》第1168条规定:"二人以上共同实施侵权行为,造成他人损害的,应当承担连带责任。"该条是关于共同侵权的规定。

《民法典》第1169条规定:"教唆、帮助他人实施侵权行为的,应当与行为人承担连带责任。教唆、帮助无民事行为能力人、限制民事行为能力人实施侵权行为的,应当承担侵权责任;该无民事行为能力人、限制民事行为能力人的监护人未尽到监护职责的,应当承担相应的责任。"该条是关于教唆侵权、帮助侵权的规定。

《民法典》第1170条规定:"二人以上实施危及他人人身、财产安全的行为,其中一人或者数人的行为造成他人损害,能够确定具体侵权人的,由侵权人承担责任;不能确定具体侵权人的,行为人承担连带责任。"该条是关于共同危险行为的规定。

《民法典》第1167条规定:"侵权行为危及他人人身、财产安全的,被侵权人有权请求侵权人承担停止侵害、排除妨碍、消除危险等侵权责任。"该条是关于危险行为的责任承担方式。

《民法典》第1171条规定:"二人以上分别实施侵权行为造成同一损害,每个人的侵权行为都足以造成全部损害的,行为人承担连带责任。"该条是关于分别侵权承担连带责任的情形的规定。

《民法典》第1172条规定:"二人以上分别实施侵权行为造成同一损害,能够确定责任大小的,各自承担相应的责任;难以确定责任大小的,平均承担责任。"该条是关于分别侵权承担按份责任的情形的规定。

(三) 减轻或免除责任

一般情况下,行为人要承担全部责任,但是在下列情况下行为人可以减轻或免除责任。

《民法典》第1173条规定:"被侵权人对同一损害的发生或者扩大有过错的,可以减轻侵权人的责任。"该条规定的是被侵权人也有过错的情形。

《民法典》第1174条规定:"损害是因受害人故意造成的,行为人不承担责任。"该条规定的是受害人故意的情形。

《民法典》第1175条规定:"损害是因第三人造成的,第三人应当承担侵权责任。"该条规定的是第三人过错的情形。

《民法典》第1176条第1款规定:"自愿参加具有一定风险的文体活动,因其他参加者的行为受到损害的,受害人不得请求其他参加者承担侵权责任;但是,其他参加者对损害的发生有故意或者重大过失的除外。"该条规定的是自甘风险的情形。

【案例4-16】

70多岁的宋某为羽毛球爱好者,自2015年起就自发参加羽毛球比赛。在2020年2月3日上午,宋某与周某和其他另外两名羽毛球爱好者在某公园进行羽毛球3对3比赛,在比赛过程中,周某不慎将羽毛球击中宋某的右眼。

事发后,宋某在周某陪同下前往医院进行治疗。宋某将周某诉至法院,要求赔偿医疗费、护理费、住院伙食补助费等各项费用。在庭审中,原告宋某不主张被告周某对其受伤存在故意。法院经审理,认为本案适用《民法典》第1176条第1款之规定,判决驳回原

告的全部诉讼请求。

【案例分析】

羽毛球运动作为典型的对抗性体育运动项目,属于"有一定风险的文体活动"。原告宋某作为参加多年羽毛球比赛的羽毛球爱好者,对于比赛过程中可能出现的扭伤、拉伤以及最常见的被羽毛球击中的风险,应当有所认知和预见,但其仍然自愿参加比赛的,应当认定为"自甘风险"。

由于原告不主张被告的行为具有主观故意,那么就需要判断被告周某是否符合"重大过失"的条件。法院认为,被告在高度紧张的比赛中没有过多的时间考虑、判断自身每一次的行为,因此在这种情况下的注意义务应限定在较一般注意义务更宽松的体育道德和规则范围内,因此被告周某杀球进攻的行为应当判定为该类运动的正常技术动作,不存在明显违反比赛规则的情形,故不应当将其认定为重大过失。

《民法典》第1177条第1款规定:"合法权益受到侵害,情况紧迫且不能及时获得国家机关保护,不立即采取措施将使其合法权益受到难以弥补的损害的,受害人可以在保护自己合法权益的必要范围内采取扣留侵权人的财物等合理措施;但是,应当立即请求有关国家机关处理。"该条规定的是自力救济。自力救济属于私力救济,现代法治社会以公力救济为主要形式,但私力救济的存在仍具有合理性,自力救济的适用有严格的条件限制。

二、损害赔偿的有关规定

(一)与人身权益有关的损害赔偿

《民法典》第1179条规定:"侵害他人造成人身损害的,应当赔偿医疗费、护理费、交通费、营养费、住院伙食补助费等为治疗和康复支出的合理费用,以及因误工减少的收入。造成残疾的,还应当赔偿辅助器具费和残疾赔偿金;造成死亡的,还应当赔偿丧葬费和死亡赔偿金。"本条是关于人身损害赔偿范围的规定。

小贴士

《最高人民法院关于审理人身损害赔偿案件适用法律若干问题的解释》第6条:"医疗费根据医疗机构出具的医药费、住院费等收款凭证,结合病历和诊断证明等相关证据确定。赔偿义务人对治疗的必要性和合理性有异议的,应当承担相应的举证责任。医疗费的赔偿数额,按照一审法庭辩论终结前实际发生的数额确定。

器官功能恢复训练所必要的康复费、适当的整容费以及其他后续治疗费,赔偿权利人可以待实际发生后另行起诉。但根据医疗证明或者鉴定结论确定必然发生的费用,可以与已经发生的医疗费一并予以赔偿。"

第7条:"误工费根据受害人的误工时间和收入状况确定。误工时间根据受害人接受治疗的医疗机构出具的证明确定。受害人因伤致残持续误工的,误工时间可以计算至定残日前一天。受害人有固定收入的,误工费按照实际减少的收入计算。受害人无固定收入的,按照其最近三年的平均收入计算;受害人不能举证证明其最近三年的平均收入状况的,可以参照受诉法院所在地相同或者相近行业上一年度职工的平均工资计算。"

目前该司法解释关于残疾赔偿金、死亡赔偿金、被扶养人生活费等内容的修改仍处于征求意见阶段,有关内容在此不再赘述,请读者关注该司法解释修改的发布和实施。

《民法典》第1180条规定:"因同一侵权行为造成多人死亡的,可以以相同数额确定死亡赔偿金。"本条是以相同数额确定死亡赔偿金的规定,适用的情形是因同一侵权行为造成多人死亡时,反映了人们对"同命同价"的朴素诉求。

《民法典》第1181条规定:"被侵权人死亡的,其近亲属有权请求侵权人承担侵权责任。被侵权人为组织,该组织分立、合并的,承继权利的组织有权请求侵权人承担侵权责任。被侵权人死亡的,支付被侵权人医疗费、丧葬费等合理费用的人有权请求侵权人赔偿费用,但是侵权人已经支付该费用的除外。"

《民法典》第1182条规定:"侵害他人人身权益造成财产损失的,按照被侵权人因此受到的损失或者侵权人因此获得的利益赔偿;被侵权人因此受到的损失以及侵权人因此获得的利益难以确定,被侵权人和侵权人就赔偿数额协商不一致,向人民法院提起诉讼的,由人民法院根据实际情况确定赔偿数额。"

《民法典》第1183条规定:"侵害自然人人身权益造成严重精神损害的,被侵权人有权请求精神损害赔偿。因故意或者重大过失侵害自然人具有人身意义的特定物造成严重精神损害的,被侵权人有权请求精神损害赔偿。"本条是关于精神损害赔偿的规定。精神损害赔偿的范围是侵害自然人人身权益,侵害财产权益原则上不在精神损害赔偿的范围之内。一般来说,请求精神损害赔偿的主体应当是直接遭受人身权益侵害的受害人本人。在被侵权人死亡的情况下,其近亲属有权主张精神损害赔偿。

(二) 财产损失的计算

《民法典》第1184条规定:"侵害他人财产的,财产损失按照损失发生时的市场价格或者其他合理方式计算。"财产损失包括直接损失部分和间接损失部分,采用"按照损失发生时的市场价格"来计算。

(三) 故意侵害知识产权的惩罚性赔偿

《民法典》第1185条规定:"故意侵害他人知识产权,情节严重的,被侵权人有权请求相应的惩罚性赔偿。"惩罚性赔偿是指侵权人所要承担的损害赔偿数额超过其造成被侵权人实际损害数额,在填平被侵权人损害的基础上提高赔偿数额,以彰显对侵权人侵权行为进行惩罚的制度。

在知识产权侵权责任中适用惩罚性赔偿,必须同时满足以下两个条件:一是行为人主观上必须是故意侵害他人知识产权,二是必须情节严重。

🚩【延伸阅读】

《中华人民共和国专利法》第71条第1款规定:"侵犯专利权的赔偿数额按照权利人因被侵权所受到的实际损失或者侵权人因侵权所获得的利益确定;权利人的损失或者侵权人获得的利益难以确定的,参照该专利许可使用费的倍数合理确定。对故意侵犯专利权,情节严重的,可以在按照上述方法确定数额的一倍以上五倍以下确定赔偿数额。"

《中华人民共和国商标法》和《中华人民共和国著作权法》也有相类似的规定。

三、特殊侵权行为

(一)被监护人致人损害

《民法典》第1188条第1款规定:"无民事行为能力人、限制民事行为能力人造成他人损害的,由监护人承担侵权责任。监护人尽到监护职责的,可以减轻其侵权责任。"

《民法典》第1189条规定:"无民事行为能力人、限制民事行为能力人造成他人损害,监护人将监护职责委托给他人的,监护人应当承担侵权责任;受托人有过错的,承担相应的责任。"

监护人对被监护人造成的他人损害,承担民事责任,这是一种无过错责任。无论监护人在监护过程中是否完全尽到了监护责任,都应当对受害人承担民事责任。

例如,在幼儿园、学校生活、学习的无民事行为能力人或者在精神病院治疗的精神病人,如果造成他人损害,而这些单位有过错的,可以责令这些单位承担相应的责任,但其监护人的侵权责任并不能免除。

(二)劳动或劳务中致人损害

《民法典》第1191条规定:"用人单位的工作人员因执行工作任务造成他人损害的,由用人单位承担侵权责任。用人单位承担侵权责任后,可以向有故意或者重大过失的工作人员追偿。劳务派遣期间,被派遣的工作人员因执行工作任务造成他人损害的,由接受劳务派遣的用工单位承担侵权责任;劳务派遣单位有过错的,承担相应的责任。"根据该条规定,无论是劳动合同关系还是劳务派遣关系,执行工作任务造成他人损害,都是由用人单位或用工单位承担侵权责任。

《民法典》第1192条规定:"个人之间形成劳务关系,提供劳务一方因劳务造成他人损害的,由接受劳务一方承担侵权责任。接受劳务一方承担侵权责任后,可以向有故意或者重大过失的提供劳务一方追偿。提供劳务一方因劳务受到损害的,根据双方各自的过错承担相应的责任。"

提供劳务期间,因第三人的行为造成提供劳务一方损害的,提供劳务一方有权请求第三人承担侵权责任,也有权请求接受劳务一方给予补偿。接受劳务一方补偿后,可以向第三人追偿。"

(三) 违反安全保障义务的侵权行为

《民法典》第1198条规定:"宾馆、商场、银行、车站、机场、体育场馆、娱乐场所等经营场所、公共场所的经营者、管理者或者群众性活动的组织者,未尽到安全保障义务,造成他人损害的,应当承担侵权责任。因第三人的行为造成他人损害的,由第三人承担侵权责任;经营者、管理者或者组织者未尽到安全保障义务的,承担相应的补充责任。经营者、管理者或者组织者承担补充责任后,可以向第三人追偿。"

(四) 产品责任

《民法典》第1202条规定:"因产品存在缺陷造成他人损害的,生产者应当承担侵权责任。"

《民法典》第1203条规定:"因产品存在缺陷造成他人损害的,被侵权人可以向产品的生产者请求赔偿,也可以向产品的销售者请求赔偿。产品缺陷由生产者造成的,销售者赔偿后,有权向生产者追偿。因销售者的过错使产品存在缺陷的,生产者赔偿后,有权向销售者追偿。"

(五) 机动车交通事故责任

《民法典》第1209条规定:"因租赁、借用等情形机动车所有人、管理人与使用人不是同一人时,发生交通事故造成损害,属于该机动车一方责任的,由机动车使用人承担赔偿责任;机动车所有人、管理人对损害的发生有过错的,承担相应的赔偿责任。"

《民法典》第1217条规定:"非营运机动车发生交通事故造成无偿搭乘人损害,属于该机动车一方责任的,应当减轻其赔偿责任,但是机动车使用人有故意或者重大过失的除外。"该条规定的是好意同乘规则。

(六) 医疗损害责任

《民法典》第1218条规定:"患者在诊疗活动中受到损害,医疗机构或者其医务人员有过错的,由医疗机构承担赔偿责任。"

《民法典》第1219条规定:"医务人员在诊疗活动中应当向患者说明病情和医疗措施。需要实施手术、特殊检查、特殊治疗的,医务人员应当及时向患者具体说明医疗风险、替代医疗方案等情况,并取得其明确同意;不能或者不宜向患者说明的,应当向患者的近亲属说明,并取得其明确同意。医务人员未尽到前款义务,造成患者损害的,医疗机构应当承担赔偿责任。"该条规定的是医疗机构的说明义务与患者的知情同意权。

(七) 环境污染和生态破坏责任

《民法典》第1229条规定:"因污染环境、破坏生态造成他人损害的,侵权人应当承担侵权责任。"

该条规定了环境污染、生态破坏侵权责任实行的是无过错责任,其构成要件为环境侵权行为、损害后果以及环境侵权行为与损害后果之间的因果关系。

《民法典》第1230条规定:"因污染环境、破坏生态发生纠纷,行为人应当就法律规定的不承担责任或者减轻责任的情形及其行为与损害之间不存在因果关系承担举证责任。"该条规定了举证责任倒置,将环境侵权行为与损害后果间因果关系的举证责任倒置给了行为人。

(八)高度危险责任

《民法典》第1239条规定:"占有或者使用易燃、易爆、剧毒、高放射性、强腐蚀性、高致病性等高度危险物造成他人损害的,占有人或者使用人应当承担侵权责任;但是,能够证明损害是因受害人故意或者不可抗力造成的,不承担责任。被侵权人对损害的发生有重大过失的,可以减轻占有人或者使用人的责任。"

《民法典》第1240条规定:"从事高空、高压、地下挖掘活动或者使用高速轨道运输工具造成他人损害的,经营者应当承担侵权责任;但是,能够证明损害是因受害人故意或者不可抗力造成的,不承担责任。被侵权人对损害的发生有重大过失的,可以减轻经营者的责任。"

(九)饲养动物损害责任

《民法典》第1245条规定:"饲养的动物造成他人损害的,动物饲养人或者管理人应当承担侵权责任;但是,能够证明损害是因被侵权人故意或者重大过失造成的,可以不承担或者减轻责任。"

《民法典》第1246条规定:"违反管理规定,未对动物采取安全措施造成他人损害的,动物饲养人或者管理人应当承担侵权责任;但是,能够证明损害是因被侵权人故意造成的,可以减轻责任。"

(十)建筑物和物件损害责任

《民法典》第1253条规定:"建筑物、构筑物或者其他设施及其搁置物、悬挂物发生脱落、坠落造成他人损害,所有人、管理人或者使用人不能证明自己没有过错的,应当承担侵权责任。所有人、管理人或者使用人赔偿后,有其他责任人的,有权向其他责任人追偿。"

《民法典》第1254条规定:"禁止从建筑物中抛掷物品。从建筑物中抛掷物品或者从建筑物上坠落的物品造成他人损害的,由侵权人依法承担侵权责任;经调查难以确定具体侵权人的,除能够证明自己不是侵权人的外,由可能加害的建筑物使用人给予补偿。可能加害的建筑物使用人补偿后,有权向侵权人追偿。物业服务企业等建筑物管理人应当采取必要的安全保障措施防止前款规定情形的发生;未采取必要的安全保障措施的,应当依法承担未履行安全保障义务的侵权责任。发生本条第一款规定的情形的,公安等机关应当依法及时调查,查清责任人。"

【案例 4-17】

2018年10月5日,朱某和其子周某一同步行至某综合楼某幢楼下时,一块从高处坠落的玻璃砸中了周某和朱某。二人被送往医院抢救,周某经抢救无效死亡。

朱某将某房地产开发公司和某物业管理公司诉至法院,认为某房地产开发公司既是某综合楼的所有权人,又与某物业管理公司同为某综合楼的管理人,并明确选择请求应由某综合楼的管理人承担侵权责任。一审诉讼过程中,某物业管理公司认为高坠玻璃属于15楼业主和14楼业主专有部分,相关侵权责任应由两位业主承担,并向法院申请追加两位业主为被告参加诉讼。经法院准许后,追加两位业主为被告参加诉讼。

一审法院经过审理,认定15楼业主和14楼业主在本案中不承担赔偿责任,判决某物业管理公司承担侵权责任。某物业管理公司不服提起上诉,二审法院维持原判。

【案例分析】

本案的关键在于查清发生坠落的幕墙玻璃的使用人和管理人是谁。二审法院依职权调查,通过到该建筑物的设计单位调查,最终确认虽然高坠玻璃位于14楼、15楼业主的卧室外,但因其系不能打开的固定扇,其用途、功能实质上替代了外墙分隔空间、荷载、挡风、隔音、隔热、保温、防火、防水等功能,故属于全体业主共有部分,应当属于某物业管理公司管理范围。而某物业管理公司未能提交确实、充分证据证实其就玻璃外墙已经制定科学、有效、合理的物业管理方案,并已履行物业服务合同约定及法律规定的对业主共用部位进行严格管理、定期检查、养护维修的义务,故应承担赔偿责任。

第十一节 诉讼时效

诉讼时效是指权利人在法定期间内不行使权利,义务人有权提出拒绝履行的抗辩的法律制度。

一、诉讼时效期间的种类和起算

《民法典》第一编总则部分的第九章对诉讼时效作了专门规定。

(一) 诉讼时效期间的种类

《民法典》第188条规定了三种诉讼时效期间:普通诉讼时效期间、特殊诉讼时效期间和最长诉讼时效期间。

除法律有特别的规定,民事权利适用普通诉讼时效期间,普通诉讼时效期间为3年。《民法典》第188条第1款规定:"向人民法院请求保护民事权利的诉讼时效期间为3年。"

实践中,对于一些特殊的民事权利,法律上认为有必要适用更长一些或者更短一些的诉讼时效期间,因此进行了特别的规定。如《民法典》第 594 条规定:"因国际货物买卖合同和技术进出口合同争议提起诉讼或者申请仲裁的时效期间为 4 年。"

《民法典》第 188 条第 2 款规定:"自权利受到损害之日起超过 20 年的,人民法院不予保护,有特殊情况的,人民法院可以根据权利人的申请决定延长。"这里规定的是 20 年的最长诉讼时效期间。

(二)诉讼时效期间的起算

《民法典》第 188 条第 2 款规定:"诉讼时效期间自权利人知道或者应当知道权利受到损害以及义务人之日起计算。"这里规定的是普通诉讼时效期间和特殊诉讼时效期间的起算。

一般来说,诉讼时效期间从当事人实际知道自己的权利被侵害的时候开始计算。所谓的知道权利受到损害,不仅包括知道权利受到损害的事实,还包括知道需要承担责任的义务人。应当知道却不知道,从其应当知道权利被侵害之时开始计算。如果当事人既不实际知道,也不应当知道,那么诉讼时效期间不开始计算。基于民事法律关系当事人之间利益的平衡,同时也为了维护稳定的社会关系,法律规定了最长诉讼时效期间,其期间的起算时间点是权利受到损害之日。

《民法典》第 189 条、第 190 条和第 191 条规定了三种特殊情形下诉讼时效期间的起算,分别是:分期履行债务诉讼时效期间的起算、对法定代理人请求权诉讼时效期间的起算和未成年人遭受性侵害的损害赔偿诉讼时效的起算。

《民法典》第 189 条规定:"当事人约定同一债务分期履行的,诉讼时效期间自最后一期履行期限届满之日起计算。"

《民法典》第 190 条规定:"无民事行为能力人或者限制民事行为能力人对其法定代理人的请求权的诉讼时效期间,自该法定代理终止之日起计算。"

《民法典》第 191 条规定:"未成年人遭受性侵害的损害赔偿请求权的诉讼时效期间,自受害人年满 18 周岁之日起计算。"该条规定受害人自己提出损害赔偿请求权的诉讼时效期间的起算时间点为年满 18 周岁之日。该条规定并不妨碍未成年人的法定代理人在损害事实发生后根据普通诉讼时效向人民法院请求保护。

二、诉讼时效期间的中止和中断

(一)诉讼时效期间的中止

诉讼时效期间的中止是指在诉讼时效期间进行的最后 6 个月内,因不可抗力或者其他障碍不能行使请求权,诉讼时效期间依法暂时停止计算,并在法定事由消失之日起继续计算的情况,又称为诉讼时效期间的暂停。

《民法典》第 194 条规定:"在诉讼时效期间的最后 6 个月内,因下列障碍,不能行使请求权的,诉讼时效中止:(1)不可抗力;(2)无民事行为能力人或者限制民事行为能力人没有法定代理人,或者法定代理人死亡、丧失民事行为能力、丧失代理权;(3)继承开始后未确定继承人或者遗产管理人;(4)权利人被义务人或者其他人控制;(5)其他导致权利人不能行使请求权的障碍。自中止时效的原因消除之日起满6个月,诉讼时效期间届满。"

(二) 诉讼时效期间的中断

诉讼时效期间的中断是指在诉讼时效期间内,发生法定事由,使已经经过的时效期间归于无效,重新计算诉讼时效期间。

《民法典》第195条规定:"有下列情形之一的,诉讼时效中断,从中断、有关程序终结时起,诉讼时效期间重新计算:(1)权利人向义务人提出履行请求;(2)义务人同意履行义务;(3)权利人提起诉讼或者申请仲裁;(4)与提起诉讼或者申请仲裁具有同等效力的其他情形。"

三、诉讼时效的效力和诉讼时效法定

(一) 诉讼时效的效力

《民法典》第192条规定了诉讼时效届满的法律效果。

《民法典》第192条第1款规定:"诉讼时效期间届满的,义务人可以提出不履行义务的抗辩。"虽然该条款赋予义务人在诉讼时效期间届满后提出拒绝履行的抗辩权,但是权利人相应的实体权利并未消灭。

《民法典》第192条第2款规定:"诉讼时效期间届满后,义务人同意履行的,不得以诉讼时效期间届满为由抗辩;义务人已经自愿履行的,不得请求返还。"该条款意味着,虽然诉讼时效期间已经届满,但是如果义务人同意履行或者已经自愿履行,义务人就不得反悔,不再享有以诉讼时效届满为由的抗辩权。

《民法典》第193条规定:"人民法院不得主动适用诉讼时效的规定。"该条规定要求人民法院在受理案件立案时,不得以诉讼时效期间已届满为由拒绝受理案件;在案件审理过程中,如果义务人(通常是诉讼程序中的被告)未提出以诉讼时效届满为由的抗辩,人民法院不能主动适用诉讼时效的规定,以诉讼时效期间已经届满为由,判决驳回原告诉讼请求。

(二) 诉讼时效法定

《民法典》第197条规定:"诉讼时效的期间、计算方法以及中止、中断的事由由法律规定,当事人约定无效。当事人对诉讼时效利益的预先放弃无效。"

关于诉讼时效的规定属于强制性法律规定,当事人不得以其意思排除诉讼时效规定的适用,不得由当事人以协议变更其期间,不得预先抛弃诉讼时效利益。如果有此类约定,约定当然无效。如果诉讼时效期间已经经过,义务人虽然依照法律规定享有诉讼时效利益,但是义务人仍然自动履行义务,即抛弃诉讼时效利益,法律上也是允许的,因为这是义务人对自己的合法利益的自由处分,这种情况并没有排除法律规定的适用,因为该条规定的是预先放弃无效。

四、不适用诉讼时效的情形和除斥期间

(一) 不适用诉讼时效的情形

《民法典》第196条规定:"下列请求权不适用诉讼时效的规定:(1)请求停止侵害、排除妨碍、消除危险;(2)不动产物权和登记的动产物权的权利人请求返还财产;(3)请求支付抚养费、赡养费或者扶养费;(4)依法不适用诉讼时效的其他请求权。"

(二) 除斥期间

除斥期间是一个与诉讼时效期间并列的概念。除斥期间,也称不变期间,是指法律对某种权利规定的存续期间。其法律意义在于督促权利人尽快行使权利,超过除斥期间怠于行使该权利的,则该权利消灭。它主要适用于形成权。

《民法典》第199条规定:"法律规定或者当事人约定的撤销权、解除权等权利的存续期间,除法律另有规定外,自权利人知道或者应当知道权利产生之日起计算,不适用有关诉讼时效中止、中断和延长的规定。存续期间届满,撤销权、解除权等权利消灭。"

【延伸阅读】

《最高人民法院关于适用〈中华人民共和国民法典〉总则编若干问题的解释》第35条规定:"《民法典》第188条第1款规定的3年诉讼时效期间,可以适用《民法典》有关诉讼时效中止、中断的规定,不适用延长的规定。该条第2款规定的20年期间不适用中止、中断的规定。"

第36条规定:"无民事行为能力人或者限制民事行为能力人的权利受到损害的,诉讼时效期间自其法定代理人知道或者应当知道权利受到损害以及义务人之日起计算,但是法律另有规定的除外。"

第37条规定:"无民事行为能力人、限制民事行为能力人的权利受到原法定代理人损害,且在取得、恢复完全民事行为能力或者在原法定代理终止并确定新的法定代理人后,相应民事主体才知道或者应当知道权利受到损害的,有关请求权诉讼时效期间的计算适用《民法典》第188条第2款、本解释第36条的规定。"

第38条规定:"诉讼时效依据《民法典》第195条的规定中断后,在新的诉讼时效期间内,再次出现第195条规定的中断事由,可以认定为诉讼时效再次中断。权利人向义务人的代理人、财产代管人或者遗产管理人等提出履行请求的,可以认定为《民法典》第195条规定的诉讼时效中断。"

【案例 4-18】

2020年8月,某物业管理公司起诉姜某要求其支付2008年至2015年小区车位服务费。姜某辩称2014年年底其已经卖掉涉案房屋和车位,且诉争期间车位服务费已经超过诉讼时效。诉讼中,某物业管理公司表示,其对姜某搬离涉案房屋不知情,不知道姜某新住址,双方未对涉案房屋进行物业交割;其曾电话联系姜某,未接通;其持续提供服务,快递单证明其在持续追缴欠费。姜某认为,某物业管理公司在对其卖掉涉案房屋完全知情的情况下,即便继续向该房屋地址发快递,亦不能视为有效送达。

法院生效判决认为,向人民法院请求保护民事权利的诉讼时效期间为3年。一审中姜某明确提出诉讼时效抗辩意见,虽然某物业管理公司提交催缴车位服务费的快递单,但是,该快递单没有显示邮寄结果和签收信息,某物业管理公司亦不能就其主张的曾经通过电话形式催缴欠费一事提交相应证据予以证明。

此外,快递单所载收件地址的房屋,以及涉案车位已于2014年12月由姜某名下变更为案外人,且根据某物业管理公司提供物业服务的情况,其对于涉案房屋产权变更应当知情。故法院对于其按照姜某原房屋地址邮寄催缴通知的行为,难以认定为合理催缴。至本案起诉之日即2020年8月,某物业管理公司诉讼请求已经超过法律规定的诉讼时效,不应得到支持。

【案例分析】

法谚云,法律不保护躺在权利上睡大觉的人,因而有了诉讼时效制度,以敦促当事人积极主动行使权利。当事人应在诉讼时效的有效期间内积极行使权利,超过诉讼时效期间起诉有败诉风险。

本案中,被告姜某明确提出诉争期间车位服务费已经超过诉讼时效的抗辩,因此法院需要审理查明是否超过诉讼时效。某物业管理公司请求保护民事权利的诉讼时效不属于法律另有规定的事项,适用普通诉讼时效期间,即3年。诉讼时效期间自某物业管理公司知道或者应当知道权利受到损害以及义务人之日起计算,即某物业管理公司向姜某提供物业服务期间姜某应当缴纳车位服务费之日。

姜某在2014年年底已经卖掉涉案房屋和车位,此后姜某和某物业管理公司之间不再存在物业服务关系。2014年年底至本案起诉之时2020年8月显然已经超过3年,普通诉讼时效期间已经届满。因此,本案的焦点在于某物业管理公司向姜某的催缴车位费的行为是否产生诉讼时效期间中断的法律效果。

权利人向义务人提出履行请求是诉讼时效期间中断的法定事由之一。本案中某物业管理公司虽然持续向涉案房屋发送快递单催缴车位费,但是姜某已经不在此居住,对此某物业管理公司应当知晓,因此某物业管理公司的催缴通知由于未送达姜某,不产生向义务人提出履行请求的法律效果,诉讼时效期间不中断。至于某物业管理公司主张曾经通过电话形式向姜某催缴欠费一事,电话催缴的通话内容能够即时到达接听者,但是某物业管理公司应当对此提交相应证据予以证明,比如当时的电话录音,该主张因没有证据证明也不被支持。被告姜某的超过诉讼时效抗辩成功。

【复习思考题】

一、简答题

1. 民法的基本原则主要有哪些?
2. 自然人的民事行为能力有哪几种分类?
3. 可撤销的民事法律行为包括哪些?
4. 物权公示原则的内容有哪些?
5. 善意取得的条件有哪些?
6. 肖像的定义?
7. 结婚的条件包括哪些?
8. 代位继承和转继承的区别主要体现在哪些方面?
9. 侵害他人造成人身损害的应当赔偿哪些费用?
10. 诉讼时效中断的情形有哪些?

二、选择题

1. 下列哪个不是民法的基本原则?(　　)
   A. 公平原则　　B. 平等原则　　C. 对等原则　　D. 绿色原则
2. 下列哪个不是民法意义上的物?(　　)
   A. 天然气　　B. 闪电　　C. 旧字画　　D. 坏掉的手机
3. 下列关于动产和不动产的说法,错误的是(　　)。
   A. 二者变动的法定要件不同　　B. 二者是主物和从物的关系
   C. 二者的流通性质和范围不同　　D. 二者在纠纷管辖方面有差异
4. 共同共有的特点是(　　)。
   A. 各共有人按份分享财产平等的共同所有权
   B. 各共有人对共有财产享有平等的共同所有权
   C. 各共有人对共有财产所负债务各负其责
   D. 各共有人可随时对财产要求进行分割
5. 甲于2020年6月5日向乙借款1万元,于同年7月5日向丙借款1万元,现甲只有1万元的财产,应如何偿还乙丙之债权?(　　)
   A. 该1万元应还乙,因为先借先还
   B. 该1万元应还丙,因为后借先还
   C. 该1万元应平均还乙丙,因为债权具有平等性

D. 该1万元如何分配,须由乙丙抓阄决定

6. 连带债务的债权人( )。

A. 只能向债务人中的一人或数人同时或先后请求其履行全部债务

B. 只能向全体债务人请求其履行全部债务

C. 只能向债务人中的一人或数人请求其履行部分债务

D. 可以向债务人中的一人或数人同时或先后请求其履行全部或部分债务

7. 下列行为中属于侵犯公民的姓名权的是( )。

A. 甲(3岁)之父母未经甲同意到派出所将甲的姓名进行变更

B. 甲使用乙的姓名发布广告

C. 甲报社报道某国际会议时未经乙同意披露与会者乙的姓名

D. 未达婚龄的甲借用已达婚龄的乙的身份证和户口簿,以乙的名义与丙登记结婚

8. 下列属于侵犯人格权的是( )。

A. 影迷甲在商场偶遇影星乙,惊喜之余举起相机拍照。乙制止,甲仍坚持。乙被激怒,在众目睽睽之下将手中的饮料泼向甲

B. 甲多次违反工作纪律,被领导点名批评。甲自觉无颜服药自杀未遂,造成身体伤害

C. 某公司的产品掺入了对人体有害的物质,被媒体点名曝光

D. 某单位职工甲向纪委反映该单位领导乙包养情妇和生活奢侈、糜烂的情况

9. 小学生小杰(8岁)在学校被一校外人员小涛殴打,小涛踢中小杰腹部,致其脾脏破裂,在场老师陈某未予制止。下列哪一选项是正确的?( )

A. 陈某未尽职责义务,应由陈某承担赔偿责任

B. 小杰父母的未履行监护职责存在过错,不得主张全部赔偿责任

C. 学校和小涛承担连带责任

D. 学校未尽到管理职责的,承担相应的补充责任

10. 甲在乙公司承包的水库游泳,乙的雇工丙、丁负责在水库中进行养殖活动,在执行职务过程中误以为甲在偷鱼苗,遂将甲打伤。下列哪一说法是正确的?( )

A. 乙、丙、丁应承担连带责任　　B. 丙、丁应先赔偿甲的损失,再向乙追偿

C. 只能由丙、丁承担连带责任　　D. 只能由乙承担赔偿责任

11. 甲公司向乙公司催讨一笔已过诉讼时效期限的10万元货款。乙公司书面答复称:"该笔债务已过时效期限,本公司本无义务偿还,但鉴于双方的长期合作关系,可偿还3万元。"甲公司遂向法院起诉,要求偿还10万元。乙公司接到应诉通知后书面回函甲公司称:"既然你公司起诉,则不再偿还任何货款。"下列哪一选项是正确的?( )

A. 乙公司的书面答复意味着乙公司需偿还甲公司3万元

B. 乙公司的书面答复构成要约

C. 乙公司的书面回函对甲公司有效

D. 乙公司的书面答复表明其丧失了10万元的时效利益

第五章 行 政 法

【学习目标】
1. 了解行政法的概念、特征、渊源及基本原则。
2. 了解行政主体的概念、分类及我国现行行政机关体系。
3. 了解行政行为的概念、特征、合法要件、效力内容以及效力变化的几种形态。

【引导案例】

王某是某高校外语系二年级的本科生。某天傍晚,他在学校宿舍里私自用电炉煮饭时不慎失火,造成部分公私财物损毁,本人也被轻微烧伤。因其行为严重违反了学校关于禁止在学生宿舍使用燃煤、燃油炉具和各种用于煮饭、烧水的电热器的规定,故王某受到记大过的处分,同时学校总务处行政科依据学校有关规定给予其罚款100元的"行政处罚"。王某认为学校行政科不是国家行政机关,无权对他实施行政处罚,故要求退还100元罚款,但校方不予退还。于是王某将此争执情况反映到省教育委员会,要求撤销学校作出的"行政处罚",并退还该项罚款。

本案中,学校对王某作出的罚款处理是否属于我国《行政处罚法》所规定的"行政处罚"?

【案例分析】

行政法中,在动态上将"行政"一词定义为关于国家事务和公共事务的执行性决策、组织、调控和处理等的公共管理活动或过程,这是最常用的含义;在静态上将"行政"一词定义为执行国家意志的、承担执行性国家事务和公共事务的公共管理组织,即人们通常所说的除国家立法机关、司法机关以外的国家行政机关。

行政处罚是指行政机关依法对违反行政管理秩序的公民、法人或者其他组织,以减损权益或者增加义务的方式予以惩戒的行为。行政处罚具有以下特征:①行政处罚是行政机关行使国家惩罚权的活动。实施行政处罚的主体是作为行政主体的行政机关和法律法规授权的组织;②行政处罚的对象是实施了违反行政法律规范的公民、法人或其他组织;③行政处罚的性质是一种以惩戒违法为目的、具有制裁性的行政行为,其制裁性表现在对违法的行政相对人的权益进行限制、剥夺,或对其科以新的义务。本案中的某高校行政科的罚款行为不属于行政处罚行为。

第一节 行政法概述

顾名思义,行政法就是关于行政的法,可以从行政的含义、行政法的概念与特征、行政法的渊源、行政法的基本原则来具体理解。

一、行政的含义

从字面含义来看,行政主要是指管理、经营、执行。现代汉语对行政的通常理解是:社会组织基于特定目的对一定范围内的事务进行组织管理的活动,是一般意义上的行政。行政法上的行政指的是公共行政,即国家基于公共利益目的而设立的一定组织机构,或者授权某些组织采取法定手段与方式,对公共行政事务进行组织与管理的活动。公共行政的最大特点就是不以盈利为目的,而是以公平分配社会公共利益为目的。

可以总结为,行政是国家通过一定的组织为实现国家或社会职能而进行的公共管理活动及其过程。其特征主要表现为以下几方面。

第一,行政具有执行性,行政并不是国家的一切活动,也不是行政主体的一切活动,而是行政主体实施的国家活动。这种活动从总体上来讲,是把国家立法机关制定的法律法规付诸实施,予以执行。

第二,行政的目的具有公益性,行政应以追求公共利益或公共福祉为目的,它的最终目的应该是为人民服务。

第三,行政的活动具有整体性与能动性,它明显不同于司法的不告不理的被动特征。行政是由若干具体行动构成的整体,它的能动性体现为行政需要积极主动的介入经济、社会、生活等各项领域,从而进行公共利益的集合、维护和分配。

第四,行政具有过程性,对于行政的活动不能只理解为一种实体活动,还必须将它视为一个过程、一套程序的实践。行政是对国家事务和社会事务的管理,这种管理包含着为实现目标而进行的一系列活动,具有一定的步骤、阶段、顺序、方式、实现等内涵。

第五,行政具有法定性与裁量性,依法行政是法治国家的基本要求,但立法者不可能对所有的行政事务都加以规定或者作出详细的规定,往往会通过授权行政机关在法律允许的范围内行使裁量权,赋予行政机关一定的灵活性。

第六,行政具有效率性,相对于国家的立法和司法活动,行政具有更强的效率要求,强调效率是行政法的显著特点。

二、行政法的概念与特征

行政法是有关行政以及与行政有关的法律规范的总称。具体而言,行政法是有关行政的主体及其职权行为、程序,责任、救济关系等法律规范的总称。行政法作为一个部门法,无论在形式上还是在内容上都具有区别于其他部门法的特点。

(一) 行政法在形式上的特点

1. 没有统一、完整的法典

由于行政法涉及的社会生活领域十分广泛,内容纷繁复杂,又有较强的技术性、专业性,再加上行政关系变动较快,因此,制定一部系统、完整的行政法典几乎是不可能的。虽然有一些国家和学者曾努力促进行政法的法典化,但最终不是遭到失败,就是只能在学术上起作用。

2. 行政法规范数量特别多,属各部门法之首

行政法有多种多级的立法者,不仅最高国家权力机关或地方国家权力机关可以规定,有权的行政机关也可以制定,这就使得行政法的表现形式繁多,种类不一,即具有多种法律渊源。行政法的这种多头、多级立法体制,是由行政法内容的广泛性、技术的复杂性、专业的细致性决定的,是为适应行政管理生活的现实需要而形成的。

(二) 行政法在内容上的特点

1. 内容广泛

行政法的内容从行政组织、行政管理到行政救济,从民政管理、卫生管理到教育文化管理,包罗万象。这是由现代行政的发展所决定的。现代行政不再仅限于治安、国防、税收、外交等领域,而是扩展到包括工商、卫生保障、环保绿化、劳动保护、妇女儿童保障、社会福利等在内的几乎所有的社会生活领域,触及社会的每一个角落。

2. 易于变动

行政管理所面临的是日新月异的社会需求,成文法多数是在总结过去经验的基础上概括形成的,难以对后来发生的事情作出准确预料,国家行政机关也不能像民事主体那样以自主协商的方式来确定行政权利义务。解决这个问题的出路之一就是建立行政法律规范立、改、废经常化的机制。需要注意的是,行政法的易变性是相对于其他法律部门而言的,作为法律规范,它仍然具有相对稳定性,不允许朝令夕改,否则会造成社会生活的不安定。

3. 实体性规范与程序性规范交织融合

我国没有制定统一的行政程序法,对行政实体法与行政程序法采用的是融合的立法体例,即一个行政法文件里同时规范行政实体法与行政程序法内容。例如《治安管理处罚法》《土地管理法》等,都具有这样的特征。

三、行政法的渊源

行政法的渊源是指特定国家在某一特定阶段的行政法的表现或行政法的存在形式。在我国现阶段,行政法主要来源于各类国家机关创制的具有法律效力的规范性文件。无论立法文件还是法律适用的实践活动,都不承认习惯、判例、行政先例等作为行政法的形式渊源。但是,最近我国正在进行的由最高人民法院选定典型案例指导法院审判的工作是具有非常重要意义的。我国行政法的一般渊源,按照制定主体、效力层次、制定程序的差别,可分为下述几种形式。

(一) 宪法

宪法是国家的根本大法,规定国家的基本制度,具有最高的法律地位和法律效力,是各项立法的依据。宪法中与行政活动有关的条文是行政法的基本渊源。国家机关的组织及其活动的基本原则、职权、公民在行政法律关系中的权利义务等都由宪法规定。

(二) 法律

法律包括全国人大制定的基本法律和全国人大常委会制定的一般法律,其效力仅次于宪法规范。法律既是宪法的具体化与实施,也是制定行政法规、地方性法规和规章等的依据。法律作为行政法的渊源主要有以下几种类型。

一是某些法律中只包含行政法规范,可以称之为行政法律,如《行政处罚法》《行政强制法》《行政监察法》等。

二是某些法律中主要包含行政法规范的同时,还包含一些其他法律部门的法律规范,如《土地管理法》《森林法》等。

三是某些法律主要作为其他部门法的渊源的同时,也包含一些行政法规范,如《民法典》中关于结婚登记的规范,《商标法》中关于商标登记、管理、争议裁决的规范等都属于行政法规范。

(三) 行政法规

行政法规是作为最高国家行政机关的国务院,根据宪法、法律制定的有关行政管理事项的规范性法律文件的总称。行政法规在我国的行政法体系中起着承上启下的桥梁作用,其效力低于宪法和法律,高于地方性法规。行政法规的效力低于宪法和法律,高于地方性法规、规章和其他规范性文件。行政法规主要根据宪法和法律制定,不得违反法律保留原则,不得与宪法、法律相抵触。

小贴士

《立法法》第 65 条规定,国务院根据宪法和法律,制定行政法规。

行政法规可以就下列事项作出规定:

(1) 为执行法律的规定需要制定行政法规的事项;

(2)《宪法》第 89 条规定的国务院行政管理职权的事项。

应当由全国人民代表大会及其常务委员会制定法律的事项,国务院根据全国人民代表大会及其常务委员会的授权决定先制定的行政法规,经过实践检验,制定法律的条件成熟时,国务院应当及时提请全国人民代表大会及其常务委员会制定法律。

(四) 地方性法规

地方性法规是指省、自治区、直辖市以及设区的市的地方人民代表大会和地方人民代表大会常委会根据本行政区域的具体情况和实际需要,在不同宪法、法律和行政法规相抵触的前提下制定的普遍性法律规范。地方性法规的效力低于宪法、法律和行政法规,仅在本行政区域的全部范围或部分区域有效。

> **小贴士**
>
> 《立法法》第73条规定,地方性法规可以就下列事项作出规定:
> (1) 为执行法律行政法规的规定,需要根据本行政区域的实际情况做具体规定的事项;
> (2) 属于地方性事务需要制定地方性法规的事项。

(五) 民族自治地方的自治条例和单行条例

自治条例是民族自治地方制定的有关实现地方自治的综合性法律文件;单行条例是民族自治地方根据自治权制定的调整某一方面事项的规范性法律文件。自治条例和单行条例可以作为民族自治地方的司法依据,在本行政区域内有效。

> **小贴士**
>
> 《立法法》第75条规定,民族自治地方的人民代表大会有权依照当地民族的政治、经济和文化的特点,制定自治条例和单行条例。自治区的自治条例和单行条例,报全国人民代表大会常务委员会批准后生效。自治州、自治县的自治条例和单行条例,报省、自治区、直辖市的人民代表大会常务委员会批准后生效。
>
> 自治条例和单行条例可以依照当地民族的特点,对法律和行政法规的规定作出变通规定,但不得违背法律或者行政法规的基本原则,不得对宪法和民族区域自治法的规定以及其他有关法律、行政法规专门就民族自治地方所作的规定作出变通规定。

(六) 行政规章

行政规章是法定的国家行政机关依法制定的,事关行政管理的法律规范性文件的总称。我国的行政规章有部门规章和地方规章之分。部门规章是国务院所属部委根据法律和国务院行政法规、决定、命令,在本部门权限内依法发布的各种行政性的规范性文件。

没有法律或者国务院的行政法规、决定、命令的依据,部门规章不得设定减损公民、法人或者其他组织权利或者增加义务的规范,不得增加本部门的权力或者减少本部门的法定职责。地方性规章是省、自治区、直辖市和设区的市、自治州的人民政府,根据法律、行政法规和地方性法规制定的规范性文件的总称。

小贴士

《立法法》第 80 条规定，国务院各部、委员会、中国人民银行、审计署和具有行政管理职能的直属机构，可以根据法律和国务院的行政法规、决定、命令，在本部门的权限范围内，制定规章。

部门规章规定的事项应当属于执行法律或者国务院的行政法规、决定、命令的事项。没有法律或者国务院的行政法规、决定、命令的依据，部门规章不得设定减损公民、法人和其他组织权利或者增加其义务的规范，不得增加本部门的权力或者减少本部门的法定职责。

(七) 国际条约

国际条约是指两个或两个以上国家或国际组之间缔结的，确定其权利和义务的各种协议。国际条约本是属于国际法范畴，但缔结或加入的条约，对国家的国家机关、公职人员、社会组织和公民也有法的约束力。从这个意义上讲，国际条约也是该国的一种法的渊源或法的形式，有高于国内法的效力。

(八) 法律解释

法律解释是指有关国家机关依法对宪法、法律、行政法规等已有规范作出的解释性规范。根据全国人大常委会关于加强法律解释工作的决议的规定，法律解释包括立法解释、司法解释、行政解释和地方解释，它们具备不同的法律效力，构成行政法的渊源。

【延伸阅读】

判例是指可作为同级法院或下级法院以后处理有相同或类似法律问题的案件的依据的法院判决。作为判例的法院判决，由于对法院审理相同或类似案件具有拘束力，行政机关自然也须遵循其所确定的原则或一般规则。否则，行政机关的行为在行政诉讼中就有被法院撤销的可能。鉴于此，判例成为行政法的法律渊源之一。判例不仅在英美法系国家普遍是行政法的法源，在部分大陆法系国家，例如法国、德国等，亦是行政法的重要法源。

在我国，尚未开始施行严格的判例制度，但经最高人民法院审判委员会审定、登载于《最高人民法院公报》的案例对审判实践确有重要的指导作用。2010 年最高人民法院通过了《关于案例指导工作的规定》，正式确立了指导性案例在司法审判中的地位。根据该规定，指导性案例，是指裁判已经发生法律效力，并符合以下条件的案例：(1)社会广泛关注的；(2)法律规定比较原则的；(3)具有典型性的；(4)疑难复杂或者新类型的；(5)其他具有指导作用的案例。这些符合条件的案例，经过较为严格的遴选、审查、报审的程序，由最高人民法院审判委员会决定，统一在《最高人民法院公报》、最高人民法院网站、《人民法院报》上以公告的形式发布。

最高人民法院发布的指导性案例,各级人民法院审判类似案例时应当参照。其中,所谓类似案例,或者更为准确地说,类似案件,就是法律问题相同或相似的案件。当法院在审理类似案件时,应当参照指导性案例;有指导性案例而未参照的,必须有能够令人信服的理由;否则,既不参照指导性案例又不提供充分理由,导致裁判与指导性案例大相径庭的,就可能违反法律统一原则、法律面前人人平等原则。对于显失公正的判决,当事人有权以没有参照指导性案例为由提出上诉或申诉。指导性案例或将在日后成为行政法的重要渊源。

四、行政法的基本原则

法的基本原则是法的灵魂和精神。按照通常的理解,行政法基本原则是指导和规范行政法的立法、执法以及行政争议的处理的基本准则,它贯穿于行政法的具体规范之中,同时又高于行政法具体规范,是对行政法具体规范的高度概括,它反映了行政法的本质,体现了行政法的基本价值。

(一) 合法行政原则

合法行政原则是行政法的首要的基本原则,可以说其他行政法原则都是从这一原则延伸出来的。合法行政原则,要求行政机关和其他行政公务组织必须依法行使行政权或者从事行政管理活动,不得与法律相抵触。它主要包括以下几个方面的内容。

(1)行政主体的设立必须合法。行政主体是能以自己的名义拥有和行使行政职权,并能以自己的名义为行使行政职权的行为产生的后果承担法律责任的机关或组织。

(2)行政职权的拥有应当合法。一切行政行为都以行政职权为基础,无职权便无行政。行政主体拥有行政职权,是它进行行政管理的先决条件。

(3)行政职权的行使应当合法。行政主体行使行政职权,作出行政行为,是实现国家行政职能,实现对社会的管理的途径和手段。它既关系到国家权力的行使,又关系到行政相对人的权益保护。

(4)违法行使行政职权应当承担法律责任。行政主体必须合法行使行政职权,作出行政行为,这是行政合法性原则的最基本内涵。

行政合法性原则要求行政机关依法行政,依法办事,行政机关作出的任何行为都不得与现行法律相抵触。这是行政法的首要原则,其他原则都是在这一原则的基础上延伸的。

(二) 合理行政原则

合理行政原则要求行政行为的内容要客观适度,符合理性。合理行政原则中的理性是指最低限度的理性,也就是说行政行为应当具有一个有正常理智的普通人所能达到的合理与适当,符合社会公德和基本公理。随着行政法治的发展,合理性原则已经延伸出若干更加具体的、相对成熟而有其独立含义的子原则。

1. 行政公正原则

行政公正原则的基本精神是公平、合理地对待行政相对人和处理行政管理事项,在学理上可以分为实体公正和程序公正。

实体公正,就是行政机关作出的行政行为,在内容上必须达到不徇私情、不存偏见、不武断专横。具体而言包括以下方面。

(1)行政机关要办事公道,不假公济私。

(2)行政行为的动因要符合立法目的并且建立在正当考虑的基础上。

(3)行政机关在行使裁量权的时候,应该合理考量相关因素,不考虑不相关因素。

(4)平等对待行政相对方,尽可能做到同样情况,同样对待;不同情况,不同对待。

所谓程序公正,就是行政机关在作出行政行为时,必须遵循形式上符合正义要求的程序。行政法在制度设计上也更多地强调程序上看得见的公正,具体包括以下几方面。

(1)不做自己案件的法官。行政机关及其工作人员不得决定与自己切身利益有关的事项。

(2)不单方接触。行政机关在对两个以上行政相对人,尤其是有着相互冲突之利害关系的行政相对人作出行政行为时,不得在一方当事人不在场的情况下单独与另一方当事人接触和听取其陈述,接受其证据。

(3)作出不利决定前听取行政相对人的意见。行政机关在作出对行政相对人不利的行政行为(如行政处罚、要求相对人履行某种特别义务等)之前,应当事先通知相对人,听取相对人对有关事实、理由的陈述、解释或申辩(紧急情况下和法律规定的有关特殊情况除外)。

小贴士

《政府信息公开条例》第 6 条:行政机关应当及时、准确地公开政府信息。

行政机关发现影响或者可能影响社会稳定、扰乱社会和经济管理秩序的虚假或者不完整信息的,应当发布准确的政府信息予以澄清。

《行政许可法》第 5 条:设定和实施行政许可,应当遵循公开、公平、公正、非歧视的原则。

符合法定条件、标准的,申请人有依法取得行政许可的平等权利,行政机关不得歧视任何人。

2. 比例原则

比例原则要求行政机关在采取某项措施时,必须权衡公共利益目标的实现和对个人或组织合法权益的保障,若为了实现公共利益目标而可能采取对个人或组织权益不利的措施时,应当将不利影响限制在尽可能小的范围和限度之内,而且要保持二者之间适度的比例。具体包含以下三个方面的要求。

(1) 目的的适当性,即行政行为的作出要符合法律目的,不得与法律目的相背离。由于行政行为本身要基于法律授权才能作出,即行政职权法定,因此行政机关在进行行政行为时,也只能考虑符合立法授权目的的各种因素,排除不相干的因素。

(2) 必要性,即行政机关采取的是在可选择的几个适当措施之中对于个人或组织合法权益造成侵害最小的措施。

(3) 目的与手段之间保持比例,也称为狭义比例原则或者说平衡原则,它是比例原则的核心内容,即行政机关采取的措施与目的之间是成比例关系的,行政机关采取的措施对个人或组织合法权益造成的侵害越多,目的的公共利益价值就应该越大,反之,就应该越小。

【案例 5-1】

2013 年 9 月 1 日 9 时许,任敏搭乘其夫杨洋驾驶的渝 FKE308 两轮摩托车从巫山县官渡镇驶往庙宇镇,当行驶至铜鼓镇加油站路段时,恰逢铜鼓镇政府安全监督管理办公室工作人员向军等人进行交通检查,因杨洋未戴头盔,向军等人通过喊话的方式纠正其违法行为,但杨洋未停车。后向军欲用手抓摩托车钥匙制止其继续行驶,杨洋为躲避该行为致使摩托车倒地,造成任敏受伤。任敏伤后被送往巫山县人民医院治疗,花费医疗费 88214.33 元。

重庆市巫山县公安局物证鉴定室与重庆市万州司法鉴定所对任敏伤势出具《法医学人体损伤程度鉴定意见书》,分别认定为"重伤,特重型颅脑损伤愈后遗留智力缺损和神经功能障碍后遗症构成七级伤残"与"特重型颅脑损伤致轻度智力缺损属八级伤残"。

后任敏向重庆市巫山县人民法院提出行政赔偿申请,法院一审后,作出行政判决,认为"铜鼓镇政府实施的行政行为已被确认为违法,结合其过错程度,酌定由其承担 60%的赔偿责任",判决"由铜鼓镇政府于本判决生效后 10 日内,赔偿任敏医疗费、残疾赔偿金等费用共计 253849.70 元;由铜鼓镇政府于本判决生效后 10 日后,赔偿任敏精神损害抚慰金 15000 元。"巫山县铜鼓镇人民政府不服该判决,遂向重庆市第二中级人民法院提起上诉。

【案例分析】

行政机关在制止相对人的违法行为时,应当充分考虑制止违法行为的现实紧迫性,违法行为对公共利益带来的损害以及制止违法行为对违法行为人产生的不利后果等要素,并在此基础上,采取对相对人造成最小侵害的方式。

本案所涉损害后果在上诉人铜鼓镇政府的工作人员查处任敏、杨洋道路交通违法行为过程中发生。任敏的违法行为是没有戴安全头盔,镇政府工作人员在喊话未能制止摩托车行进的情况下,上前阻拦行进中的摩托车并强行去拔摩托车钥匙,致使摩托车失控倒地，任敏受伤。从摩托车的结构特点看，钥匙在操控摩托车龙头的两手之间，在旁人去拔行进中的摩托钥匙时，其身体必然临近摩托车，摩托车驾驶员的本能反应当然是转动龙头躲避。

采取这一躲避行为并不当然产生摩托车失控倒地的后果，但是行政机关在制止相对人的违法行为时应考虑比例原则，采取附加伤害最小的方式。乘坐摩托车时不戴安全头盔是违法行为，该行为更多的是危害自身的安全，制止该违法行为的紧迫性从公共安全的角度来说并不明显。而对于行进中的摩托车施加干扰拔除钥匙迫使停车，就是危害公共交通安全的行为，其潜在的受损对象是不特定的人员，危害性更大。不应以危害较大的行为制止相对较轻的违章行为。原审法院综合考虑本案情况，给铜鼓镇政府划分60%的责任并无不当。

3. 信赖保护原则

信赖保护原则，是指行政机关应守信用，个人或组织对行政行为的正当信赖应当予以合理保护，以使其免受不可预计的不利后果。信赖保护原则的基础在于法律稳定、政府诚信以及公民基本权利保障。若行政机关随意改变其已经作出的行为、反复无常，那么，不仅法律秩序难以在一段时间内保持安定状态，政府在民众中也会失去信用，更会让公民的基本权利难以得到正当的保护。

信赖保护原则的具体适用比较复杂，但大致必须符合以下条件。

(1)信赖的基础是行政机关的一定行为，包括作为、不作为以及承诺。

(2)个人或组织对该行政行为存在信赖，这种信赖是通过个人或组织采取的某种行为表现出来的。

(3)个人或组织的信赖是值得保护的正当信赖。如果是当事人通过恶意欺诈、胁迫、贿赂或其他不正当方法导致行政机关作出行为的，或者当事人对重要事项提供不正确资料或不完全陈述而导致政府行为的，或者当事人明知政府行为违法或者出于重大过失而忽视政府行为违法性的，那么，个人或组织的信赖就是不正当信赖，法律不予以保护。

如果上述条件满足，信赖保护可以采取两种方式：一是存续保护的方式，即政府不得撤销、变更或废止已经作出的行为；二是补偿保护的方式，即政府在权衡公共利益和个人或组织的信赖利益之后，认为公共利益明显大于个人或组织的信赖利益，必须撤销、变更或废止已经作出的行政行为，否则，公共利益会受到重大损失，那么，政府可以撤销、变更或废止行政行为，但同时应当对个人或组织由此而受到的合法权益损失予以适当的补偿。

小贴士

《行政许可法》第8条：公民、法人或者其他组织依法取得的行政许可受法律保护，行政机关不得擅自改变已经生效的行政许可。

行政许可所依据的法律、法规、规章修改或者废止，或者准予行政许可所依据的客观情况发生重大变化的,为了公共利益的需要,行政机关可以依法变更或者撤回已经生效的行政许可。由此给公民、法人或者其他组织造成财产损失的,行政机关应当依法给予补偿。

第二节　行政主体

一、行政主体概述

(一) 行政主体的概念

行政主体是指能够以自己的名义实施国家行政管理职能并承受相应法律后果的国家行政机关和社会组织。行政主体不是一个法律概念,而是一个学理上的概念。行政主体这一范畴的基本作用,是在实施行政管理、进行行政复议与行政诉讼和国家赔偿中,设置一个代表国家的法律行为主体。行政主体在范围上包括行政机关和法律、法规、规章授权的非政府组织。

判断某一个组织是否属于行政主体,可以从三个角度来观察,分别是职权的行使、对外实施行政活动时的名义以及承担责任的方式。

首先,行政主体是依法享有行政职权或负担行政职责的组织,以作为行政主体的行政机关为例,它的行政职权有行政立法权、行政命令权、行政决定权、行政监督权、行政处罚权、行政强制权、行政裁决权,等等。行政机关的一般职责主要有保障国家安全,维护社会秩序,保障和促进经济发展,保障和促进文化进步,健全和发展社会保障与社会福利,保护和改善人类生活环境与生态环境。行政主体还有权代表国家和社会组织独立的行使职权,主要是指有关国家机关或社会组织能够在法律规定的范围内,依照自己的判断来作出决定,发布命令,以自己的名义行使行政职权,独立的作出行政行为,以自己的职责保障这些决定和命令的实施等。

> **小贴士**
>
> 需要注意的是行政机关只有在拥有职权而且正在行使职权的时候,才被称作是行政主体。例如,某国土资源局向办理土地使用权抵押登记手续的土地使用权者收取了土地权属调查费、证书工本费。当地的物价局认为这是乱收费,于是作出了没收 5 万元调查费和工本费的行政处罚决定。但是,在这个价格收费监管法律关系里,国土资源局不再是行政主体,而是被管理对象,是行政处罚的相对人,因为它并没有行使法律所赋予它的行政管理职权。再比如,行政机关以私主体的身份去购买办公用品,在这个买卖合同关系中,行政机关并没有行使自己的行政权力,因此,也不能被视为是行政主体。

其次,行政主体以自己的名义对外行使行政职权。以自己的名义的核心体现就是行政性文件的签署。例如县公安局的治安科,是公安局的一个内部行政机构,其本身并不具有独立的法律人格,当它作出治安行政处罚决定时,只能盖县公安局的章,因为治安科不是适格的行政主体。以谁的名义作出决定,会影响到责任的归属以及行政诉讼被告的确定。我国行政诉讼中被告的确定采取的是署名主义原则。

再次,行政主体能够独立的承担法律责任。其中最重要的判断标准是看该主体能否独立承担责任。承担责任的表现方式包括充当行政诉讼的被告、行政复议的被申请人、行政赔偿的义务机关,并独立的承担复议、诉讼或赔偿的后果。判断一个机构或组织是否具有独立承担责任的能力关键是要看它有没有得到法律、法规、规章的授权。如果获得了规章及以上级别立法性文件的授权,根据行政诉讼法的规定,就可以成为行政诉讼的被告,也就具有了独立承担责任的能力。

【案例 5-2】

某高校大学生田某不经意将一张写有公式的纸条带入考场,后被发现,学校对其作出退学处分决定,但该决定并未正式通知其本人。在之后的时间里,田某依然参与学校正常的学习活动,按照教学计划完成了相应课程,参加了相关考试并且顺利通过。但是,在田某毕业之时,学校以其不具备学籍为理由,拒绝为其颁发毕业证书和学士学位证书,且拒绝为其办理毕业派遣手续。因此,田某向法院起诉,要求法院判令被告高校为其颁发毕业证书、学位证书并承担相关责任。

【案例分析】

本案中的关键就在于涉案高校作为行政诉讼的主体是否适格。在早期理论界以及司法实践中,行政主体的范围仅被限定为行政机关。但是在后期的实践和理论发展中,对于学生具有一定行政处分权力的高校也被列入了行政诉讼被告的范畴内。

本案一审中,法院作出了有利于原告的判决;二审时,法院也驳回了被告的上诉。法官分别引用了《教育法》第21条以及《学位条例》第8条之规定,认定高等学院具有法律法规授予的颁发毕业证和学士学位证书权力,属于行政管理活动,是行政诉讼的适格,从而将高校作为了行政主体之一。可以说,本案在行政主体的认定上具有里程碑的意义,为今后行政诉讼被告资格的确立作出了示范,也进一步确定了某些非行政组织的行政主体地位。

(二) 行政主体的类型

1. 职权行政主体和授权行政主体

根据行政职权的来源不同,可以将行政主体分为职权行政主体和授权行政主体,职权行政主体与授权行政主体同为行政主体,但是二者却有明显的区别。

第一,行政职权的性质不同,职权行政主体拥有的行政职权是固有职权,而授权行政主体拥有的职权主要是非固有职权。

第二，行政职权的来源不同，职权行政主体的行政职权来源于宪法、法律和法规的明确规定，尤其是宪法和组织法的明确规定，而授权行政主体的行政职权主要来自于法律法规的规定或有权机关的依法授权。

第三，取得主体资格的时间不同，职权行政主体自行政法人成立之日起就取得了行政主体的资格，而授权行政主体常常在成立之后，经法律法规的特别授权才有行政主体的资格。

第四，行政主体的性质不同，职权行政主体为国家正式的行政机关、授权行政主体则为行政机构或社会组织。

2. 中央行政主体和地方行政主体

根据管辖范围的不同，可将行政主体分为中央行政主体和地方行政主体。中央行政主体是指行使行政职权的范围及于全国的机关或组织，例如国务院各部委管理的国家局、国务院直属机构等。地方行政主体是指行使职权的范围仅限于本行政区的机关或组织，如地方各级人民政府、各级政府的职能部门等。

3. 地域行政主体和公务行政主体

根据行政主体组织结构的差异和行使职权的对象不同，可将行政主体分为地域行政主体和公务行政主体。地域行政主体是指以行政地域为基础，其行使行政职权的范围及对象与行政主体所处的行政地域紧密联系的组织，如我国的各级人民政府及其职能部门。公务行政主体是指依法从事一定公务活动，不以地域为设立标准，独立享有行政法上的权利义务的行政主体。

二、我国现行行政机关的体系

（一）中央行政机关

中央行政机关，包括国务院和国务院的各工作部门。

国务院，即中央人民政府，是我国的最高的行政机关和最高权力机关的执行机关。国务院作为国家的核心中央机关，其组织原则、组织机构、活动准则等一系列具体问题，均由宪法和国务院组织法来规定。依据宪法和国务院组织法的规定，国务院享有并行使广泛的行政管理权。我国宪法明确规定了国务院的18项行政管理权。

国务院的工作部门包括国务院各部委，国务院各部委是国务院的组成部分，是国务院的工作部门或职能机关。例如外交部、国家发展和改革委员会、科学技术部、人力资源和社会保障部、自然资源部、国家卫生健康委员会、审计署，等等。根据第十一届全国人大第一次会议《关于国务院机构改革方案的决定》，国务院除办公厅外，设组成部门26个。根据宪法和国务院组织法的规定，国务院各部委对国务院所管辖的某一方面或某一类行政事务享有全国范围的管理权限。各部委的设立经总理提出，由全国人大或人大常委会决定,各部委实行部长委员会主任负责制。

国务院的直属机构是国务院根据工作需要设立,由国务院直接领导的行政机关,负责领导和管理全国某一方面的行政事务,其业务具有独立性和专门性,可以在其权限内规定行政措施、发布全国遵循的规范性文件,例如海关总署、国家市场监督管理总局、国家体育总局、国家统计局,等等。

国务院部委管理的国家局是国务院根据国家行政事务的需要,设立的由主管部委管理的负责国家某方面工作的行政管理机关,例如,国家能源局是由国家发展和改革委员会管理的,国家烟草专卖局是由工业和信息化部管理的,国家林业和草原局是由自然资源部管理的,中国民用航空总局是由交通运输部管理的,等等。

国务院办事机构主要是协助国务院总理办理专门事项,不具有独立的行政管理职能的机构。目前国务院的办事机构主要有两个:国务院港澳事务办公室和国务院研究室。

国务院直属事业单位。例如众所周知的新华通讯社,中国社会科学院、国务院发展研究中心,中国气象局,等等。

国务院议事协调机构和临时机构,跨部门设立的议事,承担跨国务院行政机构的重要业务工作的组织协调任务。例如国务院南水北调工程建设委员会、国家森林防火指挥部、推进一带一路建设工作领导小组,等等。

(二) 一般地方行政机关

一般地方行政机关包括地方各级人民政府及其工作部门。一般地方行政机关通常分为三级:省、直辖市人民政府,县、县级市及市(指下设区、县的市)辖区人民政府,乡、镇人民政府。在某些地方,省级地方行政机关与县级地方行政机关之间还设有一级人民政府,即市(指下设区、县的市)人民政府,这些地方的行政机关是四级而不是三级。至于在省级人民政府之下设立的地区行署,在县级人民政府之下设立的区公所,在市、市辖区人民政府之下设立的街道办事处,它们均不是一级地方行政机关,而只是相应地方人民政府的派出机关。

地方各级人民政府是地方各级人民代表大会的执行机关,同时是地方各级国家行政机关。地方各级人民政府实行双重从属制:既从属于本级人民代表大会,对本级人民代表大会负责和报告工作,同时又从属于上一级国家行政机关,对上一级国家行政机关负责和报告工作,并且接受国务院的统一领导和服从国务院。

地方各级人民政府由正副职政府首长和各政府工作部门负责人组成。省、市级人民政府组成人员还包括秘书长,乡镇人民政府则只设乡长、副乡长、镇长、副镇长,不再设专门工作部门。地方各级人民政府均实行首长负责制。县级以上地方人民政府同时也设全体会议和常务会议两种会议。全体会议由本级人民政府全体成员组成,常务会议由正副职政府首长组成,省、市级政府常务会议的组成人员还包括秘书长。政府正职行政首长主持本级人民政府的全体会议和常务会议。政府工作中的重大问题,必须经政府常务会议或全体会议讨论决定。

地方人民政府工作部门的设立由本级人民政府决定,报上一级人民政府批准。地方人民政府各工作部门通常既受本级人民政府统一领导,同时受上一级人民政府主管部门的领导或业务指导。

(三) 民族自治地方行政机关

民族自治地方行政机关是指自治区、自治州、自治县、民族乡的人民政府及其工作部门(民族乡不设专门工作部门)。民族自治地方的人民政府既是民族自治地方人民代表大会的执行机关,也是民族自治地方的行政机关。同时,自治区、自治州、自治县的人民政府与其相应人民代表大会同为民族自治地方的自治机关。

民族自治地方行政机关的组织同于一般地方行政机关的组织,只是自治区、自治州、自治县人民政府的正职行政首长必须由实行民族区域自治的民族的公民担任。民族自治地方的行政机关除行使宪法和法律规定的一般地方行政机关的职权外,同时依照宪法、民族区域自治法和其他有关法律的规范行使自治权,根据本地方实际情况贯彻执行国家的法律、政策。

(四) 特别行政区行政机关

我国《宪法》第31条规定:"国家在必要时得设立特别行政区。在特别行政区内实行的制度按照具体情况由全国人民代表大会以法律规定。"根据《宪法》的上述规定,我国已于1997年7月1日设立香港特别行政区,1999年12月20日设立澳门特别行政区,全国人民代表大会先后为此专门制定了《香港特别行政区基本法》(于1990年4月4日由第七届全国人民代表大会第三次会议通过)和《澳门特别行政区基本法》(于1993年3月31日由第八届全国人民代表大会第一次会议通过)。

根据《香港特别行政区基本法》的规定,香港特别行政区的政府是香港特别行政区行政机关。特别行政区政府的首长是特别行政区行政长官。特别行政区政府对特别行政区立法委员会负责,执行立法会通过并已生效的法律,定期向立法会作施政报告,答复立法会议员的质询。特别行政区征税和公共开支须经立法会批准。特别行政区政府设政务司、财政司、律政司和若干局、处、署作为其工作部门。特别行政区的主要官员由在香港通常居住连续满15年并在外国无居留权的香港特别行政区永久性居民中的中国公民担任。

根据《澳门特别行政区基本法》的规定,澳门特别行政区政府是澳门特别行政区的行政机关。特别行政区的首长是特别行政区的行政长官。特别行政区政府对特别行政区立法会负责,执行立法会通过并已生效的法律,定期向立法会作施政报告,答复立法会议员的质询。特别行政区政府设若干司、局、厅、处作为其工作部门。特别行政区政府主要官员由在澳门通常居住连续满15年的澳门特别行政区永久性居民中的中国公民担任。

🚩【延伸阅读】

行政机关与行政主体的关系

行政机关并不是在任何状态下都是行政主体。行政机关在社会活动中主要有三种身份和地位。

(1)行政机关在行使法定的行政职权时,才有行政主体的地位和身份。只有在这种状态下才享有比相对人更多的行政优益权和行政优先权,相对人才必须服从行政机关的管理,行政机关的行为才具有公定力。行政机关在这种身份和地位的基础上,才受行政法律规范的调整。

(2)行政机关在进行民事活动时,即为民事主体,此时的行政机关与对方的法律地位是平等的,它们的法律关系受民事法律规范的调整。例如,公安局的办公大楼因故需修缮,公安局临时搬到一家物业公司的大厦里办公,并与物业公司签订了房屋租赁协议。在这一民事协议法律关系中,公安局是以民事主体的身份与协议相对方平等协商,双方意思表示一致达成合意形成租赁协议法律关系。

(3)行政机关在受另一个行政主体管理时,即为行政管理相对人,此时的行政机关是处于相对人的地位而被另一个作为行政主体的行政机关所管理。例如,(接上例)公安局向规划局申请建新的办公大楼。在公安局办公大楼的规划建设行政行为中,公安局是行政相对人,其提出行政许可申请,规划局是行使城市建设规划权的行政主体。可见,只有当行政机关以自己的名义依法行使行政管理职权的时候,其才是行政主体。否则,其既可能是民事主体,也可能是行政相对人。

三、实施行政职能的非政府组织

在现代社会,由于经济和社会的发展,行政事务越来越复杂,行政专业色彩也越来越深化,以及为了顺应民主发展的趋势,国家职能不断地向社会转移,而行政机关受制于编制经费以及专业水平等因素的影响,依靠本身的力量有时难以完成行政任务,因而一些非政府组织就被赋予了实施行政管理的职权。

(一)被授权组织

1. 概念和特征

被授权组织是指依照法律法规的规定,以自己的名义行使特定行政职能,参加行政复议和行政诉讼,并承担相应法律责任的非政府组织。它具有以下几个特征。

(1)被授权组织是指非国家行政机关的组织,它们不同于国家行政机关,不具有国家机关的地位,只有在行使法律法规授予其的行政职能时,才享有行政权力和独立承担行政法律责任。在非行使法律法规所授予的行政职能时,其只是一般的社会公共组织或是一般的民事主体。

(2)被授权组织行使的是特定行政职能,而非一般行政职能。所谓特定行政职能,仅限于相应的法律法规明确规定的某项或某几项具体职能或是具体事项,其范围通常是有限的。例如根据教育法的授权,高等学校有按照有关规定颁发学历证书以及依法对达到一定学术水平或专业技术水平的人员授予相应的学位、颁发学位证书,对受教育者进行学籍管理、实施奖励或者处分的权力。其职权范围比较有限,在大多数场合,高等学校的日常工作还是教书育人和开展学术科研活动,并非行使国家行政职能。

小贴士

《教育法》第29条:学校及其他教育机构行使下列权利:①按照章程自主管理;②组织实施教育教学活动;③招收学生或者其他受教育者;④对受教育者进行学籍管理,实施奖励或者处分;⑤对受教育者颁发相应的学业证书;⑥聘任教师及其他职工,实施奖励或者处分;⑦管理、使用本单位的设施和经费;⑧拒绝任何组织和个人对教育教学活动的非法干涉;⑨法律、法规规定的其他权利。国家保护学校及其他教育机构的合法权益不受侵犯。

(3)被授权组织行使的权力来源于法律法规的授权。这里有两点需要注意,一是与国家行政机关这种行政主体相比,法律法规授权的组织,其权力来源于宪法和组织法以外的法律、法规、规章的授予,而非行政组织法所授予。

小贴士

《行政处罚法》第19条:法律法规授权的具有管理公共事务职能的组织可以在法定授权范围内实施行政处罚。

2. 被授权组织的范围

被授权组织的范围在实践中相当广泛,主要包括基层群众自治性组织、公益性社会团体、企业组织、事业单位、人民团体、行政机关的内设机构和派出机构等。在我国,比较常见的被授权组织是事业单位。事业单位大致分为两类,一类是执行国家行政管理职能的事业单位,比如中国气象局、中国银行保险监督管理委员会和中国证券监督管理委员会等;另一类是履行公共服务职能的事业单位,它们是出于社会公益的目的,由国家机关举办或者由其他组织利用国有资产举办的从事教育、科技、文化、卫生等活动并提供社会服务的公共组织,比如高等院校、卫生防疫组织等。

被授权的组织依法行使行政职能是国家职能向社会转移的表现。目前社会自治的许多重要问题尚未在法律上解决,被授权组织的认定在行政法上的地位、职能管理的范围以及纠纷解决适用何种诉讼程序等方面还不十分清晰,加强立法已经变得十分紧迫。

(二)受行政机关委托的组织

受行政机关委托的组织,通常简称为受委托的组织,是指受行政机关委托,以委托机关的名义,在委托事项范围内从事行政管理活动的组织。

受委托组织通常有以下几个特征。

(1)受委托组织所行使的行政职权来源于行政机关的委托,而不是直接来源于法律法规的授予,这一点与法律法规授权的组织不同。

(2)受委托组织需在委托事项范围内从事行政活动,而不能行使未被委托的权利。

(3)受委托组织是以委托行政机关的名义对外行使权力,履行行政职责,其法律后果由委托的行政机关承担,即受委托组织不具备行政主体资格,只能以委托机关的名义作出行政行为,由委托机关承担法律责任。

受委托组织只是行政职权的行为主体,但不是责任主体,这一点是其与法律法规授权组织的根本区别。受委托组织的范围相当广泛,从现行法律法规的规定和行政管理实践来看,受委托组织的范围大致相当于被授权组织的范围。

【延伸阅读】

被授权组织与受委托组织的区别

(1)对象不同。被授权组织必须是管理公共事务的非国家机关组织;行政机关委托的组织包括其他行政机关和组织。

(2)权力来源不同。被授权组织的行政权力直接来源于法律法规的授权;行政机关委托的组织的行政权力来源于行政机关的委托。

(3)行使权力的名义不同。被授权组织的行政权力因为直接来自于法律法规的授权,它可以以自己的名义行使权力;行政机关委托的组织的行政权力因为来自于行政机关的委托,与行政机关之间存在着委托与被委托的关系,因此,只能以委托行政机关的名义行使权力。

(4)承担责任的主体不同。被授权的组织因为是以自己的名义行使行政权力,当然也以自己的名义承担法律责任;行政机关委托的组织是以委托的行政机关的名义行使行政权力,也应当由行使行政权力的名义机关承担法律责任,而不由受委托的组织承担责任。

第三节 行政行为

行政行为是行政法的核心概念,厘清这一核心概念是理解和掌握行政法基本知识的基础。

一、行政行为的含义与特征

1. 行政行为的含义

行政行为是指行政主体及其工作人员、行政主体委托的组织或个人实施的产生行政法律效果的行为。首先,行政行为的主体是行政主体;其次,行政行为是行政主体作出的产生法律效果的行为;再次,行政行为是具有行政法意义的行为;最后,行政行为一般是指行政主体对外实施的产生行政法律效果的行为,不包括行政主体的内部行为。

2. 行政行为的特征

(1)公务性。行政行为是公务行为,是为全体国民提供公共服务的行为,是为社会提供公共物品。

(2)从属法律性。行政主体行使行政权的行为必须根据并服从法律,必须全面全程地接受法律的监督,不能凌驾于法律之上或者游离于法律之外。如果行政行为违背宪法和法律的规定,行政主体就必须承担相应的法律责任。依法治国要求行政主体依法行政,法无授权不可为,法定职责必须为,法定职权职责依法为。

【案例5-3】

某年8月18号晚上11时许,陕西省延安市宝塔公安局万花派出所民警接群众电话举报,称张某夫妇在家中播放淫秽碟片,4名民警前去调查,民警虽身穿警服,但并没有戴警帽,也没有佩戴警号和警徽,他们找借口进入张某家中,径直来到张某卧室,此时卧室中的电视机已经关闭,民警欲从影碟机中取出碟片,张某阻挡民警的执法行为,并抢起一根木棍砸向其中一名民警,致使该民警的手被打肿,另一名民警的衣服被抓破。

民警以妨碍警方执行公务为由,将张某带回派出所,并将从现场搜到的三张光碟连同电视机、影碟机作为证据带回。张某向派出所交了1000元暂扣款后被放回。时隔两个月后的10月21号中午,张某又被宝塔公安分局治安大队以调查案子为由带走,随即又以涉嫌妨碍公务被刑事拘留。

请问:本案中民警的执法行为是否符合合法行政原则?

【案例分析】

该民警的执法行为不符合合法行政原则。首先,合法行政原则要求行政职权法定公安机关的行政权利须遵循法定原则,行政行为的作出必须有法律的明文依据,否则不得为之。由于法律并没有授予警察查处夫妻在家中观看淫秽碟行为的权力,因此本案中警察缺乏执法依据,无权查处。其次,合法行政原则,要求行政行为应当受法律拘束,形式和程序均需符合法律要求。本案中行政执法程序不合法。

根据《治安管理处罚法》的规定,公安机关检查公民的住所时必须出示工作证件和县级以上公安机关开具的检查证明文件,本案中的民警两证均未出示,不符合法定程序。再次,本案警察非法进入住宅,公共行政权力粗暴地介入了私人空间,侵犯了公民的隐私权。最后,由于执行公务本身于法无据,因此所谓的妨害公务根本无从谈起。

(3)裁量性。行政行为虽然必须依法而行,必须有法律根据,但法律不可能将行政行为的具体内容都予以严密的规范,行政机关应有一定的自行选择裁量的余地,行政行为的自由裁量性与从属法律性不是截然对立的,而是矛盾的对立统一。

自由裁量不是无限制的自由裁量,而是在法律法规范围内的裁量。从属于法律也不是机械地执行法律、适用法律,而是充分运用其主观能动性,紧紧地把握相应法律法规的立法目的,积极地、灵活地执行法律、适用法律,使立法目的能够得到最佳的实现。

(4)权力性。行政行为是以国家名义执行法律的行为,行政主体为行使其管理职能享有相应的管理权利和管理手段。行政主体根据法律的规定作出一定行为,如果遇到了障碍,在没有其他途径克服障碍时,可以运用其享有的行政权力和手段,包括行政强制手段来消除障碍,保证其行政执法目标的实现。

【案例 5-4】

某汽车销售有限公司未经规划部门批准在北京市密云区搭建违法建筑两间。该区城管执法队经调查、取证、现场勘验、检查,并询问该汽车销售有限公司法定代表人,确认汽车销售有限公司为违法建筑所有人。城管执法队根据《北京市市容环境卫生条例》规定,报经区政府批准对上述违法建筑作出强制拆除决定书。

之后,汽车销售有限公司的违法建筑被强制拆除。该汽车销售有限公司不服该强制拆除决定诉至法院,声称城管执法队所作强制拆除决定中确认的违法建筑不是自己公司所建,请求撤销该强制拆除决定。同时,汽车城诉称,城管大队对汽车销售有限公司作出的强制拆除决定所涉及的建筑是属于汽车城的,该决定侵犯汽车城合法权益,请求法院依法撤销城管执法队作出的强制拆除决定,并赔偿其经济损失 80 万元。

请问:本案的强制拆除行为是否合法?

【案例分析】

采取行政强制措施也是一种行政行为,因而,其合法性的判断标准也应当是《行政复议法》和《行政诉讼法》所确立的对行政行为的审查标准,即认定事实是否清楚;证据是否确凿;适用依据是否正确;程序是否合法。

本案中,在发现未经规划部门批准的违法建筑后,城管执法队经调查、取证、现场勘验、检查,并询问汽车销售有限公司法定代表人,才确认汽车销售有限公司为违法建筑所有人,符合认定事实清楚。

《北京市市容环境卫生条例》第 27 条规定:"对未经批准搭建的影响市容的建筑物、构筑物或者其他设施,由城市管理综合执法部门责令限期拆除;逾期未拆除的,经市、区人民政府批准后,予以强制拆除,并可对建筑物按照建筑面积处每平方米 300 元以上 3000 元以下罚款,可对构筑物、其他设施处工程造价一倍的罚款。"城管执法队依法作出强制拆除决定,程序合法,没有争议。本案中城管执法队的强制拆除是对违法行政相对人的财产的强制执行措施,"强制"自身的内在侵益性决定了它必须由法律法规明确规定,采取行政强制措施的行政机关必须按照法定形式实施,不得任意创新或者更改。

二、行政行为的分类

（一）行政立法行为、行政执法行为行与行政司法行为

以行政权作用的方式和实施行政行为所形成的法律关系为标准，可以将行政行为划分为行政立法行为、行政执法行为与行政司法行为。行政立法行为，比如国务院制定行政法规和国务院部委制定部委规章等行为。行政执法行为如行政许可、行政确认、行政征收、行政强制等。行政司法行为如行政裁决、行政仲裁等。

（二）抽象行政行为与具体行政行为

以行政行为的对象是否特定为标准，可以将行政行为划分为抽象行政行为和具体行政行为。抽象行政行为是指以不特定的人或事为管理对象制定具有普遍约束力的规范性文件的行为，例如制定行政法规、行政规章和行政规范性文件的行为。

具体行政行为是指在行政管理过程中，针对特定的人或事所采取具体措施的行为，其行为的内容和结果将直接影响某一个人或组织的权益。具体行政行为最为突出的特点就是行为对象的特定性和一体化。具体行政行为一般包括行政许可、行政确认、行政奖励、行政给付、行政征收、行政处罚、行政强制、行政监督、行政裁决等行为。

（三）羁束行政行为与裁量行政行为

以行政行为已受法律规范拘束的程度为标准，可以将行政行为划分为羁束行政行为和裁量行政行为。羁束行政行为是指法律规范对其范围、条件、标准、形式、程序等做了较详细具体明确的规定的行政行为。裁量行政行为是指法律规范仅对行为的目的、行为范围等做原则性的规定，而将行为的具体条件、标准、幅度、方式等留给行政机关自行选择、决定的行政行为。

羁束行政行为与裁量行政行为的划分，决定了在此范围内人民法院审理涉行政行为案件的程度和深度。人民法院审理涉行政案件是对具体行政行为的合法性进行审查，对行政行为是否适当原则上是不予审理的。对于羁束行政行为，行政相对人不服的，可以向法院提起行政诉讼；而对于裁量行政行为，如果不是显示公正，人民法院不予受理。

（四）依职权行政行为与依申请行政行为

以行政机关是否可以主动作出行政行为为标准，可以将行政行为划分为依职权的行政行为和依申请的行政行为。依职权的行政行为指行政机关依据法律赋予的职权，无需相对方的请求而主动实施的行政行为。依申请的行政行为是指行政机关必须有相对方的申请才能够实施的行政行为。

对依职权和依申请的行政行为进行分类研究的意义，主要在于明确二者之间不同的规则，有助于法院对行政行为合法性的审查判断。

(五) 授益行政行为与负担行政行为

以行政行为对相对人利益的不同影响为标准,可将行政行为划分为授益行政行为与负担行政行为。授益行政行为是指行政主体依法授予行政相对人权利或者免除相对人义务的行为,如行政许可、行政给付等。负担行政行为是指行政主体科以行政相对人义务或对相对人给予处罚制裁的行为,如行政征收、行政强制、行政处罚等。

(六) 附款行政行为与无附款行政行为

以行政行为有无限制条件为标准,可以将行政行为划分为附款行政行为与无附款行政行为。附款行政行为是指其效力附有一定的条件限制的行政行为,限制条件通常包括时间条件、期限条件、作为条件、不作为条件等。

(七) 要式行政行为与非要式行政行为

以行政行为是否应当具备一定的法定形式为标准,可以将行政行为划分为要式行政行为与非要式行政行为。要式行政行为是指必须具备某种法定的形式或遵守法定程序才能成立生效的行政行为。例如行政处罚必须以书面形式作出、加盖公章才能生效。非要式行政行为是指不需一定方式和程序,无论采取何种形式都可以成立的行政行为。

三、行政行为的合法要件

行政行为具备哪些要件才是合法的,或者说在哪些情形下是违法的,这是行政法学一个重要的理论范畴。行政行为的合法要件是指行政行为发生法律效力所应具备的基本要素或者条件。行政行为只有符合下列条件时,已经成立的行政行为才是合法的行政行为,才能在现实生活中发生法律效力。

(一) 行政行为主体合法

行政行为的主体是行政主体,合法行政行为的主体必须是合法成立的行政机关、法律法规授权的组织或者行政机关依法委托的组织,行政行为的实施者以行政主体的名义实施行政行为。确定行政行为的主体是否合法,必须审查行政行为的实施者是否具备行政主体资格。如果是行政机关,要审查相应行政机关是否依法设置、是否有相应组织法根据。如果是行政机关和法律法规授权的组织的工作人员,则要审查这些人员是否确定为相应机关、组织的工作人员,是否受该机关、组织派遣而实施相应行为,即代表行政机关实施行政行为的人员,必须是具有合法的公务员资格和身份的人员。如果是法律法规规定的合议制行为,应依照法定的合议程序由合法的公务人员召集和主持会议讨论审议,并且相应会议由法定票数通过,才能对外发生法律效力。

(二) 行政行为权限合法

合法行政行为必须是具有行政职权的组织,在其法定的行政权限范围内实施的行政行为。法律法规对于不同的行政主体规定了不同的职责权限,行政主体必须在法定的职权范围内行使行政权力。行政权限也是行使行政权力的限度,行政主体超越该"限度"行使权力,构成行政越权。越权无效是行政法学的共有原则。

为了做到职责法定、各司其职,行政主体实施行政权力应当从纵横两个方面防止行政越权。在纵向上,行政主体是严格按照层级节制的原则设立的,我国法律、法规或者规章对具有行政隶属关系的上下级行政主体之间处某一方面行政事务的权限一般有明确划分。在这种情况下,不同重要程度的事务应由不同级别的行政主体负责处理,下级机关未经授权或者委托,不得行使应由上级机关行使的权力;上级机关没有特别重大或者紧急的情况,也不得行使应由下级机关行使的权力。

在横向上,在没有行政隶属关系的同级行政主体之间,我国法律、法规或者规章对它们行使行政权力的范围也有规定。在此又可分为两种情况:一是从事不同性质行政事务的行政主体之间的权限划分,如某直辖市某区公安局和工商局之间的权限划分;二是具有相同性质的行政事务,但分属不同地域的行政主体管辖之间的权限划分,如某直辖市甲区环保局与乙区环保局之间权限的划分,未经授权或者委托,此行政主体也不得行使应由彼行政主体行使的职权。

(三)行政行为内容合法

行政行为内容合法是指行政行为所确定的权利和义务必须符合法律法规的规定。

1. 行政行为要有事实根据,证据确凿

行政行为必须有充分的根据,必须遵守先取证后裁决的基本原则。行政机关不仅要调查收集证据,而且证据必须要达到确凿的程度。所谓证据确凿,一般认为是要求行政机关收集的证据能够使正常人得出和行政机关一致的结论。

2. 行政行为具有准确适用依据

行政机关作出具体处理决定是根据证据适用法律的过程,因此行政机关必须准确适用法律规定。

3. 行政行为符合立法目的

行政主体实施行政行为是为了实现相应立法所欲达到的目的。例如行政机关为了从许可证申请人处取得好处,给明显不符合法定条件的企业发放许可证或者不遵循法定程序给申请人颁发许可证等,这都是违背立法目的的行为。

(四)行政行为的程序合法

行政程序,是指行政主体实施行政行为时所采取的方式、方法和步骤等。行政行为的程序合法具体包括以下方面。

1. 行政行为要符合法定的方式和形式

行政行为必须符合法定的方式和形式,否则不符合行政行为的合法要件。

2. 行政行为要符合法定的步骤顺序

行政步骤是指行政行为应该经过的过程、阶段和手续,例如行政主体实施行政处罚行为,在调查取证,查明事实之后,要告知行政相对人作出行政处罚决定的事实理由和依据,还应听取行政相对人的陈述、申辩或举行听证,在此之后作出正式处罚决定,最后将处罚决定书送达被处罚人等。行政行为如果不符合相应的法定步骤,会构成程序违法。行为顺序是指行政行为各步骤的先后顺序,例如行政许可法规定,要先受理申请,审查后再发证。

3. 行为符合要符合法定时限

法律规定了行政行为的时限,其主要的目的在于保障行政效率。行政行为如没有遵守法定时限,可能造成拖延和耽搁,会给国家和社会利益造成损害,也会给公民个人、组织的权益造成损害。

四、行政行为的效力

(一) 行政行为效力的内容

行政行为的效力指是行政行为生效以后可以产生哪些效力。

1. 公定力

公定力是指行政行为一经作出,除非有重大明显的违法情形,即推定其合法有效,任何机关组织和个人未经法定程序均不得否定其法律效力。公定力最为根本的行政效力,是其他行政效力赖以为继的基础。

理解公定力有两个要点:首先,公定力具有推定性,它是推定行政行为合法有效,而不是一定、真正的合法有效,公定力是行政权的自我确认。其次,公定力具有对世性。这种对世性要求所有机关、组织或者个人履行尊重和服从的义务。举例来说,行政诉讼法中的"诉讼期间不停止执行"原则,如果行政相对人对行政处罚不服,可以申请复议或者提起诉讼,但是在争讼期间,该处罚决定的内容还是继续执行,不能因为起诉就停止执行,这就是行政处罚公定力的体现。

【延伸阅读】

行政法上确定公定力的理由存在不同的学理解读。

第一种是法安说,尊重行政机关作出的行政行为,主要是为了维护法律关系的安定性。假设人人都可以凭借自己的判断来否定行政机关作出的行为的合法性,社会秩序将会处于动荡的、不稳定的状态。

第二种是既得权说。尊重行政行为主要是基于信赖保护,保护公民、法人、其他组织的既得权益。

第三种是公务连续性说,基于对于公共利益的考量,行政机关的公务不能中断,必须具有连续性,不能因为个人的主观判断的否定,就让行政行为的效力中断。

2. 确定力

确定力是指有效成立的行政行为具有不可变更力,即非依法定程序不得随意变更或撤销。例如行政机关在发给企业许可证或执照后,就不得随意变更许可事项和范围,而持有许可证的企业也不得随意改变许可范围或从事许可范围以外的活动。

行政行为之所以具有确定力,是因为行政主体向行政相对人所作的设定、变更或者消灭权利义务的行政行为,在一定意义上讲,是行政主体向行政相对人所作的一种承诺,行政主体有义务信守承诺,否则不仅会损害行政相对人对行政主体承诺的信任,而且会使行政管理处于不稳定状态。

当然,行政行为的确定力并非绝对的。行政行为生效之后,行政主体如果发现自己所作行政行为确实存在违法情形,可以依法予以变更,对于由此给行政相对人造成的损害应当承担相应的法律责任。行政相对人认为行政主体作出的违法行政行为,在法定期限内,也可以通过行政复议或者行政诉讼的方式要求撤销或者变更。

3. 拘束力

拘束力是指行政行为成立后,其内容对有关人员或组织所产生的法律上的约束力,有关人员和组织必须遵守、服从。例如行政主体命令某公司停业整顿,该公司即不得再行开工和营业;行政主体查封某个人财产,该个人即不得私自拆封并使用该财产,等等。

如果相关主体自觉遵从,行政行为内容得到自动的实现;如果相对人在法定期间内不自动履行行政行为所设定的义务,就会激活行政行为的执行力,导致强制执行。

【案例 5-5】

2019 年 8 月,某市某县矿务局的一台铲车在过街时与中学学生孙某相撞。之后,某县交警大队作出了案号为 2070118 的事故责任认定,认定孙某负全部责任。孙某不服,向某市交警支队提起行政复议。某市交警支队在法定期限内未作出复议决定。2020 年 1 月,某市交警支队认为主要事实不清,证据不足,要求某县交警大队重新作出行政行为。某县交警大队随后又作出了新的交通事故责任认定,案号仍为 2070118 号,认定孙某负主要责任,矿务局负次要责任。

请问:本案中某县交警大队的行政行为在程序上是否存在违法之处?

【案例分析】

拘束力是指行政行为对于行政机关和行政管理相对人,均具有使其遵守和服从该行政行为的法律效力。某县交警大队在原认定行为未被撤销的情况下,就同一案件作出了两份同一编号而内容不同的事故责任认定书,完全无视行政行为对自身的拘束力,该行政行为在程序上严重违法。

4. 执行力

执行力是指行政行为生效后,行政主体依法有权采取一定的手段,使行政行为的内容得以实现的效力。行政行为的执行力体现为两个方面:自动履行力和强制执行力。自动履行,是指行政行为具有的要求权利人及时行使权利,义务人主动履行义务的法律效力。强制执行力,是指义务人能够履行但是拒绝履行某种行政法定义务时,由法定机关依法强制其履行义务或者达到与履行义务相同的状态的法律效力。

(二) 行政行为的生效

行政行为的生效是指行政主体实施的法律行为,在完成期法定程序、具备相应法定要件后,正式对外发生法律效力。行政行为的生效主要有下列几种方式。

1. 即时生效

即时生效指行政行为一经作出即具有效力,对相对方立即生效。这种情况下,作出行政行为和行政行为开始生效的时间是一致的。即时生效的行为因为是当场作出,立即生效,其适用范围相对较窄,适用条件相对较为严格,一般适用于紧急情况下所作出的需要立即实施的行为。

2. 受领生效

受领生效,是指行政行为须为相对方受领,才开始生效。所谓受领是指行政机关将行政行为告知相对方,并为相对方所接受。受领生效,一般适用于以特定人为行为对象的行政行为,行政行为的对象明确、具体,一般是采用送达的方式。

3. 告知生效

告知生效是指行政机关将行政行为的内容采取公告或宣告等有效形式,使相对方知悉、明了行政行为的内容,该行政行为才能对相对方生效。与受领生效不同,告知生效所适用的对象主要是难以具体确定的相对方,包括不特定的多数人和具体的相对方,但住所地不明确,从而使行政行为的内容无法一一告知或难以具体告知。

4. 附条件生效

附条件生效,是指行政行为的生效附有一定的期限或其他条件,在所附期限来到或条件消除时,行政行为才开始生效。

(三) 行政行为的失效

行政行为可能因撤销、废止和确认无效而失效,也可因行政行为期限届满而失效。

1. 行政行为的撤销

行政行为的撤销是指行政行为在具备可撤销情形时,由有权国家机关作出撤销决定后而失去法律效力。行政行为撤销的对象是合法要件缺损或者不适当的行政行为。合法的行政行为必须具备四个要件:主体合法、权限合法、内容合法、程序合法。某个行政行为如果缺损其中一个或一个以上要件,该行政行为就是可撤销的行政行为。

不适当的行政行为也是可撤销的行政行为。不适当是指相应行为具有不合理、不公正、不符合现行政策、不合时宜、不合乎有关善良风俗习惯等情形。行政相对人申请行政复议或提起行政诉讼均有一定的时限限制，超过此时限即不能申请撤销相应行为，除非行为机关主动撤销（主动撤销又须受信赖保护原则的限制）或有权机关通过其他法定监督途径撤销。

可撤销的行政行为不同于行政行为的无效，无效的行政行为自始无效，而可撤销的行政行为只在撤销之后才失去效力，尽管这种失效也可追溯到行为作出之日。因为行政行为具有公定力，行政相对人在撤销决定作出之前仍要受该行为拘束，而且，可撤销的行为不一定、必然被撤销。《行政诉讼法》对于确认违法判决还引入了一种情形，如果撤销将会对国家公共利益造成重大损失，法院也不会撤销，而是使用确认违法的判决，并责令行政机关采取补救措施，造成损害的还要依法赔偿。

小贴士

《行政诉讼法》第70条：行政行为有下列情形之一的，人民法院判决撤销或者部分撤销，并可以判决被告重新作出行政行为：①主要证据不足的；②适用法律、法规错误的；③违反法定程序的；④超越职权的；⑤滥用职权的；⑥明显不当的。

《行政诉讼法》第74条：行政行为有下列情形之一的，人民法院判决确认违法，但不撤销行政行为：

（1）行政行为依法应当撤销，但撤销会给国家利益、社会公共利益造成重大损害的；

……

2. 废止

废止是指已经生效的行政行为，因为所依据的客观事实或者法律规范发生了变化，使得它自身的存在缺少了事实和法律规范的支撑。如果不废止，将有害于公共利益或他人的合法权益，就由行政机关根据法定的程序，使它面向未来失去法律效力的行为。

行政行为具有确定力，一经作出不得随意废止，只有在具有某些法定的条件下，才能依法定程序废止。行政行为废止的条件通常有三项：

（1）行政行为所依据的法律、法规、规章、政策已经为有权机关依法修改、废止或者撤销，如果行政行为继续维持，它的效力将与法律、法规、规章、政策相抵触，故行政主体必须废止原行政行为。

（2）行为所依据的客观情况发生重大变化，原行政行为继续存在将不利于或损害国家、社会公共利益，为了公共利益的需要，必须废止原行政行为。

（3）行政行为已完成原定目标、任务，没有继续存在的必要，行政行为自然终止。

行政行为自废止之日起失效，仅向后失去效力，并不溯及既往。原则上行政行为被废止之前，已经给予当事人的利益不再收回，行政相对人依原行政行为已履行的义务不能要求行政主体予以赔偿或补偿。如果废止行政行为使当事人的合法权益受到严重损失，或者带来严重的社会不公正，行政机关应当给予受到损失的行政相对人以必要的补偿。

小贴士

《行政许可法》第 8 条:公民、法人或者其他组织依法取得的行政许可受法律保护,行政机关不得擅自改变已经生效的行政许可。

行政许可所依据的法律、法规、规章修改或者废止,或者准予行政许可所依据的客观情况发生重大变化的,为了公共利益的需要,行政机关可以依法变更或者撤回已经生效的行政许可。由此给公民、法人或者其他组织造成财产损失的,行政机关应当依法给予补偿。

【案例 5-6】

优化投资环境是某市吸引投资的重要准备工作之一,但是旧书报亭破烂,非常影响市容,于是该市决定将书报亭折旧换新。市政府专门成立了"某市报刊零售整顿工作领导小组"(以下简称"整顿小组")决定拍卖新书报亭的经营权,并在制定拍卖政策时采取了优惠措施,对于没能获得书报亭经营权的原经营者,每户补偿 1000 元。

2017 年 9 月 4 日,"整顿小组"将 200 多个新书报亭的经营权面向全市下岗工人招标拍卖,价高者得。拍得新书报亭的人,可以获得 5~8 年的经营权。通过拍卖成交的最高价格达到了 7.2 万元,平均每个书报亭的成交价为 3 万多元。拍卖结束后有 33 户旧书报亭经营者流标,20 多户原经营者没有参加投标。

此次拍卖在当地引起了很大的争议,特别是引起原书报亭经营者的不满。"整顿小组"认为通过拍卖可以把书报亭这种社会资源重新分配,而原书报亭经营者认为当初审批书报亭时,土地局、规划局等各个政府部门都批准过,各证齐全,经营者每年也按时缴纳各种税费,从来没有人说过这些书报亭不合法,不能现在说拍卖就要拍卖,数万元的拍卖价格让一些原本想经营书报亭的下岗工人望而却步。

【案例分析】

本案中的"整顿小组"从性质上来说只是临时机关,在报刊零售亭整顿工作中职能主要是议事协调,"整顿小组"组织拍卖书报亭经营权的行为否认了政府先前授予经营者的行政许可,剥夺了原经营者的经营权。即便是出于公共利益的需要,也应当给予合理适当的补偿,而不是仅仅补偿 1000 元了事。

"整顿小组"代行了土地局、规划局、工商局等政府部门的职权,这种行为在行政法学上被称为"相对集中行政许可",而《行政许可法》明确规定,省、自治区、直辖市人民政府报请国务院批准之后方能实施相对集中行政许可,由一个行政机关行使相关行政机关的行政许可权。本案中的"整顿小组"并非《行政许可法》规定的行政许可实施主体。

3. 行政行为的无效

根据行政法的一般原理,行政行为如具备下述情形之一,可视为无效行政行为,有权国家机关可确认和宣布该行为无效。

(1)行政行为具有特别重大的违法情形。

例如,某市政府命令一个因有爆炸危险而停止向外供气的煤气供应站立即恢复向外供气。此行政命令如果被执行,将造成公民生命财产的重大的、无可挽回的损失。对此行政命令,相应煤气供应站就可以,而且应该视之为一个无效行政行为,不予执行。政府如果事后对该煤气供应站及其负责人给予行政处罚,该煤气供应站及其负责人即可向人民法院提起行政诉讼,请求确认相应行政命令无效,并撤销相应行政处罚。

(2)行政行为具有明显的违法情形。

例如,某地方政府作出一个行政决定,要求该地所有机关、企事业组织只能购买、使用该地企业生产的某种产品,而不能购买、使用外地企业生产的同类型产品。该决定显然属于限制竞争的地方保护主义行为,明显违法,故对相对人不产生拘束力。

(3)行政行为的实施将导致犯罪。

某县政府为了吸引外商投资,命令村民捕杀若干国家保护的珍稀动物用于宴请招待,因捕杀珍稀动物的行为属于犯罪行为,执行该政府的命令将导致犯罪,故村民有权抵制而不予执行。

(4)没有可能实施的行政行为。

例如,某砖瓦厂生产民用砖瓦投入生产前,其大气污染防治设施和噪声污染防治设施通过了环保部门的检验,烟尘、噪声排放量都符合国家规定的标准。但砖瓦厂投入生产之后,擅自扩大了规模,扩建窑炉,环保局现场检查后发现烟尘、噪声排放量均超标,于是作出从即日起禁止砖瓦厂向大气排放任何烟尘、产生任何噪声的行政决定。这样的行政决定是没有可能实施的决定。

(5)行政主体受胁迫作出的行政行为。

例如行政机关的工作人员在行政相对人武力或暴力威胁下颁发许可证、执照的行为,这样的行为就属于受胁迫的行政行为。

(6)行政主体不明确或明显超越行政主体职权的行政行为。

行政主体不明确,例如行政主体实施行政行为时不表明身份,在行政决定上不签署相应行政主体的名称,不加盖公章,使行政相对人不能确定该行政行为的行政主体是谁。

行政行为无效的法律后果包括以下几个方面。

一是行政相对人可不受该行政行为拘束,不履行该行政行为确定的义务,即具有抵制权,并且对此种不履行不承担法律责任。

二是行政相对人可以请求有权国家机关、行为机关的上级机关、人民法院来宣布该行为无效。

三是有权国家机关可以宣布相应行政行为无效,无效的行政行为不具有公定力和确定力。

四是行政行为被宣布无效后,行政主体通过相应行为从行政相对人处所获取的利益(如罚没款)均应返还相对人;所科以相对人的不当义务应取消;对相对人所造成的实际损失,应予以赔偿。至于行政相对人通过无效行政行为,从行政主体处获得的利益是否均应收回,应视相对人对行政主体作出的无效行政行为是否有过错而定。

小贴士

《行政诉讼法》第 75 条:行政行为有实施主体不具有行政主体资格或者没有依据等重大且明显违法情形,原告申请确认行政行为无效的,人民法院判决确认无效。

【课后复习题】

行政行为有哪些效力?

第六章 劳 动 法

【学习目标】
1. 了解劳动法的背景、概念、基本原则。
2. 了解劳动合同的订立、撤销、变更与解除。
3. 了解劳动基准。
4. 了解劳动争议处理的程序。

【引导案例】

A 公司主要从事床上用品的生产、销售,生产季节性较强,每年 7 月至 9 月是生产旺季。朱某自 2001 年以来,每逢生产旺季,自带其本人的小货车至该公司从事运输等工作。双方约定 A 公司每月支付朱某报酬 2000 元,油费、过路费、违章罚款等费用均由 A 公司支付。期间,朱某日常生活起居均在公司内。某日,朱某受 A 公司指派在购买发动机途中发生交通事故死亡。朱某之妻向当地劳动保障部门申请工伤认定。

劳动部门审查后认为朱某自备劳动工具为 A 公司提供劳动服务,具有临时性、短期性的特点,且双方不存在管理与被管理的社会关系。遂作出工伤调查结论,认定朱某与 A 公司之间是劳务关系而非劳动关系,该纠纷不属于该局管辖范围。

朱某之妻不服,起诉至法院,请求依法撤销劳动部门作出的工伤调查结论。法院受理后,因 A 公司于该案有利害关系,依法追加 A 公司为第三人参加诉讼。

请问:
(1)朱某自备劳动工具是否影响劳动关系的成立?
(2)朱某与 A 公司之间的关系是否具有临时性、短期性的特点?
(3)A 公司与朱某之间是否存在管理与被管理的关系?

【案例分析】

法院审理后认为,本案诉争的是被告工伤调查结论的具体行政行为,被告作为劳动保障行政管理部门,在其职权范围内,根据原告的申请,对原告之夫朱某的死亡是否属于工伤作出认定是其法定职责。工伤认定的前提是劳动者与用人单位成立具有管理性质的劳动关系。本案中,第三人 A 公司主要从事床上用品的生产、销售,生产季节性较强,生产旺季主要集中在每年 7 月至 9 月,其特殊性使得劳动者不可能长期不间断地为其提供劳动力,且劳动者提供劳动的形式也具有多样性。

朱某自备生产工具在该公司从事运输等工作期间,有固定的月收入,车辆的相关费用也由公司承担,显然双方具有一定的管理与被管理关系。朱某工作之余较为自由,也未与公司签订书面的劳动合同,这是该公司自身尚未健全内部管理及劳动保障制度的结果,不影响双方事实劳动关系的成立。被告认定朱某与 A 公司不存在劳动关系、朱某死亡不属于其管辖范围的证据尚不能达到清楚而有说服力的证明标准,其作出的工伤调查结论属认定事实错误。法院遂作出判决,撤销劳动部门作出的工伤调查结论,并责令其在判决生效后一个月内重新作出具体行政行为。

第一节　劳动法概述

劳动法是工业社会劳动社会化的产物,以劳动关系及其相关的其他社会关系为调整对象。一般认为,劳动法的基本原则包括劳动权平等原则、劳动自由原则和倾斜保护原则,它们决定了劳动法的基本方面,是劳动法具体规范的根本指引。

一、劳动法产生的社会背景

英国最早完成从工场手工业到机器化大生产的转变,现代意义的劳动法是工业革命的产物。"圈地运动"为现代劳动法的产生提供了必要前提,大封建主在完成资本原始积累的同时,使农民和小手工业者失去了土地,只能出卖自己的劳动力。同时,"圈地运动"、启蒙运动使人们脱离了"政治身份"和"血缘身份"的束缚,获得了独立的主体地位,能够基于自主意志来出卖自身的劳动力。

18 世纪 60 年代,随着工业革命的发展,作为生产资料所有者的资本家为实现机器化大生产,需要大量雇佣劳动者,而被迫离开土地的农民和小手工业者迫于生活,只能出卖自身劳动力,两方因此而形成了劳动力买卖关系。但这种买卖关系不同于普通的商品买卖关系。由于劳动关系当事人经济实力的巨大差距、劳动力的自然因素和社会因素以及劳动力市场供求失衡等,资本家为获得更多的剩余价值,往往竭尽所能,大量雇佣童工,让工人在极为恶劣的劳动条件下长时间劳动。

这种过度压榨逐渐引发诸多社会问题,导致人口素质下降、劳动力供给的不可持续性等,不利于劳资关系平衡和社会稳定,最终也影响到了资本家的利益。因此,国家意识到简单运用传统私法无法满足工业社会劳动关系的调整需要,开始积极介入劳动关系,从而形成了现代意义的劳动法。一般认为,1802 年英国《学徒健康和道德法》的出台,代表了劳动法的产生。

二、劳动法的概念和调整对象

法是社会关系的调整器。劳动法概念的界定也应从其调整对象着手。通说认为,劳动法是调整劳动关系以及与劳动关系密切联系的一切社会关系的法律。

劳动法调整的劳动关系是指劳动者与用人单位在劳动过程中发生的，一方提供劳动力、另一方提供劳动报酬的社会关系。由于劳动力兼具人身属性和财产属性，故劳动关系也体现了这种双重属性。表面看，劳动者通过出卖劳动力使用权获得报酬，而用人单位则通过给付劳动者报酬获得劳动力使用权，从而在形式上表现为商品买卖关系，具有财产属性。但从实质来看，劳动力的人身属性使其不同于一般的商品交换。

一方面，劳动力依附于劳动者，无法脱离劳动者而单独存在，在劳动过程中，对劳动力的任何损害，都会直接危及劳动者的生存。另一方面，尽管雇主通过支付劳动报酬获得劳动力使用权，但在实际劳动过程中，劳动力的使用则是通过支配、指示劳动者来实现的。

因此，劳动关系中，形式上的财产性决定了形式上的平等性，而实质上的人身性决定了实质上的从属性。具体看，劳动关系可以包含以下两个层次：第一，债权债务关系。双方意思表示一致，相互之间形成债权债务关系，即劳动者享有劳动报酬请求权等权利，而用人单位享有劳动给付请求权。第二，人身权关系。基于用人单位的实际用工，劳动者成为用人单位的员工，服从单位的指示命令，在人格上从属于用人单位，形成相应的人身权关系。

与劳动关系密切相关的其他社会关系是指附随于劳动关系而存在的其他社会关系，存在于劳动关系运行过程前后或者过程中，目的在于促使劳动关系的建立、履行或者劳动争议的妥当处理。这些其他社会关系主要包括以下几方面。

（1）劳动行政关系。指劳动行政主管部门为履行行政职能而与用人单位、劳动者以及其他劳动关系相关人发生的社会关系。如劳动行政主管部门依法进行的劳动监察、行政处罚行为或者职业许可行为而发生的社会关系。

（2）社会保险关系。用人单位基于法律的强制性义务，为劳动者办理社会保险、缴纳社会保险费用，体现出对劳动者的保护、照顾，而劳动者对用人单位享有办理社会保险关系、缴纳社会保险费的请求权。此外，社会保险经办机构因为社会保险费的征缴、社会保险待遇的给付等行为而与劳动者和用人单位发生的社会关系。

（3）劳动市场服务关系。指劳动市场服务机构与用人单位和劳动者之间由于劳动关系的运行提供社会服务而发生的社会关系。如劳动力市场服务机构为劳动者提供职业介绍、职业培训以及为用人单位提供招聘或劳动人事代理等服务。

（4）劳动团体关系。指工会组织或雇主团体组织与其成员之间以及相互之间，由于协调劳动关系和维护各自所代表的劳动关系当事人的利益而发生的社会关系。包括劳动团体的内部关系，即工会组织或雇主团体与其成员之间的关系，和劳动团体的相互关系，即工会组织和雇主团体相互之间为协调劳动关系而进行协商或争议所产生的关系。

（5）劳动争议处理关系。指法院、劳动仲裁机构等与劳动关系当事人之间就劳动争议的调解、仲裁、诉讼所发生的社会关系。

🚩【延伸阅读】

(1)用人单位的用工自由是否应当包括在劳动自由范围内?

一方面,从立法角度考虑,将两种相互冲突的自由归结于同一原则之下,无法维持该原则本身;另一方面,二者的权利来源也并不相同,劳动自由是劳动者基于宪法的劳动基本权所享有的自由,而用人单位的用工自由则是基于其对本单位的自主经营权,源于宪法规定之财产权。

(2)倾斜保护原则与公平、平等原则是否相冲突?

劳动关系的调整具有双重性,一方面需要国家通过法律制度的干预来进行调整,另一方面也是最主要的是通过意思自治进行权利义务分配,而在这一环节中,劳动者处于实质弱势地位。因此,对劳动者的倾斜保护就是为了实现实质公平,当然,这并不影响国家对于用人单位合法权益的保护。

三、劳动法的基本原则

劳动法的基本原则是指贯穿劳动法规范体系,体现劳动法基本精神、指导思想,具有综合性、本原性和稳定性的根本准则,它能够指引劳动法规范体系的形成及秩序性的维护,指引劳动法律规范的解释、弥补规范漏洞,提示人们行为的基本方向和基本模式。一般认为,劳动法的基本原则包括以下几项。

1. 劳动权平等原则

这是宪法平等原则在劳动法中的具体体现。我国《宪法》规定:中华人民共和国公民在法律面前一律平等。同时规定,我国公民享有劳动的权利。国家通过各种途径,创造劳动就业条件,加强劳动保护,改善劳动条件,并在发展生产的基础上,提高劳动报酬和福利待遇。国家对就业前的公民进行必要的劳动就业训练。劳动平等原则反映在劳动法领域,体现出不同的要求:在就业促进领域,要求劳动者享有平等就业的权利;在劳动基准领域,要求劳动者的待遇均等;在劳动保护领域,要求劳动者的劳动条件是平等的。

2. 劳动自由原则

该原则是法律自由价值在劳动法中的集中体现,其内容的根本性和效力的贯穿始终性体现在以下几个方面。

(1)在劳动合同领域,劳动自由表现为契约自由,劳动者可以决定是否与某一用人单位建立劳动关系、签订劳动合同,也可以自主决定是否继续履行劳动合同,还可以按约定解除劳动合同。《劳动合同法》第37条规定:"劳动者提前30日以书面形式通知用人单位,可以解除劳动合同。"

(2)在集体合同领域,劳动自由体现为结社自由与团体自治。我国《宪法》规定公民享有结社自由,同时《劳动法》第7条也规定:"劳动者有权依法参加和组织工会。"《工会法》第2条规定:"工会是职工自愿结合的工人阶级的群众组织。"劳动者可以自主决定组建、参加或退出工会组织。在团体自治方面,工会团体具有独立人格,享有行动自治,可以集体协商和参与企业经营决策。

《劳动合同法》第6条规定:"工会应当帮助、指导劳动者与用人单位依法订立和履行劳动合同,并与用人单位建立集体协商机制,维护劳动者的合法权益。"第51条第1款规定:"企业职工一方与用人单位通过平等协商,可以就劳动报酬、工作时间、休息休假、劳动安全卫生、保险福利等事项订立集体合同。集体合同草案应当提交职工代表大会或者全体职工讨论通过。"

(3)在劳动保护领域,劳动自由体现为禁止强迫劳动。劳动力的人身属性,决定了劳动的不可强迫性。《劳动合同法》第88条规定:"用人单位有下列情形之一的,依法给予行政处罚;构成犯罪的,依法追究刑事责任;给劳动者造成损害的,应当承担赔偿责任:(1)以暴力、威胁或者非法限制人身自由的手段强迫劳动的⋯⋯"《劳动法》第96条规定:"用人单位有下列行为之一,由公安机关对责任人员处以15日以下拘留、罚款或者警告;构成犯罪的,对责任人员依法追究刑事责任:①以暴力、威胁或者非法限制人身自由的手段强迫劳动的;②侮辱、体罚、殴打、非法搜查和拘禁劳动者的。"

3. 倾斜保护原则

该原则是指劳动法倾斜保护劳动者合法权益。在劳动者和用人单位之间,倾斜保护劳动者的合法权益;在一般劳动者和特殊劳动者之间,倾斜保护特殊劳动者的权益,如妇女、未成年劳动者以及残疾人劳动者在工作岗位、工作时间以及劳动条件等方面享有的保障要优于一般劳动者。这一原则具体体现在以下各个方面。

(1)对劳动者解雇的保护。对用人单位而言,其解除劳动合同受到严格的限制,如《劳动合同法》第41条对经济性裁员的前提、人数、工会参与、裁减方案审批等多个实体、程序要件作出了具体规定。

(2)在劳动基准中,国家对工资、工时以及休息休假等劳动条件的基准作出了强制性的法律规定,主要包括最低工资制度、最高工时等基准,并且不允许用人单位自行改变,这实际上是国家对用人单位强势地位行为的限制,从而倾斜保护劳动者。

(3)在劳动争议中,倾斜保护原则体现为对劳动者的救济保护。一方面,劳动争议争议中,免收或少收调解仲裁费、诉讼费等,以减少其维权成本。另一方面,实行举证责任倒置制度。如《劳动争议调解仲裁法》第6条规定:"与争议事项有关的证据属于用人单位掌握管理的,用人单位应当提供;用人单位不提供的,应当承担不利后果。"此外,实行有限的一裁终局制。《劳动争议调解仲裁法》第47条、第48条规定:对于小额(不超过当地月最低工资标准12个月金额)劳动争议案件以及执行国家的劳动标准发生的劳动争议案件,实行裁决终局。但这仅是针对用人单位的规定,劳动者如对该仲裁裁决不服的,可以自收到仲裁裁决书之日起15日内向人民法院提起诉讼。

第二节 劳动合同和集体合同

劳动合同是用人单位与劳动者确立劳动关系、明确彼此权利义务关系的协议。根据劳动合同法的规定,建立劳动关系应当订立劳动合同。劳动合同包括固定期限合同、无固定期限合同和以完成一定工作任务为期限的合同等。订立劳动合同应当遵循合法、自愿平等、协商一致、诚实信用的原则。劳动合同除必备条款外,还包括试用期、培训、保密、补充保险和福利待遇等约定条款。不同于其他合同的解除,劳动合同解除制度体现了对劳动者的倾斜保护。

一、劳动合同概述

劳动合同是用人单位和劳动者协商一致订立的,是调整劳动关系的基本法律形式。

《劳动法》第16条第1款规定:"劳动合同是劳动者与用人单位确立劳动关系、明确双方权利和义务的协议。建立劳动关系应当订立劳动合同。"劳动合同虽源于民法的雇佣合同,但有其自身的特点,它并非简单的商品交换,而是体现了国家对处于弱势地位的劳动者的法律保护。从劳动合同的订立到具体条款再到劳动合同的解除,无不体现法律的一些强制性规定,如规定最低工资标准、最长工作时间、法定休息休假、劳动安全卫生保护、解除劳动合同的经济补偿金、社会保险等。

关于适用对象,《劳动合同法》第2条规定:"中华人民共和国境内的企业、个体经济组织、民办非企业单位等组织(以下称用人单位)与劳动者建立劳动关系,订立、履行、变更、解除或者终止劳动合同,适用本法。国家机关、事业单位、社会团体和与其建立劳动关系的劳动者,订立、履行、变更、解除或者终止劳动合同,依照本法执行。"也就是说,直接适用《劳动合同法》的用人单位包括我国境内的企业、个体经济组织、民办非企业单位等组织,而与劳动者建立劳动关系的国家机关、事业单位、社会团体,也应当被视为用人单位。适用《劳动合同法》的劳动者是在法定劳动年龄内,并具有劳动能力的自然人。公务员和比照公务员制度的事业单位和社会团体工作人员、现役军人、家庭保姆、利用业余时间勤工助学的在校生,不属于《劳动合同法》中的劳动者。

以合同期限为标准,劳动合同可分为固定期限劳动合同、无固定期限劳动合同和以完成一定工作任务为期限的劳动合同。固定期限劳动合同,是指用人单位与劳动者约定合同终止时间的劳动合同。合同终止是否续订,在很大程度上取决于用人单位。无固定期限劳动合同,是指用人单位与劳动者约定无确定终止时间的劳动合同。无固定期限劳动合同对劳动者更有利,在很大程度上可以防止用人单位不再雇佣"年龄过大"的劳动者。我国《劳动合同法》第14条规定:"无固定期限劳动合同,是指用人单位与劳动者约定无确定终止时间的劳动合同。用人单位与劳动者协商一致,可以订立无固定期限劳动合同。"有下列情形之一,劳动者提出或者同意续订、订立劳动合同的,除劳动者提出订立固定期限劳动合同外,应当订立无固定期限劳动合同:①劳动者在该用人单位连续工作满 10 年的;②用人单位初次实行劳动合同制度或者国有企业改制重新订立劳动合同时,劳动者在该用人单位连续工作满 10 年且距法定退休年龄不足 10 年的;③连续订立两次固定期限劳动合同,且劳动者没有本法第 39 条和第 40 条第(1)项、第(2)项规定的情形,续订劳动合同的。用人单位自用工之日起满 1 年不与劳动者订立书面劳动合同的,视为用人单位与劳动者已订立无固定期限劳动合同。

以完成一定工作任务为期限的劳动合同,是指用人单位与劳动者约定以某项工作的完成为合同期限的劳动合同。

二、劳动合同的订立

1. 订立原则

劳动合同的订立应遵循合法、公平、平等自愿、协商一致、诚实信用原则。我国《劳动合同法》第 3 条明确规定:"订立劳动合同,应当遵循合法、公平、平等自愿、协商一致、诚实信用的原则。依法订立的劳动合同具有约束力,用人单位与劳动者应当履行劳动合同约定的义务。"

2. 订立形式及未订立书面合同的法律后果

关于劳动合同的订立形式,我国法律明确应以书面形式订立。我国《劳动合同法》第 10 条、第 16 条分别规定:"建立劳动关系,应当订立书面劳动合同。已建立劳动关系,未同时订立书面劳动合同的,应当自用工之日起 1 个月内订立书面劳动合同。用人单位与劳动者在用工前订立劳动合同的,劳动关系自用工之日起建立。""劳动合同由用人单位与劳动者协商一致,并经用人单位与劳动者在劳动合同文本上签字或者盖章生效。劳动合同文本由用人单位和劳动者各执一份。"如果用人单位未在用工之日起 1 个月内与劳动者订立书面劳动合同,则会承担相应的法律后果。

根据《劳动合同法》第 14 条、第 82 条和《劳动合同法实施条例》第 5 条至第 7 条的规定:如用人单位自用工之日起超过 1 个月但不满 1 年未与劳动者签订劳动合同,则用人单位应当向劳动者每月支付 2 倍的工资,起算时间为用工之日起满 1 个月的次日,截止时间为补订书面劳动合同的前一日,并与劳动者补订书面劳动合同;如用人单位在用工之日起满 1 年仍未与劳动者签订劳动合同,用人单位应自用工之日起满 1 个月的次日至满 1 年的前一日应当向劳动者每月支付两倍的工资,并视为自用工之日起满 1 年的当日已经与劳动者订立无固定期限劳动合同,而且应当立即与劳动者补订书面劳动合同。

而在劳动者不与用人单位订立书面劳动合同的情况下,自用工之日起 1 个月以内,用人单位应当书面通知劳动者终止劳动关系,向其支付相应的劳动报酬,而无须支付经济补偿;自用工之日起超过 1 个月不满 1 年的,用人单位应当书面通知劳动者终止劳动关系,并依照《劳动合同法》第47条的规定支付经济补偿。法律之所以如此规定,旨在通过双倍工资罚来督促用人单位与劳动者签订劳动合同,以此来解决实践中劳动合同签订率偏低、对劳动者保护力度不足的问题。

3. 劳动合同的主要条款

劳动合同的主要条款可分为必备条款和约定条款。必备条款是指劳动法要求具备的条款,约定条款则可由当事人选择适用。

> **小贴士**
>
> 《劳动合同法》第17条:劳动合同应当具备以下条款:①用人单位的名称、住所和法定代表人或者主要负责人;②劳动者的姓名、住址和居民身份证或者其他有效身份证件号码;③劳动合同期限;④工作内容和工作地点;⑤工作时间和休息休假;⑥劳动报酬;⑦社会保险;⑧劳动保护、劳动条件和职业危害防护;⑨法律、法规规定应当纳入劳动合同的其他事项。劳动合同除前款规定的必备条款外,用人单位与劳动者可以约定试用期、培训、保守秘密、补充保险和福利待遇等其他事项。如果劳动合同中没有必备条款,提供劳动合同文本的用人单位应承担法律责任。
>
> 第81条:用人单位提供的劳动合同文本未载明本法规定的劳动合同必备条款或者用人单位未将劳动合同文本交付劳动者的,由劳动行政部门责令改正;给劳动者造成损害的,应当承担赔偿责任。

至于约定条款,常见的包括试用期条款、培训和服务期条款、保守秘密和竞业限制条款、补充保险和福利待遇条款等。此外,需要特别说明的是,法律上也对某些条款的约定作出了限制或禁止。考虑到劳动者生存权和财产承受能力等因素,除了服务期条款和竞业限制条款外,用人单位不得与劳动者约定由劳动者承担违约金。并且,给予劳动者歧视待遇或类似工伤概不负责的条款,因明显违反法律、行政法规的强制性规定,当然无效。实践中,一些用人单位要求劳动者交纳保证金才与其签订劳动合同,这种做法也是违法的。

> **小贴士**
>
> 《劳动合同法》第9条:用人单位招用劳动者,不得扣押劳动者的居民身份证和其他证件,不得要求劳动者提供担保或者以其他名义向劳动者收取财物。
>
> 第25条:除本法第22条和第23条规定的情形外,用人单位不得与劳动者约定由劳动者承担违约金。

三、劳动合同的履行和变更

(一) 劳动合同的履行

劳动合同的履行,是指劳动合同双方当事人按照合同的约定完成各自义务的行为。

《劳动合同法》第29条规定了全面履行的原则:"用人单位与劳动者应当按照劳动合同的约定,全面履行各自的义务。"该原则强调用人单位和劳动者必须按照合同的约定的时间、期限、方式、地点,以约定方式,保质保量地全部履行自己承担的义务。由于劳动关系产生于特定主体之间,有很强的人身属性和不可替代性,故全面履行还要求双方当事人以自己的行为履行劳动合同义务,而不得由他人代理。此外,双方当事人在履行劳动合同的过程中还应当给予对方必要的协作。

在劳动合同的履行中,法律给予了劳动者特别的保护。

第一,劳动报酬请求权的保护。《劳动合同法》第30条规定:"用人单位应当按照劳动合同约定和国家规定,向劳动者及时足额支付劳动报酬。用人单位拖欠或者未足额支付劳动报酬的,劳动者可以依法向当地人民法院申请支付令,人民法院应当依法发出支付令。"如用人单位未依法及时支付劳动报酬,还可能对劳动者产生赔偿金责任。

《劳动合同法》第85条规定:用人单位有下列情形之一的,由劳动行政部门责令限期支付劳动报酬、加班费或者经济补偿;劳动报酬低于当地最低工资标准的,应当支付其差额部分;逾期不支付的,责令用人单位按应付金额50%以上100%以下的标准向劳动者加付赔偿金:①未按照劳动合同的约定或者国家规定及时足额支付劳动者劳动报酬的;②低于当地最低工资标准支付劳动者工资的;③安排加班不支付加班费的;④解除或者终止劳动合同,未依照本法规定向劳动者支付经济补偿的。

第二,关于劳动者休息休假权的保护。《劳动合同法》第31条规定:用人单位应当严格执行劳动定额标准,不得强迫或者变相强迫劳动者加班。用人单位安排加班的,应当按照国家有关规定向劳动者支付加班费。

第三,关于劳动安全卫生权的保护。《劳动合同法》第32条规定:劳动者拒绝用人单位管理人员违章指挥、强令冒险作业的,不视为违反劳动合同。劳动者对危害生命安全和身体健康的劳动条件,有权对用人单位提出批评、检举和控告。

(二)劳动合同的变更

劳动合同的变更是指劳动合同依法订立后,在合同尚未履行或者尚未履行完毕之前,经用人单位和劳动者双方协商同意,对劳动合同内容作部分修改、补充或删减的法律行为。《劳动合同法》第35条规定:"用人单位与劳动者协商一致,可以变更劳动合同约定的内容。变更劳动合同,应当采用书面形式。变更后的劳动合同文本由用人单位和劳动者各执一份。"

除协商一致外,根据《劳动合同法》第40条、第41条的规定,在一些特定条件下,也可以依法变更劳动合同:①劳动者患病或者非因工负伤,在规定的医疗期满后不能从事原工作,用人单位应当与劳动者协商另行安排适当的工作,并因此相应变更劳动合同的内容;②劳动者不能胜任工作,用人单位应对其进行培训或者调整工作岗位,使劳动者适应工作要求并相应变更劳动合同的内容;③劳动合同订立时所依据的客观情况发生重大变化,致使劳动合同无法履行,用人单位应当与劳动者协商,就变更劳动合同内容达成协议;④企业转产、重大技术革新或者经营方式调整,用人单位应当与劳动者协商变更劳动合同。

在变更的形式上,也应当采用书面形式。此外,2013年最高人民法院《关于审理劳动争议案件适用法律若干问题的解释(四)》第11条规定,变更劳动合同未采用书面形式,但已经实际履行了口头变更的劳动合同超过1个月,且变更后的劳动合同内容不违反法律、行政法规、国家政策以及公序良俗,当事人以未采用书面形式为由主张劳动合同变更无效的,人民法院不予支持。同时,依据《劳动合同法》第26条的规定,以欺诈、胁迫的手段或者乘人之危,使对方在违背真实意思的情况下变更劳动合同的,劳动合同无效。

四、劳动合同的解除和终止

(一) 劳动合同解除和终止的概述

劳动合同的解除,是指在劳动合同成立生效后,尚未完全履行之前,在具备解除条件时,因当事人一方或双方的意思表示,提前消灭劳动关系的行为。劳动合同的解除体现了对劳动者自主择业权和用人单位用人自主权的保障,这种解除权既可以是基于双方协商一致产生,也可以由一方依法或依约单方行使。

劳动合同终止,是指劳动合同所确立的劳动关系由于一定法律事实的出现而终结,从而使劳动者与用人单位之间原有的权利义务不复存在,在我国立法中,劳动合同终止采取狭义说,即不包括劳动合同解除。

根据《劳动合同法》第44条、《劳动合同法实施条例》第21条的规定,劳动合同终止的情形包括:①劳动合同期满的;②劳动者开始依法享受基本养老保险待遇的;③劳动者死亡,或者被人民法院宣告死亡或者宣告失踪的;④用人单位被依法宣告破产的;⑤用人单位被吊销营业执照、责令关闭、撤销或者用人单位决定提前解散的;⑥劳动者达到法定退休年龄等法律、行政法规规定的其他情形。

(二) 解除劳动合同的情形

1. 劳动者解除劳动合同的情形

《劳动合同法》第36条至第38条规定了劳动者可以解除劳动合同的情形,《劳动合同法实施条例》第18条进一步地作出列举。归纳看来,劳动者解除劳动合同可分为以下两类。

(1)协商一致解除。

《劳动合同法》第36条规定:"用人单位与劳动者协商一致,可以解除劳动合同。"尽管劳动者和用人单位都可以动议解除劳动合同,但根据动议主体的不同,存在是否支付经济补偿金的差异。根据《劳动合同法》第46条第(2)项的规定,用人单位提出解除劳动合同并与劳动者协商一致的,用人单位应向劳动者支付经济补偿金。但如由劳动者提出解除劳动合同并与用人单位协商一致的,用人单位无需向其支付经济补偿金。

(2)劳动者单方解除合同。

在符合法律规定的情形下,劳动者可以单方解除劳动合同,而无须用人单位的同意。这种单方解除又可以细分为以下三类。

第一,预告解除。为保障劳动者择业自主权,法律赋予其一般的解除权,但这种解除应履行一定的程序,劳动者须提前30日书面通知用人单位,或者试用期内提前3日通知用人单位。《劳动法》第31条规定:"劳动者解除劳动合同,应当提前30日以书面形式通知用人单位。"《劳动合同法》第37条规定:"劳动者提前30日以书面形式通知用人单位,可以解除劳动合同。劳动者在试用期内提前3日通知用人单位,可以解除劳动合同。"

第二,随时解除。在劳动合同履行过程中,如用人单位存在过错,不依法依约为劳动者提供安全卫生条件、未及时足额支付工资、未办理社会保险等,劳动者无须提前30日内通知用人单位,可无条件随时解除劳动合同。

《劳动合同法》第38条第1款对这些情形作出列举规定,具体包括:①用人单位未按照劳动合同约定提供劳动保护或劳动条件的;②用人单位未及时、足额支付劳动报酬的;③用人单位未依法为劳动者缴纳社会保险费的;④用人单位的规章制度违反法律、法规的规定,损害劳动者权益的;⑤用人单位以欺诈、胁迫的手段或者乘人之危,使劳动者在违背真实意思的情况下订立或变更劳动合同的,用人单位在劳动合同中免除自己的法定责任、排除劳动者的权利的,用人单位违反法律、行政法规的强制性规定的;⑥法律、行政法规规定劳动者可以解除劳动合同的其他情形。

第三,立即解除。用人单位严重违法、劳动者人身自由和人身安全受到威胁时,劳动者可立即解除劳动合同而不需要事先通知用人单位。《劳动合同法》第38条第2款规定:"用人单位以暴力、威胁或者非法限制人身自由的手段强迫劳动者劳动的,或者用人单位违章指挥、强令冒险作业危及劳动者人身安全的,劳动者可以立即解除劳动合同,不需事先告知用人单位。"同时,用人单位还须对其严重违法、侵害劳动者人身权益的行为承担法律责任。

《劳动合同法》第88条规定:"用人单位有下列情形之一的,依法给予行政处罚;构成犯罪的,依法追究刑事责任;给劳动者造成损害的,应当承担赔偿责任:①以暴力、威胁或者非法限制人身自由的手段强迫劳动的;②违章指挥或者强令冒险作业危及劳动者人身安全的;③侮辱、体罚、殴打、非法搜查或者拘禁劳动者的;④劳动条件恶劣、环境污染严重,给劳动者身心健康造成严重损害的。"

2. 用人单位解除劳动合同的情形

为保障用人单位的用工自主权,《劳动合同法》也赋予了用人单位劳动合同解除权,主要体现在该法第36条、第39条、第40条、第41条中,《劳动合同法实施条例》第19条对用人单位可以解除劳动合同的情形进行了综合概括。依解除条件和程序的不同可作以下分类。

(1)双方协商一致解除。

这在上文"劳动者解除劳动合同的情形中"部分已有介绍,此不赘述。

(2)用人单位单方解除劳动合同。

此种情形下的合同解除可分为以下三类。

第一,用人单位由于劳动者过错的原因而即时解除劳动合同的,不需向劳动者支付经济补偿金。一般适用于劳动者经试用不符合录用条件,或者违法违纪到达一定的严重程度,或者存在其他较为严重过错的。

小贴士

《劳动合同法》第39条:劳动者有下列情形之一的,用人单位可以解除劳动合同:①在试用期间被证明不符合录用条件的;②严重违反用人单位的规章制度的;③严重失职,营私舞弊,给用人单位造成重大损害的;④劳动者同时与其他用人单位建立劳动关系,对完成本单位的工作任务造成严重影响,或者经用人单位提出,拒不改正的;⑤因本法第26条第1款第(1)项规定的情形致使劳动合同无效的;⑥被依法追究刑事责任的。

第二,无过失性解除或无过失性辞退。是指劳动者无过失,用人单位解除劳动合同,劳动合同成立生效后,基于客观情况的变化,导致劳动合同无法履行,为保障用人单位生产经营的利益,应允许其单方解除劳动合同,但同时为保护劳动者权益,用人单位须经过预告或支付补偿金后解除劳动合同。

小贴士

《劳动合同法》第40条:有下列情形之一的,用人单位提前30日以书面形式通知劳动者本人或者额外支付劳动者1个月工资后,可以解除劳动合同:①劳动者患病或者非因工负伤,在规定的医疗期满后不能从事原工作,也不能从事由用人单位另行安排的工作的;②劳动者不能胜任工作,经过培训或者调整工作岗位,仍不能胜任工作的;③劳动合同订立时所依据的客观情况发生重大变化,致使劳动合同无法履行,经用人单位与劳动者协商,未能就变更劳动合同内容达成协议的。

第三,经济性裁员。经济性裁员是指用人单位由于生产经营状况发生改变,而出现了劳动力过剩,需要通过一次性辞退部分劳动者来改善生产经营状况。在市场竞争条件下,经济性裁员往往具有不可避免性,但又会给社会和劳动者带来冲击。因此,法律允许经济性裁员,但又对此作出了必要的限制。如用人单位裁人20人以上或者虽不足20人但占企业职工总数10%以上的,必须经过法定程序,即提前30日向工会或者全体职工说明有关裁减人员的原因、方案等情况,听取其意见,并将裁减方案向劳动行政部门报告。在裁员时,应优先留用与本单位签订较长期限的固定期限劳动合同的劳动者、与本单位订立无固定期限劳动合同的劳动者、家庭无其他就业人员而有需要扶养的老人或者未成年人的劳动者。

(三) 解除或终止劳动合同的附随义务

劳动合同解除或终止后,用人单位和劳动者应根据劳动合同的约定或者基于诚实信用原则履行应尽的义务,即用人单位对劳动者的照顾和劳动者对用人单位忠实的附随义务。根据《劳动合同法》第50条的规定,解除或者终止劳动合同后双方当事人的附随义务包括:①用人单位应当在解除或终止劳动合同时出具解除或者终止劳动合同的证明,并在15日内为劳动者办理档案和社会保险关系转移手续。②劳动者应依约办理工作交接。③用人单位对已经解除或者终止的劳动合同文本,至少保存2年备查。

五、经济补偿金和赔偿金

【案例6-1】

被告李某于2014年4月入职到原告某物业公司担任保洁员。为工作方便以及节约用水,某物业公司同意被告从地下车库的水井取水。2014年11月30日,被告在工作的区域工作时,由于水井井盖没有关闭导致一位业主的母亲失足跌落,某物业公司为此进行了赔偿。2014年12月,某物业公司以此对被告予以口头辞退,被告也没有再上班。被告在某物业公司辞退前月工资1880元。后物业公司起诉李某,要求其承担前述赔偿损失。

某物业公司对被告辞退前41天的工资未发放,某物业公司也没有为被告缴纳失业保险。被告于2015年2月9日申请劳动人事仲裁。此外,被告李某陈述自其被辞退后,一直没有工作,某物业公司也没有提交证据证明被告李某在外工作。

法院审理认为:该案争议的焦点为被告是否存在严重失职。根据查明的事实,被告在地下车库水井中取水是经原告同意的,被告在持续清洁工作中取水存在连续性,水井盖属于重物,某物业公司没有采取相关措施,因此事故发生的主要原因在于原告,而不能认定为被告存在严重失职。某物业公司口头辞退被告,被告也没有上班并申请仲裁要求支付解除劳动关系经济补偿,说明物业公司与被告达成一致同意解除劳动关系,物业公司应当支付解除劳动关系经济补偿金(1880元/月×3个月)。

物业公司没有给被告缴纳失业保险金,失业金损失应由原告承担(1000元/月×6个月)。物业公司辞退被告前41天未发放的工资,由物业公司发放给被告(62.67元/天×41天)。

在劳动者无过错的情况下,劳动合同解除或终止的,用人单位应依法一次性支付劳动者经济上的补偿。我国《劳动法》第28条、劳动部1994年《违反和解除劳动合同的经济补偿办法》等规定了经济补偿金制度,《劳动合同法》第46条、第47条对其进行了完善。

用人单位向劳动者支付经济补偿金的情形包括:①《劳动合同法》第38条规定的劳

动者可随时解除劳动合同和立即解除劳动合同情形;②《劳动合同法》第36条规定的协商一致解除劳动合同的情形;③《劳动合同法》第36条规定的协商一致解除劳动合同的情形;④《劳动合同法》第41条规定的经济性裁员;⑤劳动合同期满而终止固定期限劳动合同的情形;⑥因用人单位被依法宣告破产、用人单位被吊销营业执照、责令关闭、撤销或者用人单位决定提前解散而终止劳动合同的情形;⑦法律、行政法规规定的其他情形。关于经济补偿金的计算法方法,可参考《劳动合同法》第47条的规定。

小贴士

《劳动合同法》第47条:经济补偿按劳动者在本单位工作的年限,每满1年支付1个月工资的标准向劳动者支付。6个月以上不满1年的,按1年计算;不满6个月的,向劳动者支付半个月工资的经济补偿。劳动者月工资高于用人单位所在直辖市、设区的市级人民政府公布的本地区上年度职工月平均工资3倍的,向其支付经济补偿的标准按职工月平均工资3倍的数额支付,向其支付经济补偿的年限最高不超过12年。本条所称月工资是指劳动者在劳动合同解除或者终止前12个月的平均工资。

经济赔偿金是对用人单位违反法律规定解除或者终止劳动合同而给劳动者造成经济损失的惩罚性的补偿措施。不同于经济补偿金适用于用人单位依法解除或终止劳动合同的情形,赔偿金适用于用人单位违法解除劳动合同的情形。在用人单位违反法律规定解除或者终止劳动合同时,劳动者可以请求用人单位按照经济补偿标准的2倍支付赔偿金。此外,赔偿金和经济补偿金不能并用。

小贴士

《劳动合同法》第48条:用人单位违反本法规定解除或者终止劳动合同,劳动者要求继续履行劳动合同的,用人单位应当继续履行;劳动者不要求继续履行劳动合同或者劳动合同已经不能继续履行的,用人单位应当依照本法第87条规定支付赔偿金。

《劳动合同法》第87条:用人单位违反本法规定解除或者终止劳动合同的,应当依照本法第47条规定的经济补偿标准的2倍向劳动者支付赔偿金。

《劳动合同法实施条例》第25条:用人单位违反劳动合同法的规定解除或者终止劳动合同,依照《劳动合同法》第87条的规定支付了赔偿金的,不再支付经济补偿。赔偿金的计算年限自用工之日起计算。

六、集体合同

(一) 集体合同概述

1. 概念和作用

集体合同又称集体协约或劳资合约,是指工会与用人单位或其团体为规范劳动关系而订立的,以全体劳动者的共同利益为中心内容的书面协议。

> **小贴士**
>
> 《劳动法》第33条:企业职工一方与企业可以就劳动报酬、工作时间、休息休假、劳动安全卫生、保险福利等事项,签订集体合同。集体合同草案应当提交职工代表大会或者全体职工讨论通过。集体合同由工会代表职工与企业签订;没有建立工会的企业,由职工推举的代表与企业签订。
>
> 《劳动合同法》第51条:企业职工一方与用人单位通过平等协商,可以就劳动报酬、工作时间、休息休假、劳动安全卫生、保险福利等事项订立集体合同。集体合同草案应当提交职工代表大会或者全体职工讨论通过。集体合同由工会代表企业职工一方与用人单位订立;尚未建立工会的用人单位,由上级工会指导劳动者推举的代表与用人单位订立。

可见,不同于劳动合同,集体合同的当事人为劳动者团体和用人单位或其团体;目的是为确立劳动关系设定具体标准,以全体劳动者的共同权利和义务为内容;对签订合同的单个用人单位或用人单位团体所代表的全体用人单位,以及工会所代表的全体劳动者,都有法律效力。集体合同可以弥补劳动立法和劳动合同的不足。

一方面,集体合同可以对劳动者利益作出高于法定最低标准的约定,从而使对劳动者利益保护的水平高于法定最低标准,同时,集体合同可以在一定范围内就劳动者利益和劳动关系协调的共性问题作出约定,从而更具体地规范劳动关系,对劳动立法起到补充作用。

另一方面,集体合同可以在很大程度上改善劳动关系"资强劳弱"的格局,有利于双方的平等协商和和谐相处,在一定范围内实现全体劳动者的权利义务的实质平等。

2. 分类

我国《劳动法》规定了企业集体合同,此后实践中出现了行业性集体合同和区域性集体合同。《劳动合同法》对此加以确认,其第53条规定:"在县级以下区域内,建筑业、采矿业、餐饮服务业等行业可以由工会与企业方面代表订立行业性集体合同,或者订立区域性集体合同。"

第54条规定:"集体合同订立后,应当报送劳动行政部门;劳动行政部门自收到集体合同文本之日起15日内未提出异议的,集体合同即行生效。依法订立的集体合同对用人单位和劳动者具有约束力。行业性、区域性集体合同对当地本行业、本区域的用人单位和劳动者具有约束力。"

根据集体合同内容的不同,可分为综合性集体合同和专项集体合同。综合性集体合同内容广泛,涉及劳动条件、劳动保护、劳动关系、争议处理等诸多问题。专项集体合同,是指用人单位与劳动者一方,就劳动安全卫生、女职工权益保护、工资调整机制等劳动关系中的专项内容,通过集体协商签订的专项书面协议。《劳动合同法》第52条规定:"企业职工一方与用人单位可以订立劳动安全卫生、女职工权益保护、工资调整机制等专项集体合同。"

3. 内容、形式和期限

一般认为,完整的集体合同内容应当包括以下内容。

(1)标准性条款。如劳动报酬、工作时间、劳动定额、休息休假、保险福利、劳动安全卫生等方面的标准。

(2)目标性条款。主要规定在集体合同有效期内应当达到的具体目标和实现该目标的主要措施。

(3)劳动关系运行规则条款。包括单个劳动关系的运行规则,主要指职工录用规则、劳动合同续订和变更规则、辞退辞职规则等;集体合同运行规则,主要是集体合同的期限,以及关于集体合同的履行、解释、续订、变更、解除、违约责任、争议处理等方面的规则。

我国《劳动法》和《劳动合同法》就集体合同的条款作了不完全的列举规定,主要包括:劳动报酬,工作时间,休息休假,劳动安全和卫生,补充保险和福利,女职工和未成年工特殊保护,职业技能培训,劳动合同管理,奖惩,裁员,集体合同期限,变更、解除、终止集体合同的程序,履行集体合同发生争议时的协商处理办法,违反集体合同的责任,双方认为应当协商的其他内容。形式上,集体合同应当采用书面形式,口头形式的集体合同不具有法律效力。期限上,集体合同可分为定期集体合同、不定期集体合同和以完成一定项目为期限的集体合同。

(二) 集体合同的订立

集体合同的订立主体包括劳动者方签约人和用人单位方签约人。劳动者方签约人,一般为具有集体合同当事人资格的工会组织的机关。用人单位方签约人,一般为用人单位团体的机关和用人单位的行政部门(法定代表人)。

集体合同的签订程序可分为签约程序、政府确认程序和公布程序。根据法律规定,用人单位与本单位职工签订集体合同,应采用集体协商的方式,主要有以下环节。

1. 确定集体协商代表

这是指按照法定程序产生并有权代表本方利益进行集体协商的人员。代表履行以下职责:参加集体协商、接受本方人员质询、提供与集体协商有关的情况和资料、代表本方参加集体协商争议的处理、监督集体合同的履行和法律法规规定的其他职责。

2. 集体协商

双方代表均可就签订集体合同及相关事宜进行协商。

3. 职工代表大会讨论通过

经双方代表协商一致的集体合同草案应当提交职工代表大会或全体职工讨论。职工代表大会和全体职工讨论草案,应当有 2/3 以上职工代表或者职工出席,且需经全体职工代表或职工半数以上同意,草案方能通过。草案通过后,由集体协商双方首席代表签字。集体合同订立还须经过政府确认。

集体合同签订后,应当在 7 日内将集体合同文本一式三份及说明材料等报送劳动行政部门,县级以上劳动行政部门的劳动合同管理机构负责对集体合同进行审查,审查的内容包括三个方面:(1)资格审查,主要是审查合同的签约人资格、谈判代表资格;(2)程序审查,审查签约程序的各个环节是否齐备合法;(3)内容审查,审查合同条款是否符合法律法规等。对经过政府确认生效或依法自行生效的集体合同,签约双方应及时以适当方式向各自代表的全体成员公布。

(三) 集体合同的履行、变更、解除和终止

集体合同的履行是指集体合同的双方按照约定完成各自的义务,与劳动合同的履行一样,应当遵循实际履行、适当履行和协作履行的原则。在我国,企业工会、企业职工代表大会及其职工代表、签约双方代表以及劳动行政部门、企业主管部门、地方和产业工会等,还应当对集体合同的履行实行监督。

集体合同可因双方协商代表协商一致而变更或解除,也可因具备法定条件而变更或解除,这些情形包括:①用人单位因被兼并、解散、破产等原因,致使集体合同无法履行;②因不可抗力等原因致使集体合同无法履行或者部分无法履行;③约定的变更或解除条件出现的;④法律法规规定的其他情形。在程序上,双方可协议变更和解除集体合同,其程序与集体合同的订立程序大致相同。需要注意的是,单方变更或解除集体合同通常不被允许,仅在企业破产、发生不可抗力事件等条件下,允许当事人一方单方面变更或解除集体合同。

集体合同的终止包括以下情形:因集体合同有效期届满而终止;因集体合同目的实现而终止,如以完成一定工作为期限的集体合同,在约定的工作完成时,即行终止。

(四) 集体合同的效力

一般认为,集体合同约束的人包括合同当事人和关系人,前者指工会组织和用人单位或其团体,后者指工会组织所代表的劳动者和用人单位团体所代表的各个用人单位。《劳动法》第 35 条规定:"依法签订的集体合同对企业和企业全体职工具有约束力。"

《劳动合同法》第 54 条第 2 款规定:"依法订立的集体合同对用人单位和劳动者具有约束力。"在时间效力上,我国立法上没有明确规定,一般由集体合同双方依法自行规定,主要有三种类型:当期效力,即集体合同在其存续期间内具有约束力;溯及效力,可追溯到对其成立前已签订的劳动合同发生效力;余后效力,即集体合同终止后对依其订立并仍然存续的劳动合同仍有约束力。在空间效力上,《劳动合同法》第 54 条第 2 款规定:"行业性、区域性集体合同对当地本行业、本区域的用人单位和劳动者具有约束力。"

集体合同的效力高于劳动合同的效力。一方面,劳动合同关于劳动者利益的规定不得低于集体合同规定的标准,低于该标准的,劳动合同相关内容无效。《劳动合同法》第

55条规定:"集体合同中劳动报酬和劳动条件等标准不得低于当地人民政府规定的最低标准;用人单位与劳动者订立的劳动合同中劳动报酬和劳动条件等标准不得低于集体合同规定的标准。"另一方面,集体合同具有补充劳动合同内容的作用。集体合同有规定而劳动合同未就相关部分内容作规定或虽作规定但被认定为无效的,或者集体合同有明确、具体规定而劳动合同规定不明确、不具体,集体合同的相关内容可自动成为劳动合同的组成部分。

第三节 劳动基准

劳动基准是指国家以强制性规范规定的关于工资、工时、休息休假、劳动安全卫生、女职工和未成年工特殊保护等方面的最低劳动标准,在全国范围内为劳动者权益划定一条不可逾越的底线,以在一定程度上限制劳动关系双方的契约自由的形式,保障劳动者应当享有的最低程度的劳动权益的一项法律制度。

一、工资

工资又称薪金、薪酬,是指用人单位根据国家规定或者劳动合同的约定,以货币形式直接支付给本单位劳动者的报酬,包括计时工资、计件工资、奖金、津贴和补贴、延长工作时间的工资报酬以及特殊情况下支付的工资等。工资分为基本工资和辅助工资。

基本工资又称为标准工资,是用人单位支付给劳动者在法定工作时间内提供正常劳动的劳动报酬,如计件工资、计时工资等。辅助工资是指基本工资以外的奖金、津贴、延长工作时间的工资等。同时,法律明确,劳动者的保险福利费、劳动保护方面的费用、按规定未列入工资总额的各种劳动报酬、实务折款、财产性收入、转移性收入和其他现金收入等其他劳动收入不属于工资。

为保障劳动者最基本的生存权,防止用人单位滥用工资分配权,国家往往还通过立法确定了最低工资。最低工资是指劳动者在法定工作时间提供了正常劳动的前提下,其雇主或用人单位支付的最低金额的劳动报酬。最低工资制度是国家层面以法律形式干预工资分配并保障低收入劳动者基本生活的制度,也是政府调节经济活动、保障劳动者权益、促进社会公平的重要手段和工具。

> **小贴士**
>
> 《劳动法》第48条:国家实行最低工资保障制度。最低工资的具体标准由省、自治区、直辖市人民政府规定,报国务院备案。用人单位支付劳动者的工资不得低于当地最低工资标准。
>
> 第49条:确定和调整最低工资标准应综合考虑劳动者本人及平均赡养人口的最低生活费用、社会平均工资水平、劳动生产率、就业状况和地区之间经济发展水平的差异等

因素。用人单位如违反最低工资标准规定的,由劳动行政部门责令其限期补发所欠劳动者工资,并可责令其按所欠工资的1倍至5倍支付劳动者赔偿金。

二、工时

工时即工作时间,是指法律规定的劳动者从事生产或者工作的时间,通常包括工作日和工作周。工作日是劳动者每天应工作的时数,工作周是劳动者每周应工作的天数。法律对最高工时进行限制,规定了在一定期间内工作时间的最长限度,包括日最长工时和周最长工时两种形式。我国劳动立法规定实行每日工作8小时、每周工作40小时的工时制度。这是标准工时,但与其相对应,也存在适用特殊情形的特殊工时制度。

《劳动法》第39条规定:企业因生产特点不能实行标准工时制度或不能保证劳动者每周至少休息1日的,经劳动行政部门批准,可以实行其他工作和休息办法。具体又可以包括以下几种。

1. 缩短工时

特殊情形下,实行的工作时间少于标准工作时间长度,即劳动者每天工作的时数少于8小时或者每周工作的时数少于40小时,适用于从事特定工作岗位的劳动者(如从事矿上井下、高山、有毒有害、特别繁重和过度紧张的体力劳动的劳动者)、从事夜班工作的劳动者和在哺乳期工作的女职工。

2. 不定时工时

针对因生产特点、工作特殊需要或职责范围的关系,无法按标准工作时间衡量或需要机动作业的职工所采用的一种工时。可以实行不定时工时的职工包括:企业中的高级管理人员、外勤人员、推销人员、部分值班人员等,企业中的长途运输人员、出租汽车司机和铁路、港口、仓库的部分装卸人员等,其他因生产特点、工作特殊需要或职责范围的关系,适合实行不定时工作制的职工等。

实行不定时工时的企业应当履行审批手续。不定时工时并不意味着用人单位可以随意规定工作时间,用人单位仍应根据标准工时制度合理确定劳动者的劳动定额或其他考核标准,为劳动者安排休息时间。

3. 综合计算工时

针对因工作性质特殊,需连续作业或受季节和自然条件限制的企业的部分职工,采用的以周、月、季、年等为周期综合计算工时的制度。下列企业职工可以实行综合工时:交通、铁路、邮电、水运、航空、渔业等行业中因工作性质特殊,需连续作业的职工;地质及资源勘探、建筑、制盐、制糖、旅游等受季节和自然条件限制的行业和部分职工;其他适合实行综合计算工时制的职工,如亦工亦农,或由于受能源、原材料供应等条件限制难以均衡生产的乡镇企业的职工。

企业实行综合工时也要履行审批手续,且不论采取以周、月、季、年何种形式为周期,平均日工作时间和周工作时间应与标准工时基本相同,超过部分视为延长工作时间,用人单位应支付相应的报酬。

4. 计件工时

指以劳动者完成一定劳动定额为计酬标准的工时制度。《劳动法》第 37 条规定:对实行计件工作的劳动者,用人单位应当根据标准工时制度合理确定其劳动定额和计件报酬标准。实行计件工时的用人单位,应按照劳动者在标准工时能够完成的计件数量为标准,确定劳动定额,该劳动定额应当是在正常情况下,大多数劳动者按标准工时劳动能完成的定额量。

5. 非全日制工作时间

指劳动者每日、每周少于标准工时的工作时间。《劳动合同法》第 68 条规定:"非全日制用工,是指以小时计酬为主,劳动者在同一用人单位一般平均每日工作时间不超过 4 小时,每周工作时间累计不超过 24 小时的用工形式。"

三、休息休假

休息休假又称为休息时间,是劳动者在法定工作时间之外自行支配的时间。休息休假制度是保障劳动者休息权的重要方面。我国现行休息休假的种类包括如下内容。

1. 工作日内的间歇时间

指劳动者在一个工作日内的休息时间和用膳时间。一般情况下,间歇时间规定在工作 4 小时后开始,不计入工作时间。

2. 两个工作日之间的休息时间

我国实行 8 小时工作制,劳动者享有的两个工作日之间的休息时间一般为 15~16 小时。

3. 休息日

是指劳动者工作满一个工作周以后的休息时间。《劳动法》第 38 条规定:"用人单位应当保证劳动者每周至少休息一日。"

4. 法定节假日

《劳动法》第 40 条规定:用人单位在下列节日期间应当依法安排劳动者休假:(1)元旦;(2)春节;(3)国际劳动节;(4)国庆节;(5)法律、法规规定的其他休假节日。

5. 年休假

指法律规定的劳动者工作满一定的年限后,每年享有的保留工作、带薪连续休假。职工累计工作已满 1 年、不满 10 年的,年休假 5 天;已满 10 年、不满 20 年的,年休假 10 天;已满 20 年的,年休假 15 天。单位因工作需要不能安排职工年休假的,经职工同意,可以不安排或少安排年休假,单位应按照该职工日工资收入的 300% 支付未休年休假工资报酬。

6. 探亲假

指与父母或配偶分居两地的职工,每年享有的与父母或配偶团聚的假期。职工须工作满一年以上,与父母或配偶分居两地。职工探望配偶的,每年给予一方探亲家,假期30天;未婚职工探望父母,每年给予假期一次,假期20天;已婚职工探望父母,每4年给假一次,假期20天。职工在规定的探亲假期和路程假期内,按照本人的标准工资支付工资。

7. 其他休假

包括女职工产假、婚丧假等。

四、劳动安全卫生

为保障劳动者在劳动过程中的安全和健康,国家制定了各种劳动保护法律制度,主要包括安全生产法律制度和职业病防治法律制度。安全生产法律制度具体涉及安全技术措施、计划制度、安全生产责任制度、安全生产教育制度、安全生产检查制度、生产安全事故应急救援与调查处理制度。

职业病防治法律制度具体涉及职业病危害项目申报制度、职业病危害预评价报告以及职业病危害控制效果评价制度、工作场所职业病危害因素监测及评价制度、职业危害的警示告知制度、职业健康监护制度、职业病诊断鉴定制度等。

> **小贴士**
>
> 《劳动法》第52条:用人单位必须建立、健全劳动安全卫生制度,严格执行国家劳动安全卫生规程和标准,对劳动者进行劳动安全卫生教育,防止劳动过程中的事故,减少职业危害。

五、女职工和未成年工的特殊保护

女性承担着人类繁衍的社会职责,而未成年工的成长发育则关系到人口素质,基于此,劳动法对女职工和未成年工给予了特殊保护,充分体现了劳动法追求的实质平等和社会利益本位。

(1)《妇女权益保障法》《女职工劳动保护特别规定》等法律法规确立了女职工禁忌从事的劳动范围,如不得从事矿上井下作业。法律也对孕期、产期、哺乳期、经期的女职工以特殊保护,如《女职工劳动保护特别规定》第5条规定:"用人单位不得因女职工怀孕、生育、哺乳降低其工资、予以辞退、与其解除劳动或聘用合同。"第10条规定:"女职工比较多的用人单位应当根据女职工的需要,建立女职工卫生室、孕妇休息室、哺乳室等设施,妥善解决女职工在生理卫生、哺乳方面的困难。"

(2)未成年工特殊保护包括以下几个方面:①未成年工禁忌劳动范围。如矿山井下、有毒有害、国家规定的第四级体力劳动强度的劳动和其他禁忌从事的劳动等。②未成年工定期健康检查制度。③未成年工的使用和特殊保护登记制度。未成年工须持未成年工登记证上岗,除符合一般用工要求外,用人单位在招收、使用未成年工时,还需要向所在地县级以上劳动行政部门办理登记。

【延伸阅读】

《劳动法》第64条:不得安排未成年工从事矿山井下、有毒有害、国家规定的第四级体力劳动强度的劳动和其他禁忌从事的劳动。

第65条:用人单位应当对未成年工定期进行健康检查。

第四节 劳动争议处理

劳动争议是指劳动者与用人单位之间以劳动权利和义务为主要内容所发生的纠纷。劳动争议有不同的种类和一定的受案范围。现行劳动争议处理的基本机制是,以和解和调解作为劳动争议解决的选择程序,劳动仲裁作为必经程序,部分案件对用人单位实行有限制的"一裁终局",其他案件当事人不服仲裁裁决可请求诉讼解决。

一、概述

(一) 劳动争议的概念、种类

劳动争议是指劳动者与用人单位之间以劳动权利和义务为主要内容所发生的纠纷。根据不同的标准,劳动争议有多种分类。

(1)以劳动争议产生的基础为标准,可分为个体劳动争议和集体劳动争议。前者是指因个别劳动关系而发生的争议,后者是指因集体劳动关系而发生的争议。

(2)权利争议和利益争议。前者指因实现劳动法、集体合同和劳动合同所规定的权利与义务所发生的争议。后者是指因主张有待确定的权利和义务所发生的争议。

(3)国内劳动争议和涉外劳动争议。国内劳动争议适用国内法,涉外劳动争议适用于雇主所在地法,凡用人单位(雇主)在我国境内的涉外劳动争议,均应当适用我国法律进行处理。

(二) 劳动争议的受案范围

《劳动争议调解仲裁法》对劳动争议的受案范围作出了规定,该法第2条规定:中华人民共和国境内的用人单位与劳动者发生的下列劳动争议,适用本法:(1)因确认劳动关系发生的争议;(2)因订立、履行、变更、解除和终止劳动合同发生的争议;(3)因除名、辞退和辞职、离职发生的争议;(4)因工作时间、休息休假、社会保险、福利、培训以及劳动保护发生的争议;(5)因劳动报酬、工伤医疗费、经济补偿或者赔偿金等发生的争议;(6)法律、法规规定的其他劳动争议。

（三）劳动争议的处理机制

劳动争议处理机制是由各种劳动争议处理机构和相互衔接的争议处理程序共同构成的解决劳动争议的制度体系。我国现行的劳动争议处理体制大体可以概括为"一调一裁二审"，对部分劳动争议案件实行有限制的"一裁终局"。

(1)协商和解。劳动争议发生后，劳动者和用人单位可以自行协商和解，也可以请工会或者第三方共同与用人单位协商和解。

(2)调解。当事人不愿协商、协商不成或者达成和解协议后不履行的，可以向调解组织申请调解。

(3)劳动仲裁。劳动者不愿调解、调解不成或者达成调解协议后不履行的，可以向劳动人事争议仲裁委员会申请仲裁；用人单位仅可对"一裁终局"外的争议提起诉讼。

(4)劳动者不服仲裁裁决，用人单位不服"一裁终局"外的争议所做的仲裁裁决，可以依法向法院起诉。当事人不服一审判决的，还可上诉，二审判决为生效判决。

需要指出的是，协商和解和调解不是劳动争议处理的必经程序，仲裁和诉讼是劳动争议处理机制的核心。

二、劳动争议调解

劳动争议调解是指基层群众调解组织根据劳动法律法规，对用人单位与劳动者发生的劳动争议，进行居中调解，使双方当事人达成协议，解决纠纷。

（一）劳动争议调解组织

不同于劳动行政部门所进行的行政调解，以及仲裁和诉讼程序中的官方调解，劳动争议调解是基层群众性组织所作的民间调解。这种基层群众性组织包括：企业劳动争议调解委员会、依法设立的基层人民调解组织和在乡镇、街道设立的具有劳动争议调解职能的组织。其中，企业劳动争议调解委员会是企业的内设机构，是传统上最主要的劳动争议调解机构。基层人民调解组织即人民调解委员，是依法设立的调解民间纠纷的群众性组织。乡镇、街道劳动争议调解组织包括乡镇、街道劳动保障服务所(站)和工会、企业代表组织设立的劳动争议调解组织和由行业(产业)工会和行业协会双方代表组成的行业性劳动争议调解组织。

基层人民调解组织和乡镇、街道劳动争议调解组织是《劳动争议调解仲裁法》增加的，旨在增强劳动调解能力，分流劳动争议案件，为仲裁和诉讼减压。

（二）劳动争议调解程序

程序上，当事人应当首先提出口头或书面的调解申请；调解组织受理后，调解组织应充分听取双方当事人对事实和理由的陈述，可组织召开调解会议，耐心疏导当事人，秉持自愿调解原则。如达成调解协议的,应当制作调解协议书,并经双方当事人签名或盖章,经调解员签名并加盖调解组织印章后生效。如未达成调解协议的,当事人可依法申请仲裁。

(三) 劳动争议调解协议的效力

效力上,经双方当事人和调解组织签字、盖章的调解协议书,对双方当事人具有约束力,当事人应当履行。调解协议效力的最大不足是,调解协议一般不得作为直接申请强制执行的依据。但《劳动争议调解仲裁法》赋予了某些调解协议具有据以申请支付令的效力,该法第16条规定:"因支付拖欠劳动报酬、工伤医疗费、经济补偿或者赔偿金事项达成调解协议,用人单位在协议约定期限内不履行的,劳动者可以持调解协议书依法向人民法院申请支付令。人民法院应当依法发出支付令。"

三、劳动争议仲裁

(一) 劳动争议仲裁的概念和特点

劳动争议仲裁是指劳动关系当事人将劳动争议提交法定的仲裁机构——劳动人事争议仲裁委员会,由其对双方的争议进行处理,并作出对双方具有约束力的裁决,从而解决劳动争议。相比诉讼,仲裁更为简便,仲裁的申请、受理、审理和裁决的作出都比较简单。相比其他类型的仲裁(如民商事仲裁),劳动争议仲裁又有强制性。

一方面,仲裁程序的启动无须双方当事人的合意,只要有一方当事人申请仲裁即可。另一方面,劳动争议仲裁又是劳动争议诉讼必经的前置程序。

【案例 6-2】

陈某到某电子公司工作,双方未签订书面劳动合同。陈某工作两个月后,以单位违反进厂时双方的口头约定、实发工资与约定工资不符等为由离开该单位。在陈某与某电子公司结算工资时,该公司以员工违约、自动离职给单位造成损失为由拒绝支付陈某后一个月的工资。

陈某遂向劳动争议仲裁委员会申请仲裁,仲裁结果为某电子公司在裁决书生效之日起支付陈某离厂前一个月的工资。某电子公司对该仲裁裁决书不服,以陈某违反进公司时的口头约定、私自离开公司、不应支付后一个月的工资为由,向法院提起诉讼。

一审法院审理认为,双方虽未订立书面劳动合同,但双方已经形成了事实劳动关系,对比双方均无异议,该劳动关系应受法律保护。某电子公司以工人私自离厂为由拒绝支付工人工资的主张,违反了我国法律法规的规定。

(二) 劳动争议仲裁机构及其管辖

《劳动人事争议仲裁组织规则》对仲裁的组织机构做了详细的规定。首先,劳动人事争议仲裁委员会是国家授权,依法独立处理劳动争议的专门机构。劳动人事争议仲裁委员会按照统筹规划、合理布局和适应实际需要的原则设立。仲裁委员会组成人员必须是单数。仲裁委员会由主任1名、副主任和委员若干名组成,主任由劳动行政部门代表担任。劳动人事争议仲裁委员会处理劳动争议案件实行仲裁庭制度,按照"一案一庭"的原则组成仲裁庭,受理劳动争议案件。

仲裁庭的组织形式分为独任制和合议制。前者由仲裁员指定1名仲裁员独任审理,适用于事实清楚、权利义务关系明确的简单劳动争议案件。后者则由3名以上单数仲裁员组成,适用于10人以上集体劳动人事争议、有重大影响的争议和仲裁委员会认为应当由3名仲裁员组庭处理的其他案件。此外,劳动人事争议仲裁委员会设办事机构,处理劳动人事争议仲裁委员会的日常工作。

劳动人事争议仲裁实行地域管辖,劳动争议由劳动合同履行地或用人单位所在地的劳动人事争议仲裁委员会管辖。发生劳动争议的企业与劳动者不在同一个仲裁委员会管辖区域内的,由职工当事人工资关系所在地的仲裁委员会管辖。仲裁委员会发现已受理案件不属于其管辖范围的,应当移送至有管辖权的仲裁委员会,并书面通知当事人。

(三)劳动争议仲裁时效

劳动争议仲裁时效是指劳动者和用人单位在法定期限内不向劳动争议仲裁机构申请仲裁,就将丧失请求劳动争议仲裁机构保护其权利的权利的制度。根据《劳动争议调解仲裁法》的规定,劳动争议申请仲裁的时效期间为1年,从当事人知道或者应当知道其权利被侵害之日起算。劳动关系存续期间因拖欠劳动报酬发生争议的,劳动者申请仲裁不受1年仲裁时效期间的限制。但劳动关系终止的,应当自劳动关系终止之日起1年内提出。

劳动争议仲裁时效还存在中断、中止的情况,中断的原因有当事人一方向对方当事人主张权利、当事人一方向有关部门请求权利救济、对方当事人同意履行义务,中止的原因有不可抗力、无民事行为能力或者限制民事行为能力劳动者的法定代理人未确定等。

(四)劳动争议仲裁的程序

根据《劳动争议调解仲裁法》和《劳动人事争议仲裁办案规则》,劳动争议仲裁程序主要包括申请和受理、开庭准备、审理和裁决四个环节。

1. 申请和受理

当事人申请仲裁,应当提交书面仲裁申请,并按照被申请人数提交副本。劳动人事争议仲裁委员会收到仲裁申请后,应当进行审查,审查的内容包括:申请人是否与本案有利害关系,申请仲裁的争议是否属于劳动争议、是否属于仲裁委员会受理内容、是否属于本仲裁委员会管辖,申请书及有关材料是否齐备并符合要求,申请时间是否符合仲裁时效规定。

符合受理条件的,仲裁委员会应在收到仲裁申请之日起5日内决定受理,不符合受理条件的,应当书面通知申请人不予受理,并说明理由。劳动人事争议仲裁委员会决定不予受理或者逾期未作出决定的,申请人可以就该劳动争议向人民法院提起诉讼。

2. 开庭准备

仲裁委员会开庭审理之前的准备工作包括:向被申请人送达申请书、向申请人送达答辩书、组成仲裁庭并通知当事人仲裁庭组成情况、告知当事人提出回避申请的权利以及将开庭日期、地点书面通知双方当事人。

3. 审理

仲裁庭审理之前,应先行调解。当事人不同意调解的,继续审理。开庭审理时,仲裁员应当听取申请人的陈述和被申请人的答辩,主持庭审调查、质证和辩论,征询当事人最后意见,并进行调解。因出现案件处理依据不明确而请示有关机构,或者案件处理需要等待工伤认定、伤残等级鉴定、司法鉴定结论,公告送达以及其他需要中止仲裁审理的客观情形,经仲裁委员会主任批准后,可以中止审理案件。

关于仲裁中的举证责任,原则上实行谁主张、谁举证的原则,同时,考虑到举证能力等因素,在特定情形下按照有利于劳动者的特别原则进行举证。《劳动争议调解仲裁法》第39条第2款规定:"劳动者无法提供由用人单位掌握管理的与仲裁请求有关的证据,仲裁庭可以要求用人单位在指定期限内提供。用人单位在指定期限内不提供的,应当承担不利后果。"仲裁庭应当将开庭情况记入笔录,当事人和其他仲裁参加人认为对自己陈述的记录有遗漏或差错的,有权申请补正。笔录由仲裁员、记录人员、当事人和其他仲裁参加人签名或者盖章。

4. 裁决

当事人申请劳动争议仲裁后,可以自行和解。达成和解协议的,可以撤回仲裁申请或者请求仲裁委员会制作调解书。调解不成或调解书送达前一方当事人反悔的,仲裁庭应当及时作出裁决。裁决应当按照多数仲裁员的意见作出,少数仲裁员的不同意见应当记入笔录。裁决书应当载明仲裁请求、争议事实、裁决理由、裁决结果和裁决日期。仲裁庭裁决劳动争议时,其中一部分事实已经清楚的,可以就该部分先行裁决。

仲裁庭对追索劳动报酬、工伤医疗费、经济补偿或者赔偿金的案件,根据当事人的申请,可以裁决先予执行,移送人民法院执行。仲裁庭裁决劳动争议案件,应当自劳动人事争议仲裁委员会受理仲裁申请之日起45日内结束。案情复杂,需要延期的,经劳动人事争议仲裁委员会主任的批准,可以延期并书面通知当事人,但是延长期限不得超过15日。逾期未作出仲裁裁决的,当事人可以就该劳动争议事项向人民法院提起诉讼。

(五) 劳动争议仲裁裁决的效力

《劳动争议调解仲裁法》第47条规定的争议情形为立即生效的裁决,但劳动者一方仍有起诉的权利,可以自收到仲裁裁决书之日起15日内向人民法院提起诉讼。用人单位对上述事项无权起诉,但有证据证明存在下列情形之一的,可以自收到仲裁裁决书之日起 30 日内向劳动人事争议仲裁委员会所在地的中级人民法院申请撤销裁决：
(1)适用法律、法规确有错误的；
(2)劳动人事争议仲裁委员会无管辖权的；
(3)违反法定程序的；
(4)裁决所根据的证据是伪造的；
(5)对方当事人隐瞒了足以影响公正裁决的证据的；
(6)仲裁员在仲裁该案时有索贿受贿、徇私舞弊、枉法裁决行为的。

人民法院依法撤销以上裁决的，当事人可以自收到裁定书之日起 15 日内就该劳动争议事项向人民法院提起诉讼。当事人对《劳动争议调解仲裁法》第 47 条规定以外的其他劳动争议案件的仲裁裁决不服的，可以自收到仲裁裁决书之日起 15 日内向人民法院提起诉讼。生效的仲裁调解书、裁决书对当事人具有法律约束力，当事人应按规定的期限履行。

> **小贴士**
>
> 《劳动争议调解仲裁法》第 47 条：下列劳动争议，除本法另有规定的外，仲裁裁决为终局裁决，裁决书自作出之日起发生法律效力：①追索劳动报酬、工伤医疗费、经济补偿或者赔偿金，不超过当地月最低工资标准 12 个月金额的争议；②因执行国家的劳动标准在工作时间、休息休假、社会保险等方面发生的争议。

四、劳动争议诉讼

劳动争议诉讼是指人民法院依法对劳动争议案件进行审理和裁判的活动，广义上还包括当事人一方不履行劳动争议仲裁裁决书或调解书，另一方当事人申请人民法院强制执行的活动。劳动争议诉讼是解决劳动争议的最终程序。

(一)劳动争议调解、仲裁与诉讼的衔接

1. 法院直接受理劳动争议案件的特殊情形

原则上，劳动争议必须经过仲裁才能进入诉讼程序，但也有例外。劳动者以用人单位的工资欠条为证据直接向人民法院起诉，诉讼请求不涉及劳动关系其他争议的，可视为拖欠劳动报酬，作为普通民事案件予以受理。另外，用人单位拖欠或未足额支付劳动报酬的，劳动者可以依法向当地人民法院申请支付令，从而进入督促程序。

> **【延伸阅读】**
>
> 《劳动合同法》第 30 条：用人单位应当按照劳动合同约定和国家规定，向劳动者及时足额支付劳动报酬。用人单位拖欠或者未足额支付劳动报酬的，劳动者可以依法向当地人民法院申请支付令，人民法院应当依法发出支付令。

2. 劳动争议调解与诉讼的衔接

正常情况下，当事人经调解后，应经仲裁程序方能提起诉讼。但也存在以下例外：①当事人在劳动争议调解委员会主持下仅就劳动报酬争议达成调解协议，用人单位不履行给付义务的，劳动者直接向人民法院起诉的，人民法院可以按照普通民事案件受理。②劳动者申请支付令的，用人单位未提出异议的，劳动者可申请法院强制执行。③人民法院裁定终结督促程序的，劳动者可依据调解协议直接向人民法院起诉，不必再经过仲裁程序。④调解协议经司法确认的，一方不履行调解协议的，另一方也可申请法院强制执行。

3. 仲裁与诉讼的衔接

对于仲裁委员会以主体不适格、超过诉讼时效、不属于劳动争议事项为由不予受理的，当事人向人民法院提起诉讼的，人民法院应依法审查后作出相应的处理。仲裁委员会逾期未作出受理决定或仲裁裁决，当事人直接提起诉讼的，人民法院应予受理，当事人应当提交仲裁委员会出具的受理通知书或其他已经接受仲裁申请的凭证或证明。

当事人不服仲裁裁决而起诉时，如属于《劳动争议调解仲裁法》第47条规定的一裁终局事项，劳动者可以起诉，用人单位无权起诉但可依法定事由申请撤销仲裁裁决；如不属于一裁终局事项，双方当事人均可向人民法院提起诉讼。仲裁委员会作出终局裁决，劳动者向人民法院申请执行，用人单位向仲裁委员会所在地中级人民法院申请撤销的，人民法院应当裁定中止执行。用人单位撤回撤销终局裁决申请或其申请被驳回的，人民法院应当裁定恢复执行。仲裁裁决被撤销的，人民法院应裁定终结执行。

（二）劳动争议诉讼的管辖

除撤销仲裁申请等特情形由中级人民法院管辖外，当事人不服劳动争议仲裁裁决起诉的，一般由当地基层人民法院管辖。劳动争议案件由用人单位所在地或劳动合同履行地基层人民法院管辖；劳动合同履行地不明确的，由用人单位所在地基层人法院管辖。当事人双方就同一仲裁裁决分别向不同的有管辖权的人民法院起诉的，后受理的人民法院应当将案件移送给先受理的人民法院。

（三）劳动争议诉讼中的举证责任

劳动争议诉讼中，原则上按照"谁主张，谁举证"的原则确定举证责任。但在一些特定情况下，则由用人单位负举证责任。如因用人单位作出的开除、除名、辞退、解除劳动合同、减少劳动报酬、计算劳动者工作年限等决定而发生的劳动争议，用人单位负举证责任。又如劳动者主张加班费的，应当就加班事实的存在承担举证责任；但劳动者有证据证明用人单位掌握加班事实存在的证据，用人单位不提供的，由用人单位承担不利后果。举证责任这些特别规定有利于减轻劳动者的举证责任，加强对其权益的保护。

（四）劳动争议诉讼的程序

劳动争议诉讼按照人民法院审理民事案件的程序进行。简单的劳动争议案件可以适用民事诉讼的简易程序审理,一般案件适用普通程序审理,包括申请、受理、开庭准备、当事人陈述、法庭辩论、最后陈述、进行调解和法院判决等各个环节和步骤。

【课后复习题】

1. 简述劳动法的基本原则。
2. 简述劳动合同终止的情形。
3. 简述劳动争议调解程序。

第七章 诉 讼 法

【学习目标】
1. 了解诉讼法的基本分类与制度,掌握诉讼法的基本规则。
2. 了解三大诉讼法的基本原理和内容,掌握三大诉讼法的证据规则。

【引导案例】

北京市丰台区人民法院经审理查明:2010年11月19日中午,被告人张某尾随被害人吴某红至北京市丰台区华源一里×号楼××号门口,张某持电棍对被害人吴某红以拉拽、电击等方式意图对被害人实施抢劫,因被害人反抗,张某在受伤后逃跑。被害人于当日报警。后经鉴定,现场勘验提取的血迹为张某所留。张某于2018年12月17日被抓获归案。

北京市丰台区人民法院一审认为,在证明责任上应区分说服责任和提供证据责任,公诉案件中被告人有罪的举证责任由人民检察院承担,公诉方始终承担着说服责任,但在提供证据的责任上,在公诉方针对指控的事实主张已经提供了相应的证据,承担了初步的证明义务后即使最终反驳的责任仍然由公诉方承担,被告方也需要对相关的辩护事实承担提供证据的责任。本案被告人张某辩称自己之前被人骗钱、被害人与骗子体貌特征很像等,但一直未能提供相关证据或者线索、材料,辩护人提供的几张照片既不能反映出被告人视力近视,也不能反映出被告人当时被骗、认错人,因此将被告人的一些没有依据的辩解的证明责任完全要求公诉方来承担,混淆了说服责任和提供证据责任,不符合证明责任的分配原则。

在案证据已证明被告人张某以非法占有为目的,使用暴力手段劫取他人财物,其行为侵犯了公民的人身权利和财产权利,已构成抢劫罪,依法应予惩处。

据此判决:被告人张某犯抢劫罪,判处有期徒刑2年,并处罚金人民币4000元。

北京市第二中级人民法院二审认为,张某虽不负有收集、出示证据证明其无罪的义务,但至少应提供可供司法机关查证的线索以证明无罪辩解的合理性,张某辩解自相矛盾又无据可查。据此裁定:驳回上诉,维持原判。

【案例分析】

在证据法理论中,举证责任被明确区分为提出证据责任和说服责任。基于无罪推定原则和对抗主义诉讼模式,被告人被预先推定为无罪,检察官指控被告人有罪,既应承担提出证据证明犯罪事实的责任,同时还应承担说服裁判者判定被告人有罪的责任。同时,鉴于被告人对犯罪事实的发生较检察官更为知悉来龙去脉,对于阻却违法、阻却责任之事实,被告最容易得到相关证据资料,依一般举证责任分配的原则,应由被告负举证责任。

控辩双方所承担的说服责任存在程度上的差异,检察官承担的说服责任需要达到排除合理怀疑程度,被告人的证明只需达到优势证据程度即可。大陆法中举证责任区分基本相似,说服责任被称为客观举证责任或实质举证责任,与提出证据责任相对应的为主观举证责任或形式举证责任。

针对本案控辩双方关于公诉案件中被告人是否应承担部分举证责任的争议焦点,法院采用了证据法理论对举证责任作出的提出证据责任与说服责任的区分,在坚持公诉案件证明被告人有罪的提供证据责任、说服责任均应由检察机关承担的基础上,认为被告人及其辩护人对辩解事实也应承担相应的举证责任。在本案中,被告人张某辩称之前为人所骗,被害人与其遭遇的诈骗嫌疑人体貌特征相似,但未履行提供证据责任和说服责任,应承担由此造成的不利后果。

第一节 诉讼法概述

诉讼法,是指规定诉讼活动的法律规范的总称。诉讼法调整的对象是诉讼活动中产生的各种社会关系。诉讼法的主要内容有:关于司法机关以及其他诉讼参与人进行诉讼活动的原则、程序、方式和方法的规定;关于检察或监督诉讼活动是否合法,以及纠正错误的原则、程序、方式和方法的规定;关于执行程序的规定等。

一、诉讼法部门

诉讼法部门指规范诉讼活动的法律,主要包括刑事诉讼法、民事诉讼法、行政诉讼法。另外,诉讼法部门还包括仲裁法、监狱法以及律师法等。诉讼法是典型的法律程序法。我国有三大诉讼法,分别是民事诉讼法、刑事诉讼法、行政诉讼法。

二、诉讼法立法目的

根据调整领域的不同,三大诉讼法的立法目的也有所区别。

刑事诉讼法的立法目的:保证正确、及时地查明犯罪事实,正确应用法律,惩罚犯罪分子,保障无罪的人不受刑事追究,教育公明自觉遵守法律,积极同犯罪行为做斗争,维护社会主义法制,尊重和保障人权,保护公民的人身权利、财产权利、民主权利和其他权利,保障社会主义事业的顺利进行。

民事诉讼法的立法目的:保护当事人诉讼权利,保证人民法院查明事实,分清是非,正确适用法律,及时审理民事案件,确认民事权利义务关系,制裁民事违法行为,保护当事人的合法权益。

行政诉讼法的立法目的:保证人民法院正确、及时审理行政案件,保护公民、法人和其他组织的合法权益,维护和监督行政机关依法行使行政职权。

三、诉讼法的基本制度

诉讼法的基本制度,包括当事人、审判组织、管辖制度、回避制度等。

(一) 当事人

诉讼当事人是指向法院提出诉讼请求的原告人和被提起诉讼的被告人。诉讼当事人必须具有诉讼权利能力和行为能力,没有诉讼行为能力,则应由他们的法定代理人或指定代理人代为诉讼。在不同的诉讼法中,在不同诉讼阶段,当事人的称谓亦有所区别。例如:民事诉讼中,在第一审普通程序和简易程序阶段,当事人一般称为原告和被告;在特别程序中称为申请人;在第二审程序称为上诉人、被上诉人;在执行程序中称为申请人和被申请人。在我国,当事人双方都是诉讼主体,依法享有平等的诉讼权利和诉讼义务。

刑事诉讼法的当事人一般包括:被害人、自诉人、犯罪嫌疑人、被告人。在个人直接向法院提起刑事自诉时,提起诉讼的人称为自诉人。在进入法院审理之前,称为犯罪嫌疑人;在进入法院审理阶段后,称为被告人。在刑事诉讼中同时提起附带民事诉讼的,称为附带民事诉讼原告人。在刑事附带民事诉讼中的被起诉人,称为附带民事诉讼被告人。

民事诉讼法的当事人一般包括:原告、被告、共同诉讼人、诉讼代表人、第三人。其中,诉讼代表人是指为了便于诉讼,由人数众多的一方当事人推选出来,代表其利益实施诉讼行为的人。第三人又分为有独立请求权的第三人与无独立请求权的第三人。

行政诉讼法的当事人一般包括:原告、被告、共同诉讼人、集团诉讼的代表人、第三人。其中,根据诉讼标的是否同一,共同诉讼人又分为必要共同诉讼人与普通共同诉讼人。集团诉讼代表人是指,由人数众多的原告推选诉讼代表人参加诉讼,法院的判决及于全体利益关系人。

(二) 审判组织

审判组织分一般分为独任制、合议制和审判委员会三种。其中,独任制是由法官一人独任审理案件,一般限于基层人民法院简易程序;合议制是由多人组成合议庭审理案件,人数一般为单数,由法官和人民陪审员组成;审判委员会作为审判组织,主要适用于一些特殊情况:拟判死刑的案件;疑难、复杂、重大或者新型案件,合议庭认为有必要提交讨论的;合议庭在适用法律方面有重大意见分歧的案件等。

(三) 管辖制度

管辖制度根据不同的划分标准,可以分为级别管辖、地域管辖、选择管辖等。

1. 级别管辖

一般情况下,一审案件由基层人民法院管辖;符合规定标准的一审案件由中级人民法院管辖;特殊案件由高级人民法院或最高人民法院管辖。

在刑事诉讼中,由中级人民法院管辖的一审案件为:危害国家安全案件;可能判处无期徒刑、死刑的普通案件;外国人犯罪的案件等。

在民事诉讼中,由中级人民法院管辖的一审案件为:重大涉外案件;在本辖区内有重大影响的案件;最高法院确定由中级法院管辖的案件(专利纠纷案件,海事、海商案件)等。

在行政诉讼中,由中级人民法院管辖的一审案件为:确认发明专利的案件;海关处理的案件;对国务院各部门或者省级政府的行为提起诉讼的案件;本辖区内重大、复杂的案件等。

2. 地域管辖

根据不同的诉讼性质,案件的地域管辖分为以下几类。

在刑事诉讼中,案件一般由犯罪地法院管辖。由被告人居住地法院审判更为适宜的,可以由被告人居住地法院管辖。

在民事诉讼中,案件一般由被告所在地法院管辖。特殊情形下,若案件涉及不动产的,由不动产所在地法院管辖;继承类案件,由被继承人死亡时住所地或者主要遗产所在地法院等。

在行政诉讼中,案件一般由作出具体行政行为的行政机关所在地法院管辖。复议改变原具体行政行为的,也可以由复议机关所在地法院管辖。限制人身自由的,由被告所在地或者原告所在地法院管辖。

3. 选择管辖

选择管辖,是指在案件有多个管辖法院的情形下,如果选择管辖法院的相关制度。其中,在刑事诉讼中,一般由最初受理的法院审判,在必要的时候,也可移送主要犯罪地的法院审判;在民事诉讼中,一般由最先立案的法院管辖;在行政诉讼中,一般由最先收到起诉状的法院管辖。

(四) 回避制度

回避制度是指在诉讼中,审判人员以及其他可能影响案件公正审理的有关人员,在遇有法律规定情形时,不得参与案件的审理,已经参与的要退出该案诉讼程序的相关制度。

一般情况下,应当回避的审判人员包括:是本案的当事人或者当事人的近亲属;本人或者他的近亲属和本案有利害关系;担任过本案的证人、鉴定人、辩护人、诉讼代理人;与本案当事人有其他关系,可能影响公正处理案件;接受当事人及其委托的人的请客送礼或者违反规定会见的。

在不同的诉讼类型中,由于诉讼参与人不同,相关回避的决定权限也有所区别:如在在刑事诉讼中,审判、检察、侦查人员的回避,分别由院长、检察长、公安机关负责人决定;院长的回避由本院审委会决定;检察长和公安机关负责人的回避,由同级检察院检委会决定。在民事诉讼和行政诉讼中,院长担任审判长时的回避,由审委会决定;审判人员的回避由院长决定;其他人员的回避,由审判长决定。

四、三大诉讼法中其他制度的区别

由于立法目的、基本制度的不同,三大诉讼法在其他制度上亦有一定区别,简要概述如下。

(一) 近亲属适用范围区别

在刑事诉讼中,近亲属指夫、妻、父、母、子、女、同胞兄弟姐妹。在行政诉讼中指的是配偶、父母、子女、兄弟姐妹、祖父母、外祖父母、孙子女、外孙子女。而在民事诉讼当中是指配偶、父母、子女、兄弟姐妹、祖父母、外祖父母、孙子女、外孙子女以及其他具有扶养、赡养关系的人。

(二) 调解适用范围区别

对调解的适用范围,三大诉讼法有着明显的区别。

在刑事诉讼中,对附带民事诉讼部分可以进行调解;对告诉才处理的案件、被害人有证据证明的轻微刑事案件提出的自诉可调解;对被害人有证据证明对被告人侵犯自己人身、财产权利的行为应当依法追究刑事责任,而公安机关或者人民检察院不予追究被告人刑事责任的案件的自诉案件,不适用调解。

在民事诉讼中,关于调解的相关规定则较为自由,一般情况下,法院均可根据自愿和合法的原则进行调解。特殊情况包括:对离婚案件,人民法院必须首先进行调解;对于部分民事案件,人民法院在开庭审理时应当先行调解,如交通事故和工伤事故引起的权利义务关系较为明确的损害赔偿纠纷、宅基地和相邻关系纠纷等。

在行政诉讼中,法院审理案件不适用调解;但在审理行政赔偿诉讼案件中可以适用调解。

(三) 二审审理范围的区别

在刑事诉讼中,二审法院应当就一审判决认定事实和适用法律进行全面审查,不受上诉或者抗诉范围的限制。在判决结果上,二审法院应当遵守"上诉不加刑"原则,但检察院抗诉、自诉人上诉的除外。

在民事诉讼中,二审法院应围绕当事人上诉请求的有关事实和适用法律进行审查,当事人没提出请求的,不应当纳入审查范围;除非判决违反法律禁止性规定、侵害社会公共利益或他人利益。

在行政诉讼中,二审法院对原审法院的裁判和被诉具体行政行为是否合法,应当进行全面审查,不受上诉范围限制。二审期间,被诉行政机关不得改变原具体行政行为。

(四)证明责任分配的区别

一般认为,证明责任包含行为意义上的举证责任和结果意义上的举证责任两方面。行为意义上的举证责任,又称主观证明责任,是指当事人为避免败诉的结果,对所主张的事实负有提出证据的责任;结果意义上的举证责任,又称客观证明责任,是指作为裁判基础的要件事实处于真伪不明状态时,由负有该责任的当事人承担诉讼上的不利后果。所谓证明责任分配,一般指的是结果意义上的举证责任,即诉讼的不利后果由哪方负担。

在不同的诉讼法中,关于证明责任的分配规则也有所区别。

在刑事诉讼中,关于被告人有罪的证明责任,一般由公诉方承担;但在"巨额财产来源不明罪"等特殊案件中,需要由被告人对自己的无罪事实负担相应的证明责任。

在民事诉讼中,谁主张谁举证经常被认为是确定证明责任的基本原则。但在一些特殊的案件中,简单照搬"谁主张谁举证",往往无法得出正确的证明责任负担结论,此时需要通过分析实体法规范的逻辑结构,在要件事实论引导下,得出证明责任分配的结果。

在行政诉讼中,一般由被告对其作出的行政行为具有合法性承担证明责任。

第二节 民事诉讼法

一、民事诉讼与民事诉讼法

民事诉讼是指法院在当事人和其他诉讼参与人的参与下,按照法律规定的程序,审理和解决民事案件的诉讼活动以及在活动中产生的各种法律关系的总和。我国现行《民事诉讼法》自1991年颁布以来历经四次修订,于2022年1月1日起正式施行最新版。

《民事诉讼法》以宪法为根据,结合我国在民事审判工作中的经验和实际情况所制定,其任务是保护当事人正确行使诉讼权利,使人民法院能够正确地适用法律并且及时审理案件、制裁违法行为,以保护当事人合法权益。在中华人民共和国领域内进行的公民之间、法人之间、其他组织之间以及它们相互之间因财产关系和人身关系提起的民事诉讼必须遵守本法。

二、诉与诉权

诉的主体是当事人。诉讼标的,即诉的客体,是指当事人之间发生争执,并请求法院作出裁判的实体法律关系。诉的理由是指原告起诉及提出的诉讼请求在事实和法律上的依据。

根据原告的诉讼请求,诉可以分为三类:确认之诉、给付之诉和形成之诉。确认之诉即原告请求法院确认与被告之间是否存在某种法律关系的诉,进一步可以划分为积极的确认之诉和消极的确认之诉。给付之诉即原告请求法院判令被告履行一定的义务的诉,给付的内容包括财物、行为。形成之诉即请求法院消灭或者变更某种既存的法律关系的诉。

三、民事诉讼法的基本原则

根据民事诉讼的性质,其基本原则包含平等原则、处分原则、诚实信用原则等。

(1)平等原则是指诉讼当事人诉讼权利、义务平等。《民事诉讼法》第5条规定:"外国人、无国籍人、外国企业和组织在人民法院起诉、应诉,同中华人民共和国公民、法人和其他组织有同等的诉讼权利义务。外国法院对中华人民共和国公民、法人和其他组织的民事诉讼权利加以限制的,中华人民共和国人民法院对该国公民、企业和组织的民事诉讼权利,实行对等原则。"

(2)处分原则是指当事人有权在法律规定的范围内,依据自己意志自由处分自己的权利。处分的内容包括实体权利和诉讼权利。处分原则表现为,当事人可以在民事诉讼中认可对方提出的事实,放弃提出相关主张等。对于不违反法律规定,不损害国家、社会或第三人合法权益的处分行为,法院应当给予尊重。

(3)诚实信用原则的设置是为了防止当事人在诉讼中滥用诉讼权利,侵害国家、社会、他人合法权益,避免其产生诸如伪造证据、恶意串通、转移资产、滥用管辖权异议或回避申请等程序拖延诉讼等行为。

四、民事诉讼法的基本制度

民事诉讼法的基本制度,包括审判组织、回避制度、公开审判制度、两审终审制度和陪审制度。

(1)审判组织包括合议制和独任制。合议制是指由3名以上的法官或人民陪审员组成审判集体,代表人民法院行使审判权,对案件进行审理并作出裁判的制度。与合议制对应的是独任制,是指由法官一人对案件进行审理并作出裁判的制度。

(2)回避制度,是指审判人员和其他有关人员,遇有法律规定的情形时,退出对某一案件的审理活动的制度,这一制度是为了保证案件公正处理所设立,回避制度的适用对象有审判人员、书记员、翻译人员、鉴定人、勘验人员、执行人员。法定原因有:存在法定利害关系、有不正当行为、参与过前序审判。回避方式包括自行回避、申请回避和指令回避。

(3)公开审判制度是指人民法院对民事案件的审理和宣判应当依法公开进行的制度,这是诉讼制度和司法制度进步、文明的重要表现,其重要意义在于促进和保障司法公正,增强司法裁判的公信力,并促使当事人和其他诉讼参与人正确行使诉讼权利,履行诉讼义务。

(4)两审终审制度是指一个民事案件经过两级人民法院审判后即告终结的制度,根据这一制度,民事案件经过第一审人民法院审判后,当事人如果不服,其有权依法向上一级人民法院提起上诉,由其进行第二审。第二审法院所作出的判决、裁定是审终判决、裁定,当事人不得再行上诉。

(5)陪审制度是指审判机关吸收法官以外的公民,进入合议庭,参与案件审判活动的制度。陪审制度不仅体现了司法的民主性,而且能够有效弥补职业法官在法律领域之外的知识、经验和能力上的缺失,使得案件的裁判结果更加符合普通人的认知。

小贴士

独任制的适用范围

《民事诉讼法》第40条第2款:适用简易程序审理的民事案件,由审判员一人独任审理。基层人民法院审理的基本事实清楚、权利义务关系明确的第一审民事案件,可以由审判员一人适用普通程序独任审理。

第41条第2款:中级人民法院对第一审适用简易程序审结或者不服裁定提起上诉的第二审民事案件,事实清楚、权利义务关系明确的,经双方当事人同意,可以由审判员一人独任审理。

第42条:人民法院审理下列民事案件,不得由审判员一人独任审理:(1)涉及国家利益、社会公共利益的案件;(2)涉及群体性纠纷,可能影响社会稳定的案件;(3)人民群众广泛关注或者其他社会影响较大的案件;(4)属于新类型或者疑难复杂的案件;(5)法律规定应当组成合议庭审理的案件;(6)其他不宜由审判员一人独任审理的案件。

第43条:人民法院在审理过程中,发现案件不宜由审判员一人独任审理的,应当裁定转由合议庭审理。当事人认为案件由审判员一人独任审理违反法律规定的,可以向人民法院提出异议。人民法院对当事人提出的异议应当审查,异议成立的,裁定转由合议庭审理;异议不成立的,裁定驳回。

五、受案范围

受案范围即民事审判权的作用范围或民事裁判权的范围,其意旨在确定人民法院和其他国家机关、社会团体之间解决民事、经济纠纷的分工和职权范围。法院的受案范围反映了法院对纠纷的可接纳程度及范围,从而直接制约了当事人诉权受保护的程度。但法院受案范围也并非越大越好,而应根据实际情况予以科学合理地界定。

一般认为,我国目前民事诉讼受案范围主要有以下几类:基于民法调整的财产关系和人身关系发生纠纷的案件;基于商法调整的商事关系发生纠纷的案件;基于经济法调整的部分经济关系发生纠纷的案件;基于劳动法调整的部分劳动关系发生纠纷的案件;法律规定由法院运用民事诉讼法解决的其他案件,主要包括选举法和民事诉讼法规定的选民资格案件及民事诉讼法规定的宣告失踪案件、宣告死亡案件,认定公民无民事行为能力或限制民事行为能力案件,认定财产无主案件和企业破产案件等。

六、管辖

民事诉讼管辖制度包括管辖权确定、管辖异议处理、管辖权恒定等相关制度。

(一) 管辖权确定制度

管辖权确定制度包括级别管辖、地域管辖和裁定管辖制度。

级别管辖是指管辖案件的法院层级。确定级别管辖的标准有:案件的性质,案件的繁简程度,案件的影响范围和案件争议标的金额的大小。原则上,第一审民事案件由基层法院管辖;但是法律另有规定的除外。中级法院管辖范围包括重大涉外案件、本辖区有重大影响的案件、最高人民法院确定由中级法院管辖的案件等。高级人民法院管辖在本辖区有重大影响的第一审民事案件,同时也负责对本辖区内中级人民法院和基层人民法院的审判活动进行指导和监督。最高人民法院管辖的第一审民事案件主要有两类:一是在全国有重大影响的案件;二是认为应当由本院审理的案件。

地域管辖包括一般地域管辖、专属管辖、合同纠纷管辖、协议管辖等。一般地域管辖指以当事人所在地与法院的隶属关系来确定管辖权,原则上由被告所在地法院管辖。专属管辖主要针对不动产纠纷、港口作业和遗产纠纷等,分别由不动产、港口和遗产所在地法院管辖。合同纠纷管辖指因合同纠纷提起诉讼,由被告住所地或者合同履行地管辖。

协议管辖是指根据《民事诉讼法》第34条规定,"合同或者其他财产权益纠纷当事人可以书面协议选择被告住所地、合同履行地、合同签订地、原告住所地、标的物所在地等与争议有实际联系的地点人民法院管辖,但不得违背本法对级别管辖和专属管辖的规定。"

裁定管辖是指法院以裁定的方式确立案件的管辖。主要包括移送管辖、指定管辖和管辖权转移等。

(二) 管辖异议处理制度

管辖权异议指法院受理案件后,当事人对管辖权有异议的,应当在提交答辩状期间提出。对于管辖权异议,法院应当审查。异议成立的,应当裁定将案件移送有管辖权的人民法院;异议不成立的,裁定驳回。当事人对管辖权异议裁定不服的,可以上诉。

(三) 管辖权恒定制度

管辖权恒定原则指确定案件管辖权以起诉时为标准,起诉时对案件享有管辖权的法院,不因确定管辖的事实在诉讼中发生变化而影响其管辖权。

《最高人民法院关于适用〈中华人民共和国民事诉讼法〉的解释》(以下简称《民诉法解释》)第38条规定:"有管辖权的人民法院受理案件后,不得以行政区域变更为由,将案件移送给变更后有管辖权的人民法院。"《民诉法解释》第39条规定:"人民法院对管辖异议审查后确定有管辖权的,不因当事人提起反诉、增加或者变更诉讼请求等改变管辖,但违反级别管辖、专属管辖规定的除外。"

七、当事人和诉讼代理人

民事诉讼程序中的当事人是指,以自己的名义要求人民法院保护其民事权利或法律关系的人及其相对方。当事人适格是指,就特定的诉讼,具有以自己的名义成为原告或者被告的资格,因而受案件处理结果拘束的当事人。《民事诉讼法》第122条规定,"起诉必须符合下列条件:(1)原告是与本案有直接利害关系的公民、法人和其他组织;(2)有明确的被告;(3)有具体的诉讼请求和事实、理由;(4)属于人民法院受理民事诉讼的范围和受诉人民法院管辖。"对于不符合上述规定起诉的,法院将裁定不予受理或驳回起诉。

诉讼代理人是指依照代理权,以当事人的名义代为实施或接受诉讼行为,以维护该当事人利益的诉讼参加人。诉讼代理人制度的设置,既可使无诉讼行为能力人的能力得以补足,又可使有诉讼能力人的能力得以扩张,有利于诉讼程序的顺利进行,有利于当事人诉讼利益得到充分保护。

需要区分诉讼代理人和诉讼辅佐人。诉讼辅佐人不一定是律师,只要经过法院的许可就可以参加诉讼。根据《民事诉讼法》第79条的规定:"当事人可以申请人民法院通知有专门知识的人出庭,就鉴定人作出的鉴定意见或者专业问题提出意见。"有专门知识的人即属于诉讼辅佐人类别。

八、多数人诉讼

多数人诉讼突破了传统的一对一的诉讼方式,包含了共同诉讼、群体性诉讼、诉讼第三人等相关制度。

(一) 共同诉讼

共同诉讼是指与单独诉讼相对应的复数诉讼形式,包含普通共同诉讼和必要共同诉讼。普通共同诉讼是指当事人一方或双方为二人以上,其诉讼标的属于同一种类,人民法院认为可以合并审理,并经当事人同意,而共同进行的诉讼。必要共同诉讼也称为合一确定的共同诉讼,是指当事人一方或者双方为两人以上,其诉讼标的共同的诉讼。必要共同诉讼人具有共同的权利或义务,因而是不可分之诉,人民法院必须合并审理和判决。

(二) 群体性诉讼

群体性诉讼包括代表人诉讼、示范性诉讼、团体诉讼等。

其中,代表人诉讼是指一方或者双方当事人人数众多时,由众多当事人推选出代表人代表本方全体当事人进行诉讼;代表人所为诉讼行为对本方全体当事人均发生法律效力。

示范性诉讼分为广义与狭义之分。在广义上指某一诉讼在事实上或法律上与其他诉讼具有相似性,法院对该诉讼所作的判决对其他诉讼的当事人具有约束力;在狭义上是指当事人之间达成契约,约定选择某一具有相同的事实问题或法律问题进行诉讼,在示范性诉讼判决确定前,其他未起诉的当事人暂时不提起诉讼或已经提起的诉讼的中止诉讼,接受示范性诉讼判决的约束。

团体诉讼是一种赋予某些团体诉讼主体资格和团体诉权,使其可以代表团体成员提起、参加诉讼,独立享有和承担诉讼上的权利义务,并可以独立作出实体处分的专门性制度。拥有此项资格的主体包括工会、业主委员会等。

(三) 诉讼第三人

诉讼第三人是指对于已经开始的诉讼,以该诉讼的原告和被告为对方提出独立的诉讼请求,或者由该诉讼中的原告或被告引进后独立主张利益,或者为了自己的利益,辅助诉讼一方当事人进行辩论的诉讼参加人。第三人分为有独立请求权的第三人和无独立请求权的第三人。

九、民事诉讼证据

民事诉讼证据是指能够证明民事案件真实情况的各种事实材料。《民事诉讼法》第64条规定:"当事人对自己提出的主张,有责任提供证据。"民事诉讼证据具有客观性、关联性和合法性三个属性。

证据需要具有证据能力和证明力。证据能力又称为证据资格或证据的适格性,是指一定的事实材料作为诉讼证据的法律上的资格,对于诉讼证明具有重要意义;证明力又称证据价值、证据力,是指证据对于案件事实的证明作用的大小。根据《最高人民法院关于民事诉讼证据的若干规定》(以下简称《民事证据规定》)第85条的规定:"人民法院应当以证据能够证明的案件事实为根据依法作出裁判。审判人员应当依照法定程序,全面、客观地审核证据,依据法律的规定,遵循法官职业道德,运用逻辑推理和日常生活经验,对证据有无证明力和证明力大小独立进行判断,并公开判断的理由和结果。"

按照不同的标准,民事证据可以被分为不同类别。根据证据与证明责任的关系,可以将证据划分为本证与反证;根据表现形式不同,可以将证据划分为言词证据和实物证据;根据证据的来源,可以将其划分为原始证据和传来证据;根据证据与待证事实之间的关系,可以将其划分为直接证据和间接证据。根据《民事诉讼法》第63条的规定,证据包括:"①当事人的陈述;②书证;③物证;④视听资料;⑤电子数据;⑥证人证言;⑦鉴定意见;⑧勘验笔录。证据必须查证属实,才能作为认定事实的根据。"

证据的收集。根据《民事诉讼法》第65条:"当事人对自己提出的主张应当及时提供证据。人民法院根据当事人的主张和案件审理情况,确定当事人应当提供的证据及其期限。当事人在该期限内提供证据确有困难的,可以向人民法院申请延长期限,人民法院根据当事人的申请适当延长。当事人逾期提供证据的,人民法院应当责令其说明理由;拒不说明理由或者理由不成立的,人民法院根据不同情形可以不予采纳该证据,或者采纳该证据但予以训诫、罚款。"第67条规定:"人民法院有权向有关单位和个人调查取证,有关单位和个人不得拒绝。人民法院对有关单位和个人提出的证明文书,应当辨别真伪,审查确定其效力。"

十、民事诉讼证明

在民事诉讼中,证明是指当事人和法院依法运用证据确定案件事实的活动,除了法定的例外情形,民事诉讼当事人必须运用证据向法官证明案件事实发生、发展和演变的过程,以便使法官相信该事实存在或不存在,从而为裁判奠定事实基础。

民事诉讼的证明主体是当事人。证明的目的旨在证实诉讼中的争议事实,说服审理案件的法官,追求有利于己的诉讼结果。证明对象的范围包括实体法律事实、程序法律事实以及地方性法规、习惯、外国法律等。

证明责任又称举证责任,理论上主要有三种界定:行为责任说、双重含义说和危险负担说。《民事诉讼法》第67条规定:"当事人对自己提出的主张,有责任提供证据。"该规定通常被理解为"谁主张谁举证"。但在一些特殊的案件中,简单采用"谁主张谁举证",往往无法得出正确的结论。更为精准的证明责任分配方式,一般认为应当采用要件事实分类说。《民诉法解释》第91条规定,"人民法院应当依照下列原则确定举证证明责任的承担,但法律另有规定的除外:①主张法律关系存在的当事人,应当对产生该法律关系的基本事实承担举证证明责任;②主张法律关系变更、消灭或者权利受到妨害的当事人,应当对该法律关系变更、消灭或者权利受到妨害的基本事实承担举证证明责任。"该规定即是法律要件分类说在我国采用的依据。

证明标准是指运用证据证明待证事实所应达到的程度或尺度。《民诉法解释》第108条规定:"对负有举证证明责任的当事人提供的证据,人民法院经审查并结合相关事实,确信待证事实的存在具有高度可能性的,应当认定该事实存在。对一方当事人为反驳负有举证证明责任的当事人所主张事实而提供的证据,人民法院经审查并结合相关事实,认为待证事实真伪不明的,应当认定该事实不存在。法律对于待证事实所应达到的证明标准另有规定的,从其规定。"该规定即确定了我国民事诉讼的证明标准为"高度盖然性"标准。

在一些特殊情况下,对民事诉讼部分事实的证明需要达到"排除合理怀疑"标准。《民诉法解释》第109条规定:"当事人对欺诈、胁迫、恶意串通事实的证明,以及对口头遗嘱或者赠与事实的证明,人民法院确信该待证事实存在的可能性能够排除合理怀疑的,应当认定该事实存在。"即对于欺诈、胁迫、恶意串通事实,以及对口头遗嘱或者赠与事实的证明,应当高于"高度盖然性"标准,达到与刑事定罪标准相同的"排除合理怀疑"标准。

十一、小额诉讼程序

民事诉讼普通程序之外,小额诉讼程序有利于节约诉讼成本,尽快解决纠纷。

1. 小额诉讼程序的适用范围

根据《民事诉讼法》第165条规定:"基层人民法院和它派出的法庭审理事实清楚、权利义务关系明确、争议不大的简单金钱给付民事案件,标的额为各省、自治区、直辖市上年度就业人员年平均工资50%以下的,适用小额诉讼的程序审理,实行一审终审。基层人民法院和它派出的法庭审理前款规定的民事案件,标的额超过各省、自治区、直辖市上年度就业人员年平均工资50%但在2倍以下的,当事人双方也可以约定适用小额诉讼的程序。"第166条规定:"人民法院审理下列民事案件,不适用小额诉讼的程序:①人身关系、财产确权案件;②涉外案件;③需要评估、鉴定或者对诉前评估、鉴定结果有异议的案件;④一方当事人下落不明的案件;⑤当事人提出反诉的案件;⑥其他不宜适用小额诉讼的程序审理的案件。"

2. 小额诉讼案件的审理方式

《民事诉讼法》第167条规定:"人民法院适用小额诉讼的程序审理案件,可以一次开庭审结并且当庭宣判。"第168条规定:"人民法院适用小额诉讼的程序审理案件,应当在立案之日起两个月内审结。有特殊情况需要延长的,经本院院长批准,可以延长一个月。"

第169条规定:"人民法院在审理过程中,发现案件不宜适用小额诉讼的程序的,应当适用简易程序的其他规定审理或者裁定转为普通程序。当事人认为案件适用小额诉讼的程序审理违反法律规定的,可以向人民法院提出异议。人民法院对当事人提出的异议应当审查,异议成立的,应当适用简易程序的其他规定审理或者裁定转为普通程序;异议不成立的,裁定驳回。"第170条规定:"人民法院在审理过程中,发现案件不宜适用简易程序的,裁定转为普通程序。"

十二、民事执行程序

民事执行程序,是指国家机关依债权人的申请,依据执行依据,运用国家强制力,强制债务人履行义务,以实现债权人的民事权利的活动。在我国,人民法院是法定的民事执行机关。民事执行以执行依据为前提,须经债权人申请方可启动。

《民事诉讼法》第246条规定:"申请执行的期间为2年。申请执行时效的中止、中断,适用法律有关诉讼时效中止、中断的规定。"前款规定的期间,从法律文书规定履行期间的最后一日起计算;法律文书规定分期履行的,从最后一期履行期限届满之日起计算;

法律文书未规定履行期间的,从法律文书生效之日起计算。

执行主体包括执行机关、执行当事人和执行参与人。执行机关是指依法负责执行法律文书的职能机构,目前,执行权由人民法院行使。执行机关通常由执行庭(局)长、执行法官、书记员和司法警察组成。执行当事人主要是指具有给付内容的执行依据上所确定的债权人与债务人。执行参与人是指法院和执行当事人以外的参与执行工作的组织和个人,包括协助执行人、执行见证人、被执行人的家属以及代理人和翻译人员等。

执行行为异议,是指当事人或利害关系人认为执行程序、执行措施方法违反法律规定的,请求执行法院予以救济的制度。执行行为异议的程序流程如下:当事人或利害关系人认为符合异议条件时,可以向执行法院提交申请书,提出书面执行异议。在执行行为异议中,原则上不停止执行行为,但被执行人、利害关系人若有充分有效的担保请求停止相应处分措施的,人民法院可以准许;申请执行人提供充分、有效的担保,请求继续执行的,应当继续执行。

针对执行异议结果,当事人还可提请执行异议之诉。《民事诉讼法》第234条规定:"执行过程中,案外人对执行标的提出书面异议的,人民法院应当自收到书面异议之日起15日内审查,理由成立的,裁定中止对该标的的执行;理由不成立的,裁定驳回。案外人、当事人对裁定不服,认为原判决、裁定错误的,依照审判监督程序办理;与原判决、裁定无关的,可以自裁定送达之日起15日内向人民法院提起诉讼。"执行异议之诉包括:案外人执行异议之诉(即第三人异议之诉)、执行标的许可执行异议之诉;涉及变更追加当事人的,有债务人不适格执行异议之诉、许可执行债务人异议之诉;涉及执行债权的有参与分配方案异议之诉、债务人执行异议之诉等。

十三、涉外民事诉讼程序的特别规定

涉外民事诉讼是以国内司法权解决涉外民事案件的程序或活动。主要包括:涉外争讼案件、涉外非讼事件和涉外执行案件。

我国涉外民事诉讼程序的原则包括:信守国际条约原则、适用法院地原则。《民事诉讼法》第四编对涉外民事诉讼程序的一般原则、管辖、送达和期间、仲裁规则和司法协助进行了规定。根据《民事诉讼法》第288条的规定:"外国法院作出的发生法律效力的判决、裁定,需要中华人民共和国人民法院承认和执行的,可以由当事人直接向中华人民共和国有管辖权的中级人民法院申请承认和执行,也可以由外国法院依照该国与中华人民共和国缔结或者参加的国际条约的规定,或者按照互惠原则,请求人民法院承认和执行。"

第289条规定:"人民法院对申请或者请求承认和执行的外国法院作出的发生法律效力的判决、裁定,依照中华人民共和国缔结或者参加的国际条约,或者按照互惠原则进行审查后,认为不违反中华人民共和国法律的基本原则或者国家主权、安全、社会公共利益的,裁定承认其效力,需要执行的,发出执行令,依照本法的有关规定执行。违反中华人民共和国法律的基本原则或者国家主权、安全、社会公共利益的,不予承认和执行。"

第三节 刑事诉讼法

刑事诉讼是人民法院、人民检察院和公安机关(含国家安全机关等其他侦查机关)在当事人及其他诉讼参与人的参加下,依照法律规定的程序,解决被追诉人刑事责任问题的活动。经过国家权力机关制定和认可的,调整以上刑事诉讼活动的法律规范的总称即是刑事诉讼法。

《中华人民共和国刑事诉讼法》(以下简称《刑事诉讼法》)于 1979 年 7 月 1 日经第五届全国人民代表大会第二次会议通过,经 1996 年 3 月 17 日、2012 年 3 月 14 日两次修正,并于 2018 年 10 月 26 日经过第十三届全国人民代表大会常务委员会第六次会议第三次修正。现行《刑事诉讼法》共分为五编,分别为:总则;立案、侦查和提起公诉;审判;执行;特别程序。

一、刑事诉讼法的任务和基本原则

《刑事诉讼法》的第 2 条规定了刑事诉讼法的任务为:保证准确、及时地查明犯罪事实,正确应用法律,惩罚犯罪分子,保障无罪的人不受刑事追究,教育公民自觉遵守法律,积极同犯罪行为作斗争,维护社会主义法制,尊重和保障人权,保护公民的人身权利、财产权利、民主权利和其他权利,保障社会主义建设事业的顺利进行。

《刑事诉讼法》第 3 条至第 18 条规定了刑事诉讼法基本原则的相关内容,例如,第 3 条规定了职权原则和严格遵守法定程序原则:"对刑事案件的侦查、拘留、执行逮捕、预审,由公安机关负责。检察、批准逮捕、检察机关直接受理的案件的侦查、提起公诉,由人民检察院负责。审判由人民法院负责。除法律特别规定的以外,其他任何机关、团体和个人都无权行使这些权力。"第 4 条规定了国家安全机关的职权:"国家安全机关依照法律规定,办理危害国家安全的刑事案件,行使与公安机关相同的职权。"

《刑事诉讼法》第 6 条规定:"人民法院、人民检察院和公安机关进行刑事诉讼,必须依靠群众,必须以事实为根据,以法律为准绳。对于一切公民,在适用法律上一律平等,在法律面前,不允许有任何特权。"第 10 条规定了两审终审制:"人民法院审判案件,实行两审终审制。"第 13 条规定了人民陪审员制度:"人民法院审判案件,依照本法实行人民陪审员陪审的制度。"

二、刑事诉讼管辖制度

管辖是指公安机关、人民检察院和人民法院之间立案受理刑事案件以及人民法院系统内审判第一审刑事案件的分工制度。

(一) 立案管辖制度的相关法律规定及其内容

1. 立案侦查的案件范围

(1)公安机关案件侦查范围。

《刑事诉讼法》第 19 条第 1 款规定:"刑事案件的侦查由公安机关进行,法律另有规定除外。"《公安机关办理刑事案件程序规定》(以下简称《公安部规定》)第 14 条规定了不属于公安机关立案侦查的情形。

(2)人民检察院直接受理案件的范围。

《刑事诉讼法》第 19 条第 2 款规定:"人民检察院在对诉讼活动实行法律监督中发现的司法工作人员利用职权实施的非法拘禁、刑讯逼供、非法搜查等侵犯公民权利、损害司法公正的犯罪,可以由人民检察院立案侦查。对于公安机关管辖的国家机关工作人员利用职权实施的重大犯罪案件,需要由人民检察院直接受理的时候,经省级以上人民检察院决定,可以由人民检察院立案侦查。"《人民检察院刑事诉讼规则》(以下简称《检察院诉讼规则》)第 14 条规定了各级人民检察院办理直接受理侦查案件的权限范围。

(3)监察机关立案调查的案件范围。

《中华人民共和国监察法》(以下简称《监察法》)第 15 条规定了监察机关的调查对象为包括中国共产党机关、人民代表大会及其常务委员会机关、人民政府、监察委员会、人民法院、人民检察院、中国人民政治协商会议各级委员会机关、民主党派机关和工商业联合会机关的公务员,以及参照《中华人民共和国公务员法》管理的人员等各类依法履行公职的人员。

(4)人民法院仅直接受理自诉案件,且立案后直接进入审理阶段,不需要经过专门机关侦查。这类案件包括:告诉才处理的案件,人民检察院没有提起公诉、被害人有证据证明的轻微刑事案件,公诉转自诉的案件。

2. 管辖权竞合处理

(1)《检察院诉讼规则》第 18 条第 1 款规定了公安机关与人民检察院的交叉管辖处理。人民检察院办理直接受理侦查的案件涉及公安机关管辖的刑事案件,应当将属于公安机关管辖的刑事案件移送公安机关。如果涉嫌的主罪属于公安机关管辖,由公安机关为主侦查,人民检察院予以配合;如果涉嫌的主罪属于人民检察院管辖,由人民检察院为主侦查,公安机关予以配合。

(2)公诉案件和自诉案件的交叉具体处理:公安机关或人民检察院在侦查过程中,如果发现被告人还犯有属于人民法院的直接受理的罪行时,分情形处理:对于告诉才处理的案件,告知被害人向人民法院直接提起诉讼。对于属于人民法院可以受理的其他类型自诉案件的,可以立案进行侦查,然后在人民检察院提起公诉时,随同公诉案件移送人民法院,由人民法院合并审理。人民法院在审理自诉案件过程中,如果发现被告人还犯有必须由人民检察院提起公诉的罪行时,应将新发现的罪行另移送有管辖权的公安机关或者人民检察院处理。

(3) 普通刑事案件和监察案件的交叉处理,分别在《监察法》第34条、第35条,《检察院诉讼规则》第17条中予以规定。人民法院、人民检察院、公安机关、审计机关等国家机关在工作中发现公职人员涉嫌贪污贿赂、失职渎职等职务违法或者职务犯罪的问题线索,应当移送监察机关,由监察机关依法调查处置。

被调查人既涉嫌严重职务违法或者职务犯罪,又涉嫌其他违法犯罪的,一般应当由监察机关为主调查,其他机关予以协助。

(4) 并案管辖处理方式,在《最高人民法院、最高人民检察院、公安部、国家安全部、司法部、全国人大常委会法制工作委员会关于实施刑事诉讼法若干问题的规定》(以下简称《六机关规定》)第3条、《最高人民法院关于适用〈中华人民共和国刑事诉讼法〉的解释》(以下简称《刑诉法解释》)第24条、第25条予以规定。

(二) 审判管辖

审判管辖是指各级人民法院之间、同级人民法院之间以及普通人民法院与专门法院之间、各专门人民法院之间在审判第一审刑事案件上的权限划分。

1. 级别管辖

《刑事诉讼法》第20条、第21条、第22条、第23条分别规定了基层人民法院、中级人民法院、高级人民法院、最高人民法院管辖的分工。《刑事诉讼法》第24条规定级别管辖变通的处理规则:"上级人民法院在必要的时候,可以审判下级人民法院管辖的第一审刑事案件;下级人民法院认为案情重大、复杂需要由上级人民法院审判的第一审刑事案件,可以请求移送上一级人民法院审判。"

2. 地域管辖

地域管辖是指同级人民法院之间,在审判第一审刑事案件内部受理案件的分工问题,处理同级人民法院第一审刑事案件审判权的横向划分。《刑事诉讼法》第25条规定:"刑事案件由犯罪地的人民法院管辖。如果由被告人居住地的人民法院审判更为适宜的,可以由被告人居住地的人民法院管辖。"

3. 专门管辖

专门管辖是指专门人民法院与普通人民法院之间,各种专门人民法院之间,各种专门人民法院之间以及各专门人民法院系统内部在受理第一审刑事案件上的权限分工。例如,军事法院是管辖刑事案件的专门法院,一般军人和非军人共同犯罪的案件分别由军事法院和地方人民法院管辖;但涉及国家军事秘密的,全案由军事法院管辖。

4. 指定管辖

指定管辖是指管辖不明或者有管辖权的法院不宜行使管辖权时,由上级人民法院以指定的方式确定案件的管辖。《刑诉法解释》第20条第1款、第23条、第21条具体规定指定管辖的处理规则。

三、刑事诉讼回避制度

刑事诉讼中的回避是指根据刑事诉讼法和有关法律的规定，侦察人员、检察人员、审判人员等同案件有法定利害关系或者其他可能影响案件公正处理的关系，因而不得参加该案诉讼活动的一项诉讼制度。回避的人员包括：审判人员、检察人员、侦查人员、其他人员。

（一）回避的对象、方式与事由

《刑事诉讼法》第29条规定了审判人员、检察人员、侦查人员回避的情形，包括："①是本案的当事人或者是当事人的近亲属的；②本人或者他的近亲属和本案有利害关系的；③担任过本案的证人、鉴定人、辩护人、诉讼代理人的；④与本案当事人有其他关系，可能影响公正处理案件的。"

《检察院诉讼规则》第35条规定："参加过同一案件侦查的人员，不得承办该案的审查逮捕诉、出庭支持公诉和诉讼监督工作，但在审查起诉阶段参加自行补充侦查的人员除外。"《刑诉法解释》第29条第1款规定，参与过本案调查、侦查、审查起诉工作的监察、侦查、检察人员，调至人民法院工作的，不得担任本案的审判人员。

《刑诉法解释》第29条第2款规定："在一个审判程序中参与过本案审判工作的合议庭组成人员或者独任审判员，不得再参与本案其他程序的审判。但是，发回重新审判的案件，在第一审人民法院作出裁判后又进入第二审程序、在法定刑以下判处刑罚的复核程序或者死刑复核程序的，原第二审程序、在法定刑以下判处刑罚的复核程序或者死刑复核程序中的合议庭组成人员不受本款规定的限制。"

（二）回避主体、效力与救济方式

《刑事诉讼法》第30条规定了办案人员的行为禁止：审判人员、检察人员、侦查人员不得接受当事人及其委托的人的请客送礼，不得违反规定会见当事人及其委托的人。审判人员、检察人员、侦查人员违反前款规定的，应当依法追究法律责任。当事人及其法定代理人有权要求他们回避。《刑事诉讼法》第31条规定了回避决定、效力、救济的内容："审判人员、检察人员、侦查人员的回避，应当分别由院长、检察长、公安机关负责人决定；院长的回避，由本院审判委员会决定；检察长和公安机关负责人的回避，由同级人民检察院检察委员会决定。

对侦查人员的回避作出决定前，侦查人员不能停止对案件的侦查。对驳回申请回避的决定，当事人及其法定代理人可以申请复议一次。"《刑事诉讼法》第32条规定了其他人回避的处理方式及救济："本章关于回避的规定适用于书记员、翻译人员和鉴定人。辩护人、诉讼代理人可以依照本章的规定要求回避、申请复议。"

另外,《公安部规定》第 39 条规定,被决定回避的公安机关负责人、侦查人员在回避决定作出以前所进行的诉讼活动是否有效,由作出决定的机关根据案件情况决定。《检察院诉讼规则》第 36 条规定:"被决定回避的检察长在回避决定作出以前所取得的证据和进行的诉讼行为是否有效,由检察委员会根据案件具体情况决定。被决定回避的其他检察人员在回避决定作出以前所取得的证据和进行的诉讼行为是否有效,由检察长根据案件具体情况决定。被决定回避的公安机关负责人在回避决定作出以前所进行的诉讼行为是否有效,由作出决定的人民检察院检察委员会根据案件具体情况决定。"

(三) 回避程序的相关规定

在刑事诉讼的各个阶段,均可以启动回避程序。当事人及其法定代理人、辩护人或者诉讼代理人要求司法工作人员回避的,应当书面或口头向有权机关提出,并说明理由或者提供有关证明材料。一般被申请回避的人员应暂停参与本案的诉讼活动,但对侦查人的回避决定作出前,侦查人员不停止对案件的侦查工作。

四、刑事辩护与代理制度

刑事辩护制度是指法律规定的关于犯罪嫌疑人、被告人行使辩护权和公安司法机关等有义务保障他们行使辩护权的一系列的规则的总称,包括辩护权、辩护的种类、辩护方式、辩护人的范围、辩护人的责任、辩护人的权利与义务。辩护分为自行辩护、委托辩护和法律援助辩护。

刑事代理是指在刑事诉讼中代理人接受公诉案件的被害人及其法定代理人或者近亲属、自诉案件的自诉人及其法定代理人、附带民事诉讼的当事人及其法定代理人的委托,以被代理人的名义参加诉讼,由被代理人承担代理行为的法律后果的诉讼活动,分为法定代理、委托代理。

(一) 辩护制度相关规定

1. 委托辩护

《刑事诉讼法》第 33 条规定:"犯罪嫌疑人、被告人除自己行使辩护权以外,还可以委托一至二人作为辩护人。下列的人可以被委托为辩护人:(1)律师;(2)人民团体或者犯罪嫌疑人、被告人所在单位推荐的人;(3)犯罪嫌疑人、被告人的监护人、亲友。正在被执行刑罚或者依法被剥夺、限制人身自由的人,不得担任辩护人。被开除公职和被吊销律师、公证员执业证书的人,不得担任辩护人,但系犯罪嫌疑人、被告人的监护人、近亲属的除外。"

关于委托辩护的时间,《刑事诉讼法》第 34 条规定:"犯罪嫌疑人自被侦查机关第一次讯问或者采取强制措施之日起,有权委托辩护人;在侦查期间,只能委托律师作为辩护人。被告人有权随时委托辩护人。侦查机关在第一次讯问犯罪嫌疑人或者对犯罪嫌疑人采取强制措施的时候,应当告知犯罪嫌疑人有权委托辩护人。

人民检察院自收到移送审查起诉的案件材料之日起3日以内,应当告知犯罪嫌疑人有权委托辩护人。人民法院自受理案件之日起3日以内,应当告知被告人有权委托辩护人。犯罪嫌疑人、被告人在押期间要求委托辩护人的,人民法院、人民检察院和公安机关应当及时转达其要求。犯罪嫌疑人、被告人在押的,也可以由其监护人、近亲属代为委托辩护人。辩护人接受犯罪嫌疑人、被告人委托后,应当及时告知办理案件的机关。"

2. 法律援助规定

《刑事诉讼法》第35条规定:"犯罪嫌疑人、被告人因经济困难或者其他原因没有委托辩护人的,本人及其近亲属可以向法律援助机构提出申请。对符合法律援助条件的,法律援助机构应当指派律师为其提供辩护。犯罪嫌疑人、被告人是盲、聋、哑人,或者是尚未完全丧失辨认或者控制自己行为能力的精神病人,没有委托辩护人的,人民法院、人民检察院和公安机关应当通知法律援助机构指派律师为其提供辩护。犯罪嫌疑人、被告人可能被判处无期徒刑、死刑,没有委托辩护人的,人民法院、人民检察院和公安机关应当通知法律援助机构指派律师为其提供辩护。"

对于特殊类型案件,也应适用法律援助辩护规定。《刑诉法解释》第48条规定:"具有下列情形之一,被告人没有委托辩护人的,人民法院可以通知法律援助机构指派律师为其提供辩护:(1)共同犯罪案件中,其他被告人已经委托辩护人的;(2)案件有重大社会影响的;(3)人民检察院抗诉的;(4)被告人的行为可能不构成犯罪的;(5)有必要指派律师提供辩护的其他情形。"

法律援助机构可以在人民法院、看守所等场所派驻值班律师。犯罪嫌疑人、被告人没有委托辩护人,法律援助机构没有指派律师为其提供辩护的,由值班律师为犯罪嫌疑人、被告人提供法律咨询、程序选择建议、申请变更强制措施、对案件处理提出意见等法律帮助。

3. 辩护人的权利

《刑事诉讼法》第38条、第39条、第40条、第97条规定辩护人享有的权利包括:阅卷权;会见、通信权;侦查阶段提供法律帮助权;申请解除超期的强制措辞的权利。《刑事诉讼法》第41条、第43条、《刑诉解释》57条、第58条规定了辩护人享有调查取证和申请调查取证的权利;《刑事诉讼法》第48条规定了保密权,第49条规定了申诉、控告权。

4. 辩护人的义务

根据《刑事诉讼法》和《刑诉法解释》规定,辩护人的义务包括:①不得干扰司法机关的诉讼活动;②及时告知接受委托的情况;③证据开示义务;④揭发告知违法行为义务;⑤会见在押犯罪嫌疑人、被告人时,应当遵守看管场所的规定;⑥参加法庭审判时要遵守法庭秩序;⑦依法取证;⑧不得违规会见、贿赂司法人员。

(二)刑事代理相关内容

在刑事代理分类中,从产生方式看,可以分为法定代理和委托代理;从委托主体看,可以分为公诉案件被害人的代理、自诉案件自诉人的代理、附带民事诉讼当事人的代理、没收程序中的代理、精神病人的强制医疗程序中的代理。

五、刑事证据及证明制度

（一）刑事证据

刑事证据是指可以用于案件事实的材料，具有客观性、关联性、合法性的属性。根据《刑事诉讼法》的规定，刑事证据制度的基本原则包括：证据裁判原则、自由心证原则、直接言辞原则。根据证据自身特点，证据可以划分为：原始证据与传来证据、有罪证据与无罪证据、言辞证据与实务证据、直接证据与间接证据。

《刑事诉讼法》第50条规定了刑事证据及其种类："可以用于证明案件事实的材料，都是证据。证据包括：①物证；②书证；③证人证言；④被害人陈述；⑤犯罪嫌疑人、被告人供述和辩解；⑥鉴定意见；⑦勘验、检查、辨认、侦查实验等笔录；⑧视听资料、电子数据。证据必须经过查证属实，才能作为定案的根据。"

关于证据收集的一般原则，《刑事诉讼法》第52条规定："审判人员、检察人员、侦查人员必须依照法定程序，收集能够证实犯罪嫌疑人、被告人有罪或者无罪、犯罪情节轻重的各种证据。严禁刑讯逼供和以威胁、引诱、欺骗以及其他非法方法收集证据，不得强迫任何人证实自己有罪。必须保证一切与案件有关或者了解案情的公民，有客观地充分地提供证据的条件，除特殊情况外，可以吸收他们协助调查。"

对于非法证据，不能作为证据使用。《刑事诉讼法》第56条规定："采用刑讯逼供等非法方法收集的犯罪嫌疑人、被告人供述和采用暴力、威胁等非法方法收集的证人证言、被害人陈述，应当予以排除。收集物证、书证不符合法定程序，可能严重影响司法公正的，应当予以补正或者作出合理解释；不能补正或者作出合理解释的，对该证据应当予以排除。在侦查、审查起诉、审判时发现有应当排除的证据的，应当依法予以排除，不得作为起诉意见、起诉决定和判决的依据。"

（二）刑事证明

在刑事证明中，包含证明责任和证明标准两方面内容。刑事证明责任在《刑事诉讼法》第51条进行了规定："公诉案件中被告人有罪的举证责任由人民检察院承担，自诉案件中被告人有罪的举证责任由自诉人承担。"

在刑事诉讼的各个阶段，基于诉讼行为的差异，证明标准也有所不同。一般而言，立案阶段证明标准相对较低，即怀疑有犯罪事实存在，而且需要追究刑事责任就应当立案。逮捕时的证明标准则是有证据证明犯罪事实存在，可能判处徒刑以上刑罚。侦查终结、提起公诉、作出有罪判决时，要求的证明标准较高。

《刑事诉讼法》第55条规定："对一切案件的判处都要重证据，重调查研究，不轻信口供。只有被告人供述,没有其他证据的,不能认定被告人有罪和处以刑罚;没有被告人供述,证据确实、充分的,可以认定被告人有罪和处以刑罚。证据确实、充分,应当符合以下条件:①定罪量刑的事实都有证据证明;②据以定案的证据均经法定程序查证属实;③综合全案证据,对所认定事实已排除合理怀疑。"即我国刑事诉讼中,作出有罪判决的证明标准应当是"证据确实、充分""排除合理怀疑"标准。

六、刑事审判制度

刑事审判制度包括审级制度、审判组织、审判程序及基本原则等相关内容。

我国刑事诉讼程序一般采取两审终审制,但也有例外情形,这些例外情形包括:最高人民法院审理的第一审案件为一审终审;判处死刑的案件必须经过死刑复核程序;地方各级人民法院在法定刑以下判处刑罚的案件必须经过最高人民法院核准等。

审判组织形式分为独任制、合议制、审判委员会;审判程序分为第一审程序、第二审程序、死刑复核程序、审判监督程序。

审判原则贯穿整个刑事审判过程,并对审判机关开展诉讼活动起指导作用。主要包括审判公开原则、直接言辞原则、集中审理原则、辩论原则等。

(一) 第一审程序

刑事诉讼一审程序包括公诉案件、自诉案件、简易程序、速裁程序等内容。

1. 公诉案件

公诉案件一审程序是人民法院对人民检察院提起公诉的案件进行初次审判时应当遵守的步骤和方式、方法,包括庭前审查、庭前准备、法院审判等诉讼环节。

《刑事诉讼法》第二章规定了公诉案件的具体内容,第 186 条至第 189 条对公诉案件开庭前程序作具体规定,包括对公诉案件的审查、开庭前的准备、公开审理、不公开审理、出庭支持公诉等。《刑事诉讼法》第 190 条至第 202 条、第 207 条规定了庭审时的规定,具体为:开庭、法庭调查、出庭作证、强制出庭作证、调查核实证言、鉴定结论、调查核实物证、证据文书、休庭调查、调取新证据、法庭辩论和最后陈述、违反法庭秩序的处理、评议判决、法院对认罪认罚案件量刑建议的处理、宣告判决、判决书、法庭笔录等。

2. 自诉案件

《刑事诉讼法》第 210 条规定了自诉案件的范围,包括"①告诉才处理的案件;②被害人有证据证明的轻微刑事案件;③被害人有证据证明对被告人侵犯自己人身、财产权利的行为应当依法追究刑事责任,而公安机关或者人民检察院不予追究被告人刑事责任的案件。"第 213 条规定:"自诉案件的被告人在诉讼过程中,可以对自诉人提起反诉。反诉适用自诉的规定。"

3. 简易程序

简易程序是指基层人民法院审理某些事实清楚、被告人承认自己所犯罪行并对起诉书指控的犯罪事实没有异议的刑事案件时,所适用的比普通程序相对简化的审判程序。《刑事诉讼法》第 214 条规定了简易程序的适用范围包括:"①案件事实清楚、证据充分的;②被告人承认自己所犯罪行,对指控的犯罪事实没有异议的;③被告人对适用简易程序没有异议的。人民检察院在提起公诉的时候,可以建议人民法院适用简易程序。"适用简易程序案件由基层人民法院管辖。

4. 速裁程序

速裁程序是在被告人同意的前提下,所适用的比简易程序更为简化的审判程序。《刑事诉讼法》第 222 条对速裁程序的适用范围规定为:"基层人民法院管辖的可能判处 3 年有期徒刑以下刑罚的案件,案件事实清楚,证据确实、充分,被告人认罪认罚并同意适用速裁程序的,可以适用速裁程序,由审判员一人独任审判。人民检察院在提起公诉的时候,可以建议人民法院适用速裁程序。"

(二) 第二审程序

二审程序又称上诉审程序,是指第二审人民法院根据上诉人的上诉或者人民检察院的抗诉,对第一审人民法院尚未发生法律效力的判决或裁定进行审判所应遵循的程序。

《刑事诉讼法》第 227 条规定了上诉的提起情形为:"被告人、自诉人和他们的法定代理人,不服地方各级人民法院第一审的判决、裁定,有权用书状或者口头向上一级人民法院上诉。被告人的辩护人和近亲属,经被告人同意,可以提出上诉。附带民事诉讼的当事人和他们的法定代理人,可以对地方各级人民法院第一审的判决、裁定中的附带民事诉讼部分,提出上诉。"关于抗诉的提起情形,《刑事诉讼法》第 228 条规定:"地方各级人民检察院认为本级人民法院第一审的判决、裁定确有错误的时候,应当向上一级人民法院提出抗诉。"

人民法院审理二审刑事案件,应当就第一审判决认定的事实和适用法律进行全面审查,不受上诉或者抗诉范围的限制。这体现了刑事诉讼程序的职权特征,与民事诉讼中尊重当事人自由处分原则有所不同。

在二审审理方式上,分为开庭审理与不开庭审理两种方式。《刑事诉讼法》第 234 条规定了应当组成合议庭,开庭审理的情形,包括:"①被告人、自诉人及其法定代理人对第一审认定的事实、证据提出异议,可能影响定罪量刑的上诉案件;②被告人被判处死刑的上诉案件;③人民检察院抗诉的案件;④其他应当开庭审理的案件。"上述情形之外,人民法院可以决定不开庭审理,但仍应当讯问被告人,听取其他当事人、辩护人、诉讼代理人的意见。

根据二审审理情况,人民法院对于审判结果按照以下情形分别处理:①原判决认定事实和适用法律正确、量刑适当的,应当裁定驳回上诉或者抗诉,维持原判;②原判决认定事实没有错误,但适用法律有错误,或者量刑不当的,应当改判;③原判决事实不清楚或者证据不足的,可以在查清事实后改判;也可以裁定撤销原判,发回原审人民法院重新审判。

为保护被告人上诉权利的顺畅行使,《刑事诉讼法》第 237 条规定了"上诉不加刑及其限制"原则,即"第二审人民法院审理被告人或者他的法定代理人、辩护人、近亲属上诉的案件,不得加重被告人的刑罚。第二审人民法院发回原审人民法院重新审判的案件,除有新的犯罪事实,人民检察院补充起诉的以外,原审人民法院也不得加重被告人的刑罚。人民检察院提出抗诉或者自诉人提出上诉的,不受前款规定的限制。"

第四节 行政诉讼法

行政诉讼是法院应公民、法人和其他组织的请求,通过审查行政行为合法性的方式,解决特定范围内的行政争议,并为当事人提供救济的活动。经过国家制定认可,调整以上活动的法律规范的总和即行政诉讼法。

行政诉讼属于"民告官",原被告双方恒定,法院通过审判的方式审查行政行为的合法,其制度脱胎于民事诉讼制度。

现行《行政诉讼法》于 1989 年 4 月 4 日经第七届全国人民代表大会第二次会议通过,经过 2014 年 11 月 1 日第一次修正后,于 2017 年 6 月 27 日经第十二届全国人民代表大会常务委员会第二十八次会议第二次修正。

一、行政诉讼诉权与法院审判权独立行使

行政诉讼的本质是发挥司法的监督作用,督促政府机关依法行使权力。《行政诉讼法》第 1 条对立法目的表述为:"为保证人民法院公正、及时审理行政案件,解决行政争议,保护公民、法人和其他组织的合法权益,监督行政机关依法行使职权,根据宪法,制定本法。"

为实现以上立法目的,《行政诉讼法》第 4 条规定:"人民法院依法对行政案件独立行使审判权,不受行政机关、社会团体和个人的干涉。"第 5 条规定:"人民法院审理行政案件,以事实为根据,以法律为准绳。"

享有行政诉讼诉权的主体为公民、法人或其他组织。《行政诉讼法》第 2 条规定:"公民、法人或者其他组织认为行政机关和行政机关工作人员的行政行为侵犯其合法权益,有权依照本法向人民法院提起诉讼。"行政机关作为被告,不享有诉权,仅享有应诉权。《行政诉讼法》第 3 条规定,"人民法院应当保障公民、法人和其他组织的起诉权利,对应当受理的行政案件依法受理。行政机关及其工作人员不得干预、阻碍人民法院受理行政案件。被诉行政机关负责人应当出庭应诉。不能出庭的,应当委托行政机关相应的工作人员出庭。"

二、行政诉讼的受案范围

行政诉讼的受案范围是指人民法院可依法受理行政争议的种类和权限。并非所有行政争议均属于行政诉讼的受案范围。一般认为,在行政诉法中,行政诉讼法的受案范围是:具体行政行为、行政合同、部分抽象行政行为。

《行政诉讼法》第12条规定了行政诉讼受案范围,包括以下范围的案件。

(1)对行政拘留、暂扣或者吊销许可证和执照、责令停产停业、没收违法所得、没收非法财物、罚款、警告等行政处罚不服的;

(2)对限制人身自由或者对财产的查封、扣押、冻结等行政强制措施和行政强制执行不服的;

(3)申请行政许可,行政机关拒绝或者在法定期限内不予答复,或者对行政机关作出的有关行政许可的其他决定不服的;

(4)对行政机关作出的关于确认土地、矿藏、水流、森林、山岭、草原、荒地、滩涂、海域等自然资源的所有权或者使用权的决定不服的;

(5)对征收、征用决定及其补偿决定不服的;

(6)申请行政机关履行保护人身权、财产权等合法权益的法定职责,行政机关拒绝履行或者不予答复的;

(7)认为行政机关侵犯其经营自主权或者农村土地承包经营权、农村土地经营权的;

(8)认为行政机关滥用行政权力排除或者限制竞争的;

(9)认为行政机关违法集资、摊派费用或者违法要求履行其他义务的;

(10)认为行政机关没有依法支付抚恤金、最低生活保障待遇或者社会保险待遇的;

(11)认为行政机关不依法履行、未按照约定履行或者违法变更、解除政府特许经营协议、土地房屋征收补偿协议等协议的;

(12)认为行政机关侵犯其他人身权、财产权等合法权益的。除前款规定外,人民法院受理法律、法规规定可以提起诉讼的其他行政案件。

行政诉讼在受案范围的排除上,《行政诉讼法》第13条作出如下规定,即:①国防、外交等国家行为;②行政法规、规章或者行政机关制定、发布的具有普遍约束力的决定、命令;③行政机关对行政机关工作人员的奖惩、任免等决定;④法律规定由行政机关最终裁决的行政行为。

三、行政诉讼参加人

行政诉讼参加人分为:原告、被告、第三人、诉讼代表人、诉讼代理人。

《行政诉讼法》第25条规定了行政诉讼的原告资格:"行政行为的相对人以及其他与行政行为有利害关系的公民、法人或者其他组织,有权提起诉讼。有权提起诉讼的公民死亡,其近亲属可以提起诉讼。有权提起诉讼的法人或者其他组织终止,承受其权利的法人或者其他组织可以提起诉讼。"

此外,人民检察院在履行职责过程中发现生态环境和资源保护、食品药品安全、国有财产保护、国有土地使用权出让等领域负有监督管理职责的行政机关违法行使职权或者不作为,致使国家利益或者社会公共利益受到侵害的,人民检察院向行政机关提出检察建议,督促其依法履行职责,行政机关不依法履行职责的,人民检察院可向人民法院提起诉讼。

《行政诉讼法》第26条规定了被告资格的确定,即"公民、法人或者其他组织直接向人民法院提起诉讼的,作出行政行为的行政机关是被告。经复议的案件,复议机关决定维持原行政行为的,作出原行政行为的行政机关和复议机关是共同被告;复议机关改变原行政行为的,复议机关是被告。复议机关在法定期限内未作出复议决定,公民、法人或者其他组织起诉原行政行为的,作出原行政行为的行政机关是被告;起诉复议机关不作为的,复议机关是被告。两个以上行政机关作出同一行政行为的,共同作出行政行为的行政机关是共同被告。行政机关委托的组织所作的行政行为,委托的行政机关是被告。行政机关被撤销或者职权变更的,继续行使其职权的行政机关是被告。"此外,《行政诉讼法》第27条、第28条还规定了共同诉讼和代表人诉讼。

四、行政诉讼的管辖制度

行政诉讼法中的管辖制度应当从级别管辖、地域管辖、跨区域管辖、共同管辖、裁定管辖等方面理解。

(一)级别管辖

《行政诉讼法》第14条、第15条、第16条、第17条分别规定了基层人民法院管辖、中级人民法院管辖、高级人民法院管辖、最高人民法院管辖的第一审行政案件。其中,基层人民法院管辖普通第一审行政案件。中级人民法院管辖下列第一审行政案件:①对国务院部门或者县级以上地方人民政府所作的行政行为提起诉讼的案件;②海关处理的案件;③本辖区内重大、复杂的案件;④其他法律规定由中级人民法院管辖的案件。高级人民法院管辖本辖区内重大、复杂的第一审行政案件。最高人民法院管辖全国范围内重大、复杂的第一审行政案件。

(二)地域管辖

《行政诉讼法》第18条第1款规定了一般地域管辖,第二款规定了跨区域管辖的处理方式。一般情况下,行政案件由最初作出行政行为的行政机关所在地人民法院管辖。经复议的案件,也可以由复议机关所在地人民法院管辖。

部分案件为了防止地方保护主义影响案件审判,经最高人民法院批准,高级人民法院可以根据审判工作的实际情况,确定若干人民法院跨行政区域管辖行政案件。

对于限制人身自由的行政案件、因不动产提起的行政诉讼,分别由被告所在地或者原告所在地人民法院、不动产所在地人民法院管辖。

(三) 选择管辖

选择管辖是指两个以上人民法院都有管辖权的案件,原告可以选择其中一个人民法院提起诉讼。原告向两个以上有管辖权的人民法院提起诉讼的,由最先立案的人民法院管辖。立案后,受诉人民法院的管辖权不受当时人住所地改变、追加被告等事实的和法律状态的变更的影响。

(四) 裁定管辖

裁定管辖分为移送管辖、指定管辖、管辖权转移。

(1)移送管辖是指在人民法院决定受理之后,由于发现案件不属于自己管辖,将案件移送给有管辖权的法院的相关制度。若受移送的人民法院认为受移送的案件按照规定不属于本院管辖的,应当报请上级人民法院指定管辖,不得再自行移送。

(2)指定管辖是指有管辖权的人民法院由于特殊原因不能行使管辖权的,由上级人民法院指定管辖。指定管辖也包括人民法院对管辖权发生争议,且协商不成时,由它们的共同上级人民法院指定管辖的情形。

(3)管辖权转移是指案件在上、下级人民法院之间纵向移送的相关规定。上级人民法院认为有必要的,有权审理下级人民法院管辖的第一审行政案件;下级人民法院对其管辖的第一审行政案件,认为需要由上级人民法院审理或者指定管辖的,也可以报请上级人民法院决定。

五、行政诉讼证据制度

行政诉讼证据制度脱胎于民事诉讼证据制度,在绝大部分的规则上两者内容基本相同,但是也存在一定区别。主要差别在于行政诉讼程序中持有"不利被告"的价值观,体现在证明责任分配、证据调取等具体问题上。

(一) 证明责任

在证明责任分配上,《行政诉讼法》第34条规定:"被告对作出的行政行为负有举证责任,应当提供作出该行政行为的证据和所依据的规范性文件。被告不提供或者无正当理由逾期提供证据,视为没有相应证据。但是,被诉行政行为涉及第三人合法权益,第三人提供证据的除外。"即被告负担证明行政行为合法性的相关证明责任,这一点与民事诉讼的证明责任分配规则有很大不同。

在被告负担证明责任的基础上,原告亦可提供相关证据。《行政诉讼法》第37条规定:"原告可以提供证明行政行为违法的证据。原告提供的证据不成立的,不免除被告的举证责任。"即原告不负担证明责任。

例外情况是,原告在起诉被告不履行法定职责的案件中,应当提供其向被告提出申请的证据。但有下列情形之一的除外:(1)被告应当依职权主动履行法定职责的;(2)原告因正当理由不能提供证据的。此外,在行政赔偿、补偿的案件中,原告应当对行政行为造成的损害提供证据。因被告的原因导致原告无法举证的,由被告承担举证责任。

(二)证据调取

在行政诉讼中,行政机关收集证据受到一定限制。被告及其诉讼代理人不得自行向原告、第三人和证人收集证据。同时,在人民法院向有关行政机关以及其他组织、公民调取证据时,不得为证明行政行为的合法性调取被告作出行政行为时未收集的证据。这均体现出行政诉讼中"不利被告"的价值观。

但若原告或者第三人不能自行收集若干类型的证据,则可以申请人民法院调取,主要包括:(1)由国家机关保存而须由人民法院调取的证据;(2)涉及国家秘密、商业秘密和个人隐私的证据;(3)确因客观原因不能自行收集的其他证据。同时,在证据可能灭失或者以后难以取得的情况下,诉讼参加人可以向人民法院申请保全证据,人民法院也可以主动采取保全措施。

六、行政复议与行政诉讼的关系

对属于人民法院受案范围的行政案件,公民、法人或者其他组织在救济途径上,存在行政复议与行政诉讼的选择问题。具体而言,公民、法人或者其他组织可以先向行政机关申请复议,对复议决定不服的,再向人民法院提起诉讼;也可以直接向人民法院提起诉讼。

但在法律、法规明确规定应当先向行政机关申请复议,对复议决定不服再向人民法院提起诉讼的情况下,公民、法人或者其他组织应当依照法律、法规的规定,首先向行政机关申请复议。

【课后复习题】

1. 三大诉讼法的主要区别有哪些?
2. 证明责任的含义及其分配规则有哪些?

课后复习题参考答案

第一章 社会主义法

1. 法的特征,是指法律区别于其他社会规范的征象和标志。马克思主义法学认为,法律具有规范性、国家意志性、权利义务统一性、国家强制性。(1)法律是调整人们行为或社会关系的规范,具有规范性。(2)法律出自于国家,是由国家制定和认可的,具有国家意志性。(3)法律规定了人们的权利义务,具有权利义务统一性。(4)法律由国家强制力保证实施,具有国家强制性。

2. 法律的规范作用是法律自身表现出来的,对人们的行为或社会关系产生的影响。因此,在法理学上,也有人把法律的规范作用称为"法律的功能"。法律的规范作用根据其作用的具体对象、主体范围和方式的不同,可以分为指引作用、评价作用、预测作用、强制作用和教育作用等。

3. 社会主义法的实施,主要包括守法、执法、司法、法律监督等方式。

(1)守法即法律的遵守,是指一切国家机关和武装力量、各政党和各社会团体、各企业事业组织、全体公民都必领遵守法律,严格依法办事。

(2)执法即法律的执行,是指国家机关,法律授权、委托的组织及其公职人员在行使权力的过程中,依照法定职权和程序,贯彻实施法律的活动。

(3)司法即法律的适用,通常是指国家司法机关根据法定职权和法定程序,具体应用法律处理案件的专门活动。

(4)法律监督是指由所有国家机关、社会组织和公民依法对国家的经济、政治、文化、社会等方面的各种法律活动进行的监察和督促。

第二章 宪 法

宪法具有最高的法律效力,其含义如下:

(1)宪法是制定普通法律的依据和基础。普通法律要以宪法为依据,把宪法的有关规定具体化,以保证宪法从基本精神、基本原则到具体条文的贯彻实施。

(2)普通法律不得与宪法相抵触。由于宪法是制定普通法律的依据,因此,普通法律的内容必须符合宪法的规定。如果普通法律与宪法相违背,它就失去或部分失去了效力,相应的国家机关必须对其加以修改或废除。

(3)宪法是一切组织和个人根本的活动准则。宪法的法律效力既是最高的,也是直接的。宪法作为最高的行为准则,是一切组织和个人活动的依据和基础,对人们具有直接的法律效力。我国《宪法》在序言中明确指出,"全国各族人民、一切国家机关和武装力量、各政党和社会团体、各企业事业组织,都必须以宪法为根本的活动准则"。这是宪法具有最高效力、直接法律效力的法律依据。

第三章 刑 法

1. 我国刑法规定了三项基本原则。

(1)罪刑法定原则是刑法的最基本原则。"法无明文规定不为罪""法无明文规定不处罚"是罪刑法定原则的经典表述。我国《刑法》第3条将罪行法定原则表述为:"法律明文规定为犯罪行为的,依照法律定罪处刑;法律没有规定为犯罪行为的,不得定罪处刑。"实行罪刑法定原则,是尊重与保障人权的基本要求。

(2)平等适用刑法原则。《刑法》第4条规定:"对任何人犯罪,在适用法律上一律平等。不允许任何人有超越法律的特权。"平等适用刑法的具体要求如下:首先,刑法平等地保护法益。其次,刑法平等地处理犯罪。对于实施犯罪的任何人,都必须严格依照刑法定罪量刑。行为人地位的高低、权力的大小、财产的多少都不能影响犯罪的成立与否与量刑的轻重。最后,平等地执行刑罚。被判处刑罚的人,应当严格依照刑法规定平等地执行刑罚。

(3)罪刑相适应原则。《刑法》第5条规定:"刑罚的轻重,应当与犯罪分子所犯罪行和承担的刑事责任相适应。"罪刑相适应原则在刑罚的制定、适用与执行三个环节上都得到了体现:在制定刑罚方面,注重犯罪的性质,兼顾犯罪情节与犯罪人的人身危险性,建立科学的刑罚体系,合理规定各种具体犯罪的法定刑;在量刑方面,审判机关依照刑法的规定,根据犯罪的性质、情节及犯罪人的人身危险性,实行区别对待的方针,具体选择适当的宣告刑或决定免予刑罚处罚;在刑罚执行方面,执行机关依照刑法的规定,注重犯罪人人身危险性(再犯可能性)程度的消长变化,兼顾犯罪性质与情节,合理适用减刑、假释等制度。

2. 犯罪的构成要件包括以下四个方面。

(1)犯罪客体要件,是指行为只有侵害或者威胁了刑法所保护的法益时,才可能成立犯罪。法益,是指根据刑法的基本原则,由法所保护的、客观上可能受到侵害或者威胁的利益。刑法以保护法益为目的,犯罪的本质是侵犯法益。被侵害或者受威胁的法益,就是犯罪客体。

(2)犯罪客观要件,是指刑法所规定的,说明行为对刑法所保护的法益的侵害性或者威胁性,而为成立犯罪所必须具备的客观特征。犯罪的客观要件主要包括危害行为,危害结果以及二者之间的因果关系。

(3)犯罪主体要件,是指刑法规定的,实施犯罪行为的主体本身必须具备的条件。根据刑法的规定,犯罪主体分为两大类,即自然人犯罪主体与单位犯罪主体。

(4)犯罪主观要件,是指刑法规定成立犯罪必须具备的,犯罪主体对其实施的危害行为及其危害结果所持的心理态度。犯罪心理态度的基本内容是故意与过失,此外有些犯罪还要求具有特定的犯罪目的、动机。

3.我国严格适用死刑主要表现在以下几方面。

(1)死刑只适用于罪行极其严重的犯罪分子,《刑法》分则条文对适用死刑的犯罪性质与情节作了严格限制。

(2)对犯罪的时候不满 18 周岁的人和审判的时候怀孕的妇女,不适用死刑。

(3)审判的时候已满 75 周岁的人,不适用死刑,但以特别残忍手段致人死亡的除外。

(4)规定了死缓制度,即对于应当判处死刑的犯罪分子,如果不是必须立即执行的,可以判处死刑同时宣告缓期 2 年执行。判处死刑缓期执行的,在死刑缓期执行期间,如果没有故意犯罪,2 年期满以后,减为无期徒刑;如果确有重大立功表现,2 年期满以后,减为 25 年有期徒刑;如果故意犯罪,情节恶劣的,报请最高人民法院核准后执行死刑;对于故意犯罪未执行死刑的,死刑缓期执行的期间重新计算,并报最高人民法院备案。对被宣告死刑缓期执行的累犯以及因故意杀人、强奸、抢劫、绑架、放火、爆炸、投放危险物质或者有组织的暴力性犯罪被判处死刑缓期执行的犯罪分子,人民法院根据犯罪情节等情况可以同时决定对其限制减刑。

(5)刑法规定了严格的死刑适用程序:死刑除依法由最高人民法院判决的以外,均应报请最高人民法院核准;死刑缓期执行的,可以由高级人民法院判决或者核准。

第四章 民 法

一、简答题

1.权利保护原则、平等原则、自愿原则、公平原则、诚信原则、合法和公序良俗原则、绿色原则。

2.以年龄和辨识能力为条件,可以将自然人的民事行为能力分为完全民事行为能力、限制民事行为能力和无民事行为能力三种。

3.可撤销的民事法律行为主要包括:①基于重大误解实施的民事法律行为;②一方以欺诈手段,使对方在违背真实意思的情况下实施的民事法律行为;或者第三人实施欺诈行为,使一方在违背真实意思的情况下实施的民事法律行为,对方知道或者应当知道该欺诈行为的;③一方或者第三人以胁迫手段,使对方在违背真实意思的情况下实施的民事法律行为;④一方利用对方处于危困状态、缺乏判断能力等情形,致使民事法律行为成立时显失公平的。

4.不动产物权的设立、变更、转让和消灭,应当依照法律规定登记。动产物权的设立和转让,应当依照法律规定交付。

5.善意取得的条件主要包括:①受让人受让该不动产或者动产时是善意;②以合理的价格转让;③转让的不动产或者动产依照法律规定应当登记的已经登记,不需要登记的已经交付给受让人。

6.肖像是通过影像、雕塑、绘画等方式在一定载体上所反映的特定自然人可以被识别的外部形象。

7.按照《民法典》相关规定,结婚的必备条件包括男女双方完全自愿,必须达到法定婚龄,符合一夫一妻制。

8.代位继承和转继承的主要区别:①发生时间不同,代位继承是被代位继承人先于被继承人死亡时发生,转继承是被转继承人于被继承人死亡后,遗产分割之前死亡而发生。②主体范围不同,代位继承人包括被继承人的晚辈直系血亲,如被继承人的兄弟姐妹先于被继承人死亡,被继承人的侄、甥也获得第二顺位法定继承人资格;而转继承人可以是被继承人的晚辈直系血亲,也可以是被继承人的其他法定继承人。③适用范围不同,代位继承只适用于法定继承,转继承既适用于法定继承,又可适用于遗嘱继承。④性质不同,代位继承人是代替被代位继承人的地位参加继承,行使的是对被继承人遗产的继承权,转继承人享有的是分割被继承人遗产的权利,实际上是同一部分遗产发生两次连续的继承。

9.侵害他人造成人身损害的,应当赔偿医疗费、护理费、交通费、营养费、住院伙食补助费等为治疗和康复支出的合理费用,以及因误工减少的收入。造成残疾的,还应当赔偿辅助器具费和残疾赔偿金;造成死亡的,还应当赔偿丧葬费和死亡赔偿金。

10.有下列情形之一的,诉讼时效中断,从中断、有关程序终结时起,诉讼时效期间重新计算:①权利人向义务人提出履行请求;②义务人同意履行义务;③权利人提起诉讼或者申请仲裁;④与提起诉讼或者申请仲裁具有同等效力的其他情形。

二、选择题

1.C 2.B 3.B 4.B 5.C 6.D 7.B 8.A 9.D 10.B 11.A

第五章 行 政 法

行政行为的效力包括以下几方面。

(1)公定力,是指行政行为一经作出,不论合法还是违法,都推定为合法有效,相关的当事人都应当先遵守或服从。这是行政效率原则的要求。

(2)确定力,是指有效成立的行政行为,具有不可变更力,即非依法定程序不得随意变更或撤销。

(3)拘束力,拘束力是指行政行为成立后,其内容对有关人员或组织产生法律上的约束力,有关人员或组织必须遵守、服从。

(4)执行力,是指行政行为生效后,行政主体依法有权采取一定手段,使行政行为的内容得以实现的效力。

第六章 劳 动 法

1.劳动法的基本原则包括:

(1)劳动权平等原则。我国《宪法》规定:中华人民共和国公民在法律面前一律平等。同时规定,我国公民享有劳动的权利。国家通过各种途径,创造劳动就业条件,加强劳动保护,改善劳动条件,并在发展生产的基础上,提高劳动报酬和福利待遇。

(2)劳动自由原则。第一,在劳动合同领域,劳动自由表现为契约自由,劳动者可以决定是否与某一用人单位建立劳动关系、签订劳动合同,也可以自主决定是否继续履行劳动合同,还可以按约定解除劳动合同。第二,在集体合同领域,劳动自由体现为结社自由与团体自治。劳动者可以自主决定组建、参加或退出工会组织。在团体自治方面,工会团体具有独立人格,享有行动自治,可以集体协商和参与企业经营决策。第三,在劳动保护领域,劳动自由体现为禁止强迫劳动。

(3)倾斜保护原则。在劳动者和用人单位之间,倾斜保护劳动者的合法权益;在一般劳动者和特殊劳动者之间,倾斜保护特殊劳动者的权益,如妇女、未成年劳动者以及残疾人劳动者在工作岗位、工作时间以及劳动条件等方面享有的保障要优于一般劳动者。

2.劳动合同终止的情形包括:①劳动合同期满的;②劳动者开始依法享受基本养老保险待遇的;③劳动者死亡,或者被人民法院宣告死亡或者宣告失踪的;④用人单位被依法宣告破产的;⑤用人单位被吊销营业执照、责令关闭、撤销或者用人单位决定提前解散的;⑥劳动者达到法定退休年龄等法律、行政法规规定的其他情形。

3.劳动争议调解程序:当事人应当首先提出口头或书面的调解申请;调解组织受理后,调解组织应充分听取双方当事人对事实和理由的陈述,可组织召开调解会议,耐心疏导当事人,秉持自愿调解原则。如达成调解协议的,应当制作调解协议书,并经双方当事人签名或盖章,经调解员签名并加盖调解组织印章后生效。如未达成调解协议的,当事人可依法申请仲裁。

第七章 诉 讼 法

1.主要区别包括:

(1)当事人定义的区别。民事诉讼中,当事人一般包括原告和被告;申请人与被申请人;上诉人与被上诉人;还包括共同诉讼人、诉讼代表人、第三人等。刑事诉讼法的当事人一般包括:被害人、自诉人、犯罪嫌疑人、被告人。行政诉讼法的当事人一般包括:原告、被告、共同诉讼人、集团诉讼的代表人、第三人。

(2)近亲属适用范围区别。在民事诉讼当中是指配偶、父母、子女、兄弟姐妹、祖父母、外祖父母、孙子女、外孙子女、其他具有扶养、赡养关系的人。在刑事诉讼中是指夫、妻、父、母、子、女、同胞兄弟姐妹。在行政诉讼中指的是配偶、父母、子女、兄弟姐妹、祖父母、外祖父母、孙子女、外孙子女。

(3)调解适用范围区别。在民事诉讼中,一般情况下,法院均可根据自愿和合法的原则进行调解。在刑事诉讼中,对附带民事诉讼部分可以进行调解;对告诉才处理的案件、被害人有证据证明的轻微刑事案件提出的自诉可调解;其他案件,一般不适用调解 。在行政诉讼中,法院审理案件,不适用调解;但在审理行政赔偿诉讼案件中可以适用调解。

(4)二审审理范围的区别。在民事诉讼中,二审法院应围绕当事人上诉请求的有关事实和适用法律进行审查,当事人没提出请求的,不应当纳入审查范围。在刑事诉讼中,二审法院应当就一审判决认定事实和适用法律进行全面审查,不受上诉或者抗诉范围的限制,但应遵守"上诉不加刑"原则。在行政诉讼中,二审法院对原审法院的裁判和被诉具体行政行为是否合法,应当进行全面审查,不受上诉范围限制。

2.证明责任又称举证责任,包含行为意义上的举证责任和结果意义上的举证责任两方面含义。行为意义上的举证责任是指当事人为避免败诉之结果,对所主张的事实负有提出证据的责任;结果意义上的举证责任是指作为裁判基础的要件事实处于真伪不明状态时,由负有该责任的当事人承担诉讼上的不利后果。

所谓证明责任分配,一般指的是结果意义上的举证责任,即诉讼的不利后果由哪方负担。在刑事诉讼中,关于被告人有罪的证明责任,一般由公诉方承担;但在"巨额财产来源不明罪"等特殊案件中,需要由被告人对自己无罪事实负担相应的证明责任。

在民事诉讼中,"谁主张谁举证",经常被认为是确定证明责任的基本原则。但在一些特殊的案件中,简单照搬"谁主张谁举证",往往无法得出正确的证明责任负担结论,此时需要通过分析实体法规范的逻辑结构,在要件事实论引导下,得出证明责任分配的结果。

在行政诉讼中,一般由被告对其作出的行政行为具有合法性负担证明责任。

参考文献

1. 王东莉.梁清华.思想道德修养与法律基础[M].杭州:浙江大学出版社,2002
2. 张英伟.论民族精神[N].光明日报,2003-07-03
3. 路日亮.价值哲学视野中的和谐社会[N].光明日报,2005-12-20
4. 祁立刚.塑造大学生健康人格[N].光明日报,2005-12-28
5. 张翔.基本权利的规范建构[M].北京:高等教育出版社,2008
6. 刘茂林.中国宪法导论[M].北京:北京大学出版社,2009
7. 吴潜涛.用中国精神凝心聚力[N].人民日报,2013-08-27
8. 杨小军.维护宪法法律权威[J].前线,2014(11)
9. 张首映.践行核心价值观 实现人生价值[N].人民日报,2014-03-20
10. 江必新.怎样建设中国特色社会主义法治体系[N].光明日报,2014-11-01
11. 罗豪才、湛中乐.行政法学(第四版)[M].北京:北京大学出版社,2016
12. 安凤德.婚姻家庭案件疑难问题裁判精要[M].北京:法律出版社,2017
13. 冯宇雷.民法典继承编中配偶继承份额制度创新建议[D].吉林大学,2019
14. 高轩.行政法与行政诉讼法案例教程[M].广州:暨南大学出版社,2019
15. 陈建云."婚姻家庭继承法"课程思政教学实践[J].教育教学论坛,2020(40)
16. 应松年.行政法与行政诉讼法(第七版)[M].北京:北京大学出版社、高等教育出版社,2020
17. 杨立新.《民法典》总则编案例精解[M].北京:知识产权出版,2020
18. 王利明.民法总则[M].北京:中国人民大学出版社,2020
19. 杜月秋,孙政.民法典条文对照与重点解读[M].北京:法律出版社,2020
20. 高云.民法典时代合同实务指南[M].北京:法律出版社,2020
21. 王竹.民法典关联法规与权威案例提要:合同编[M].北京:中国法制出版社,2020
22. 戚兆岳.《中华人民共和国民法典·合同编》释义[M].北京:人民出版社,2020
23. 景光强.以物抵债疑难法律问题精释[M].北京:中国法制出版社,2020
24. 崔建远.中国民法典释评·物权编[M].北京:中国人民大学出版社,2020
25. 朱宁宁.揭开中国婚姻法治的新篇章[N].法治日报,2021-07-15(004)
26. 中华人民共和国民法典适用一本通·婚姻家庭编和继承编[M].北京:人民法院出版社,2021

27.闵奎元.法律的道德影响:以《婚姻法解释(三)》为例[J].河北法学,2021,39(06)
28.金美静.婚姻法与婚姻制度变革[J].法制博览,2021(07):127-128
29.国家法官学院、最高人民法院司法案例研究院编.中国法院2021年度案例(行政纠纷)[M].北京:中国法制出版社,2021
30.国家统一法律职业资格考试辅导用书编著.国家统一法律职业资格考试辅导用书(行政法部分)[M].北京:法律出版社,2021
32.国家法官学院、最高人民法院司法案例研究院编.中国法院2021年度案例(刑事案例三)[M].北京:中国法制出版社,2021